arucoには、あなたのプチぼうけんをサポートする ミニ情報をいっぱい散りばめてあります。

arucoスタッフの独自調査による
おすすめや本音コメントもたっぷ
り紹介しています。

もっとお得に快適に、限られた時
間で旅を楽しみつくすテクニック
や裏ワザを伝授！

くと理解が深まる情報、
アドバイスetc.をわかりやすく
カンタンにまとめてあります。

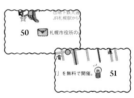

右ページのはみだしには編集部か
ら、左ページのはみだしには旅好
き女子のみなさんからのクチコミ
ネタを掲載しています。

知床五湖ウオーキング

TOTAL 往復1時間（高架木道）

オススメ時間 12:00〜　**予算 高架木道は無料**

高架木道と地上遊歩道がある
知床五湖には開園期間中はいつでも自
由に歩ける高架木道と、時期により
ルールが決められている地上遊歩道が
ある。地上遊歩道は五湖全部を巡る大
ループと、二湖と一湖を巡る小ループ
があり、最後は高架木道に合流する。

プチぼうけんプランには、予算や
所要時間の目安、アドバイスなど
をわかりやすくまとめています。

■発行後の情報の更新と訂正について
発行後に変更された掲載情報は、『地球の
歩き方』ホームページ「更新・訂正情報」
で可能な限り案内しています（ホテル、
レストラン料金の変更などは除く）。旅行
の前にお役立てください。
URL book.arukikata.co.jp/support/

物件データのマーク

🏠 ……住所
📞 ……電話番号
🕐 ……営業時間、開館時間
🈂 ……休館日、定休日
💴 ……料金、予算

㊡ ……予約の必要性
🚌 ……交通アクセス
URL ……ウェブサイトアドレス
🏨 ……ホテルの部屋数
P ……駐車場の有無または台数

MAPのおもなマーク

⭐ ……見どころ＆アクティビティ
R ……レストラン＆ナイト
C ……カフェ

S ……ショップ
H ……宿泊施設

本書は2023年11月〜2024年2月の取材に基づいて制作されていますが、記載の営業時間と定休日
は通常時のものです（特記のない場合、年末年始を除く）。
特記がない限り、掲載料金は消費税込みの総額表示です。サービスや料金などは取材時のもので
変更の可能性もあります。
予告なく営業時間の短縮や臨時休業などが実施されることがありますので、最新情報は各施設の
ウェブサイトやSNSなどでご確認ください。
また掲載情報による損失などの責任を弊社は負いかねますのでご了承ください。

北海道でプチぼうけん！
ねえねえ、どこ行く？ なに食べる？

北海道にはスケールの大きな
花畑や自然がいっぱい。
野生動物との出合いや
キセキの絶景を求めて
どこに行くか
気になる場所があったら
ハナマル印を付けておいてね。

ここは南極？ いえ知床です
流氷の上を歩くことも！
P.26 →

ランチから本格寿司が
食べられるシアワセ♪
P.64 →

キュンキュンしちゃう
かわいいスイーツも♡
P.70 →

aruco

北海道

Hokkaido

こんどの休日も、みんなと同じ、お決まりコース？

「みんな行くみたいだから」
「なんだか人気ありそうだから」
とりあえず押さえとこ。
でも、ホントにそれだけで、いいのかな？

やっと取れたお休みだもん。
どうせなら、みんなとはちょっと違う、
とっておきの1日にしたくない？

『aruco』は、そんなあなたの「プチぼうけん」ごころを応援します！

◆ 女子スタッフ内でヒミツにしておきたかったマル秘スポットや穴場のお店を、思い切って、もりもり紹介しちゃいます！

◆ 見ておかなきゃやっぱり後悔するテッパン観光名所 etc. は、みんなより一枚ウワテの楽しみ方を教えちゃいます！

◆ 「北海道でこんなコトしてきたんだよ♪」トモダチに自慢できる体験がいっぱいです。

もっともっと、新たな驚きや感動が私たちを待っている！

さあ、"私だけの北海道"を見つけにプチぼうけんにでかけよう！

最旬の北海道を
しっかりチェック
しましょ♪

スイーツがいっぱいの
レトロな街並みをてくてくお散歩 **P.96**

遊歩道の先にあったのは
ブルーの海と奇岩の絶景! **P.110**

青い池はどれほど青いのか?
実際に見て確かめて! **P.118**

この夜景を見るだけでも
行く価値アリです☆ **P.136**

海鮮丼ばかりが集まる
横丁があるんです! **P.142**

広々としたガーデンで
花の香りに癒やされる **P.152**

西部劇のワンシーンみたいな
乗馬体験だってできる! **P.162**

アイヌの伝統文化に
触れられる場所へ **P.170**

Contents

aruco 北海道

Let's go!

札幌 49　北海道の中心・札幌でやりたいことぜんぶ

小樽 93　レトロな港町・小樽をお散歩しながら食べ歩き

見どころ　 グルメ　ショッピング　おさんぽ　アクティビティ　 泊まる　情報

ざっくり知りたい！北海道の基本情報

これだけ知っておけば安心だね♪

HOKKAIDOを楽しも♪

旅行期間

2泊3日以上が望ましい

札幌と小樽、美瑛・富良野と人気観光地を巡るだけでも2泊3日は必要。どこを拠点にしてどこへ行くか、移動距離がどのぐらいかを考えてプランを立てよう。

予算

約70,000円（2泊3日の場合）

宿泊は都心部のビジネスホテルが1万円〜、リゾートホテルは2万5000円〜が目安。ただし夏休みなどハイシーズンは高くなる場合も。ほかレンタカー代、電車賃、高速代、食費など。移動の距離などにより予算は変わる。

交通手段

レンタカーを利用するのがベスト

レンタカー	各空港、おもなJR駅などで借りて返却ができる。片道利用の乗り捨てもOK。JRとレンタカーを組み合わせる手も。 レンタカーで時短&自由な旅を→P.188
JR北海道	道内の主要都市間はJR北海道の特急列車で結ばれている。 早くて便利な鉄道を乗りこなそう！→P.188
高速バス	長距離を走って主要都市間を結ぶ高速バスが発達している。 快適な都市間バス→P.188

北海道へのアクセス

3つの方法がある

飛行機が最も早く一般的だが、新幹線やフェリーを利用する手もある。

飛行機　最も早くて一般的

羽田空港から新千歳空港へのメインルートは、毎日50便以上のフライトがある。ほかにも本州各地から道内各地の空港へ直行便がある。以下は新千歳空港へのおもな路線と所要時間。

羽田空港	ANA/JAL/ADO/SKY	新千歳空港
	所要約1時間30分	
成田空港	ANA/JAL/APJ/SJO/JJP	
	所要約1時間35分	
中部空港（名古屋）	ANA/JAL/ADO/SKY/APJ	
	所要約1時間45分	
関西空港	ANA/JAL/APJ/JJP	
	所要約1時間50分	
福岡空港	ANA/JAL/ADO/SKY/APJ	
	所要約2時間20分	

※ANA（全日空）/JAL（日本航空）/ADO（エア・ドゥ）/SKY（スカイマーク）/APJ（Peach）/SJO（SPRING JAPAN）/JJP（ジェットスター）

新幹線　函館なら利用価値大

東京駅から新函館北斗駅まで約4時間。途中、上野駅（一部）、大宮駅などにも停車。新函館北斗駅から函館駅へははこだてライナーで約20分。

フェリー　車も一緒に運べる

本州の名古屋、大洗（茨城）、新潟などと北海道は、小樽や苫小牧などがフェリーで結ばれている。マイカーを運べるのがメリット。船旅も楽しめる。

🏛 HOKKAIDO ☆ TIPS

☆ 行き先により地方空港を利用！

本州からの便が就航しているのは北海道の9つの空港。旅の目的地の最寄り空港を利用すれば、移動時間が短縮できる。ただし、便数が限られている空港もあるので事前に確認を。

稚内空港
オホーツク紋別空港
女満別空港
旭川空港
根室中標津空港
新千歳空港
たんちょう釧路空港
とかち帯広空港
函館空港

9つの空港があるよ

☆ LCCならお得にフライトできる

成田や関空から新千歳空港へ就航している、LCCのジェットスターやピーチを利用すれば、片道約5000円〜で行くことができる。

とにかく旅行費用を安くおさえたいなら→P.186

☆ 想像以上に広いのでプランニングに注意

札幌〜釧路間は東京〜名古屋間に匹敵する距離。函館〜札幌間も約320kmあり、車で休まず走って約4時間30分かかる。あちこちに行くプランは、移動時間が長く肝心の観光を楽しめないので気をつけよう。道路状況、距離と時間は以下のサイトも参照。

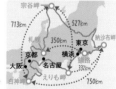

宗谷岬
713km　527km
札幌　350km　納沙布岬
函館　釧路
350km　332km
大阪　京都　名古屋　横浜　東京
えりも岬
白神岬　750km

URL www.northern-road.jp/navi/

☆ 冬は積雪のため閉鎖される道がある

冬は積雪により峠道を中心に通行できなくなる。一時的なものもあれば、雪解けまで通れない道もあるので、冬季に旅行する場合は事前に道路状況の確認を。なお、幹線道路は除雪がされるが、農道や裏道は除雪されず通行できなくなることもある。

ベストシーズン

6〜8月 北海道の夏は短い。4月下旬に道南でようやく桜が開花して春らしくなってくるが、GWはまだ寒い日も。6月を過ぎるとさわやかな気候となり、7月はガーデンの花々も満開に。8月のお盆を過ぎるともう秋の気配となるので、旅をするなら6〜8月がベスト。

冬のイベントは2月

厳冬期の2月には雪と氷のイベントが各地で開催される。代表的なのは「さっぽろ雪まつり」→P.52。自然現象では流氷が見られる。寒さ対策をしっかりして冬の北海道を楽しむのもおすすめ！

4月下旬までは平地でも残雪があることも

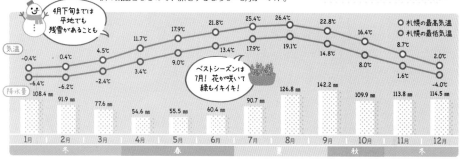

ベストシーズンは7月！花が咲いて緑もイキイキ！

- 札幌の最高気温
- 札幌の最低気温

	1月	2月	3月	4月	5月	6月	7月	8月	9月	10月	11月	12月
最高気温	-0.4℃	0.4℃	4.5℃	11.7℃	17.9℃	21.8℃	25.4℃	26.4℃	22.8℃	16.4℃	8.7℃	2.0℃
最低気温	-6.4℃	-6.2℃	-2.4℃	3.4℃	9.0℃	13.4℃	17.9℃	19.1℃	14.8℃	8.0℃	1.6℃	-4.0℃
降水量	108.4mm	91.9mm	77.6mm	54.6mm	55.5mm	60.4mm	90.7mm	126.8mm	142.2mm	109.9mm	113.8mm	114.5mm

気温 / 降水量

冬 / 春 / 夏 / 秋 / 冬

気象庁気象統計情報1991〜2020年の月平均値

北海道の花畑

スケールの大きな花畑を巡ろう！

北海道の旅の目的のひとつが美しい花畑。花に包まれる絶景を楽しむなら、ベストシーズンを逃さずに出かけよう。以下は開花時期の目安。

シバザクラ 5月上旬〜下旬

春の訪れを告げる花のひとつ。芝のような桜という名前のとおり、白やピンクの花が大地を覆う。

チューリップ 5月上旬〜下旬

各地の花畑で最初に咲くのがポピーやチューリップ。色のバリエーションが多くカラフル。

ライラック 5月中旬〜6月上旬

札幌の木でもある、別名リラと呼ばれるモクセイ科の植物。ピンクや紫の小花が円錐状に咲く。

ルピナス 6月中旬〜7月上旬

北海道では自生しているルピナスが普通に見られる。花穂が伸び、1m近くの高さになるものも。

ハマナス 6月下旬〜7月上旬

バラ科の低木で北海道の花。原生花園などに自生している。花は香りがよく、色はピンクのほか白も。

ラベンダー 7月中旬〜下旬

北海道の気候に適した植物で、香料の原料として栽培されてきた。富良野のラベンダー畑が有名。

ヒマワリ 7月下旬〜9月中旬

夏は観賞用だけでなくヒマワリ油を取るためや、緑肥としてのヒマワリ畑を見ることができる。

コスモス 8月中旬〜9月下旬

花のシーズンの終わりを感じる、秋を代表する花。各地で見られるほか日本最大級のコスモス園も。

☆ 電車旅ならおトクなきっぷを活用

JRを利用して旅するなら、往復割引きっぷ、往復割引きっぷとエリア内フリーパスがセットのきっぷ、観光施設の入園券がセットになったレジャーきっぷがあるので、事前に公式ウェブサイトをチェックしよう。

URL www.jrhokkaido.co.jp/cm/otoku/

☆ レンタカーは早めに予約を

夏のハイシーズンはレンタカーの予約が取りにくくなる。特に人気のエコノミークラスからなくなってしまうので、航空券の予約と一緒にレンタカーもおさえたい。

☆ 都心部の駐車場について

車社会の北海道では、郊外の施設には駐車場があるのが当たり前。駐車台数も多い。しかし、都心部では話が違ってくる。札幌、函館などの中心部では駐車場があっても満車が多く、なかなか停められないことも。ホテルの駐車場に停めて、町なかは徒歩で動くほうがラク。

☆ 動物の飛び出しに注意しよう

走行中にエゾシカ、キタキツネ、まれにヒグマが出没することがある。特にエゾシカとの接触事故が多く、エゾシカが群れで移動する早朝や夕方はゆっくりと走行しよう。北海道は動物注意標識の種類も多い。

☆ コインロッカーを使うなら

検索！ コインロッカーなび

コインロッカーは空港、JRの主要な駅、札幌では地下鉄の全駅、地下歩道空間、その他各地の主要観光スポットなどにある。

位置情報サービス、GPS機能を利用し、駅や観光地などで近くのコインロッカーや荷物預かり所を検索可能。

URL www.coinlocker-navi.com

3分でわかる！ 北海道かんたんエリアナビ

日本の本土の約20%を占める大きな北海道を、6つのエリアに分けて紹介。
特徴をつかんで旅のプランに役立てよう！

稚内
Wakkanai

北海道の中心都市
札幌

札幌は北海道の経済の中心。道内のおいしいものが集まるグルメタウンとして知られる。周辺には温泉や湖のネイチャースポットもたくさんある。

クラゲやペンギンと
夢のカフェタイム →P.32

羊ケ丘のクラーク像

●おもな見どころ
大通公園 P.50,52
札幌市時計台 P.50
さっぽろ羊ヶ丘展望台 P.56
札幌市円山動物園 P.57
定山渓温泉 P.82
登別温泉 P.88
ウポポイ P.90
創成川公園 P.92

旭川〜稚内
250km
🚗4時間40分
🚆3時間50分

運河が残るレトロタウン
小樽

歴史を感じながらのレトロな町歩きに加え、グルメ&ショッピングを満喫。時間があれば積丹半島や、ワインで注目の余市へ。

ステンドグラスの美術館

●おもな見どころ
小樽運河 P.94
堺町通り P.96
ローカル市場 P.102
青の洞窟クルーズ P.104
小樽天狗山 P.106
積丹半島 P.110
余市 P.112

旭山動物園で
探してみて

旭川 ✈

美瑛
Biei

美瑛〜富良野
30km
🚗40分
🚆30分

異国情緒漂う夜景の町
函館

函館ハリストス正教会

津軽海峡、日本海、太平洋に囲まれた、道南の中心都市。教会の鐘の音が響くエキゾチックな元町を歩き、夜は函館山からの雄大な夜景を満喫。海の恵みや温泉も楽しめる。

小樽〜札幌
40km
🚗40分
🚆35分

札幌〜旭川
150km
🚗2時間
🚆1時間25分

富良野
Furano

札幌
Sapporo

小樽
Otaru

札幌〜帯広
200km
🚗3時間
🚆2時間35分

千歳 ✈

苫小牧

長万部

札幌〜函館
320km
🚗4時間30分
🚆3時間30分

登別温泉では
赤鬼がお出迎え

●おもな見どころ
元町の教会 P.134
旧函館区公会堂 P.135
函館山の夜景 P.136
五稜郭タワー P.138
湯の川温泉 P.148
大沼 P.150

ラッピで
待ってるよ

1万年の時空を超えて
パワーをチャージ →P.38

函館
Hakodate

Welcome to Hokkaido

日本本土最北端の町

稚内

「日本最北端の地の碑」が立つ宗谷岬のある稚内。最北の町は雄大な景色のみならず、多彩なグルメも魅力。

日本の最北・宗谷岬から稚内へ →P.44

世界遺産の自然が広がる

知床

海に囲まれた知床半島では、世界遺産に登録された豊かな自然をウオーキングやクルーズで楽しめる。

シャチやクジラをウオッチング! →P.34

世界遺産の知床五湖を歩く →P.36

湿原と湖の自然とアイヌ文化

釧路・阿寒湖

道東のメインゲートが釧路。釧路湿原、阿寒湖、摩周湖、屈斜路湖と雄大な自然を体感できるエリアだ。阿寒アイヌコタンではアイヌの伝統工芸やアートなどの文化に触れられる。

神秘的な摩周湖と神の子池へドライブ! →P.46

●おもな見どころ
屈斜路湖　P.48
釧路湿原　P.166
阿寒湖アイヌコタン　P.170
阿寒湖クルーズ　P.172
釧路川でカヌー体験　P.174

 木彫りの鮭食い熊です

 シマエナガパフェ

大平原が広がる穀倉地帯

帯広・十勝

日高山脈の裾野に広がる、大平原地帯の十勝エリア。大規模農業と酪農が盛んで、パッチワークの田園景観も魅力のひとつ。中心の帯広では地産地消のスイーツやグルメを味わえる。

●おもな見どころ
十勝のガーデン　P.152
帯広さんぽ　P.154
然別湖　P.160
糠平湖　P.161

 ワイルドな乗馬に挑戦!

紋別
旭川〜網走
210km
4時間30分
3時間30分

網走
北見

知床
Shiretoko
ウトロ
羅臼
斜里町

網走〜ウトロ
80km
1時間30分

阿寒湖
Akanko

網走〜釧路
150km
3時間
3時間30分

根室

帯広・十勝
Obihiro・Tokachi
帯広〜釧路
120km
2時間
1時間30分

釧路
Kushiro

牛のおっぱいミルク

空を飛ぶようにスーッ

花畑とパッチワークの風景

美瑛・富良野

北海道のヘソにあたる地域で、旭川から南へ美瑛、上富良野、中富良野、富良野、南富良野と続く。旭山動物園、美瑛の青い池や丘風景、富良野のラベンダー畑と見どころがいっぱい。

花に包まれるマイベスト写真を撮る! →P.18

推しアニマルを探しに行こう♡ →P.22

●おもな見どころ
美瑛の丘　P.116
白金 青い池　P.118
ファーム富田　P.18,124
かんのファーム　P.21,124
道の駅南ふらの　P.131
雲海テラス　P.132

Area Navi

11

北海道3泊4日 *aruco的* 究極プラン

プチぼうけんしちゃうぞ！

北海道に行ったらマストで見たいスポットを余すところなく巡る
ハイライトコースをご紹介。花のベストシーズンに合わせて行こう！

Day 1 旭川空港から旭山動物園へ直行！美瑛の丘を巡って富良野へ

初日から見どころ満載でテンションアップ！
できるだけ早く到着する便を利用しよう。

車18分

9:30 本州からの飛行機で旭川空港に到着

10:00 レンタカーで**旭川市旭山動物園**へ
行き約3時間でぐるっと巡る P.22

1時間10分

14:15 美瑛に移動して**白金 青い池**を目指す P.118

何もかも
青の世界

車20分

15:00 美瑛の丘を走って
展望花畑**四季彩の丘**へ P.21,117

美瑛の丘が
カラフルな
ストライプに

自転車もあるよ

車40分

17:00 富良野に移動して**フラノマルシェ**で
お買い物♪ P.129

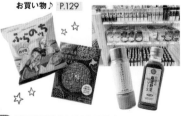

18:00 富良野周辺のホテルにステイ

Day 2 富良野のカラフルな花畑を巡り夜は札幌で名物グルメ！

早起きしてファーム富田へ。さらにラベンダー畑を
巡って花を満喫したら夜の札幌へ。

9:00 憧れの虹色の絶景ガーデンを見に
ファーム富田へ P.18,124

有名な
虹色の畑を
見に行こう！

徒歩
すぐ

10:30 **とみたメロンハウス**で富良野
名物のメロンを堪能！ P.129

車7分

11:00 紫の絨毯が広がる
ラベンダーイーストへ P.125

車10分

11:30 さらに**日の出公園ラベンダー園**で
ラベンダーを目に焼き付ける！ P.125

車30分

12:10 ランチは**唯我独尊**で
富良野カレー！ P.128

ボーイズビー
アンビシャス

車
2時間
35分

16:00 国道452号、道央自動車道
で札幌に移動し
**さっぽろ羊ヶ丘
展望台**へ P.56

車30分+
ロープウェイ+
ケーブルカー

18:00 **もいわ山
山頂展望台**からの
札幌の夜景に
うっとり P.56

ケーブルカー+
ロープウェイ+
車20分

19:30 札幌市内で夜ごはんを食べ、
ホテルにステイ P.60〜

Day3 小樽のレトロな町歩きと
スイーツハントを楽しもう☆

札幌から日帰りで小樽へ。展望、海鮮丼、
スイーツ、小樽ガラスと充実のミニトリップ！

Day4 最終日は札幌市内を観光して
寄り道しながら空港へ

札幌の王道観光スポットをしっかりおさえてから空港へ。
馬との触れ合いも楽しんじゃおう！

9:00 札幌から車か電車で小樽へ
車1時間

10:00 絶景スポット **小樽天狗山**で遊ぶ P.106

鼻に触って
パワーアップ！

車25分

11:30 新南樽市場の
おたる佐藤食堂で
海鮮丼ランチ
P.103

車5分

12:15 駐車場に車を停めて **小樽運河**周辺を散策 P.94

徒歩
すぐ

12:45 小樽芸術村 **ステンドグラス美術館**
で幻想的な光に包まれる P.95

カラフルな
ガラスの光に
うっとり

徒歩
4分

13:30 とっておきのガラスを探して
大正硝子館 本店へ P.109

徒歩
2分

14:15 **創作硝子工房nico**で
吹きガラス体験にチャレンジ！ P.109

徒歩
6分

15:00 堺町通りを散策しながら
ルタオパトスの
名物スイーツ♡ P.97

自分で
仕上げる
スイーツ

車40分

17:30 車か電車で札幌に戻る

18:00 札幌グルメを満喫してホテルへ

9:00 札幌のシンボル
札幌市時計台で
記念撮影！ P.50

いっしょに
撮りましょ

徒歩
5分

10:00 **さっぽろテレビ塔**
からの大通公園ビュー
P.51

徒歩
すぐ

10:30 緑と水のオアシス
大通公園を
ぶらり P.50,52

車1時間

12:30 車で空港方面へ向かい
**ノーザン
ホースパーク**
で馬と触れ合う P.80

馬車に
揺られて
園内散策

♪

車20分

14:30 新千歳空港着。最後の買い物を楽しんで

Good bye!

こんなおみやげ
買っちゃいました

大正硝子
うつわ屋の
ガラス雑貨
P.108

きたキッチン
でき花
P.74

きたキッチンで
銘菓
P.74

北海道
どさんこ
プラザで
クマヤキ
グミ
P.75

とみおかクリーニング
LIFE LAB.
の風呂敷 P.75

せっかくだから
もういっちょ！

エリアやテーマで選べるおすすめモデルプラン。P.12〜の究極プランにプラスして楽しむのも！

Plan 01 函館空港発着

函館定番観光と縄文遺跡や大沼へ 1泊2日

函館のテッパンスポットを巡り、翌日は世界遺産の
縄文遺跡から、絶景のネイチャースポット大沼へ！

Day 1

10:00 函館空港でレンタカーを借りて出発

車15分

10:30 函館市内に車を停めて徒歩で **元町を散策**
P.134

元町の
歴史的
建造物

徒歩
5分

12:30 **ベイエリア**まで歩いて
おみやげ探し
P.135

徒歩
すぐ

14:00 ランチは **ラッキー
ピエロ**のご当地
グルメバーガー！ P.140

市電25分＋
徒歩10分

15:15 **五稜郭タワー**に
上って五稜郭公園の
星を見る
P.138

徒歩
3分

16:30 **五稜郭公園**を散策
して幕末に思いをはせる
P.139

17:30 函館市内のホテルにチェックイン

市電20分＋
徒歩10分＋
ロープウエイ

世界レベルの
夜景です！

最後は **函館山**
からのロマン
ティックな夜景！
P.136

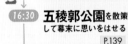

18:00

Day 2

9:00 **函館朝市**で海鮮丼を食べて
から出発！
P.142

海鮮丼
選び放題！

車20分

10:30 歴史ある **天使の聖母
トラピスチヌ修道院**を訪問 P.149

神聖な気持ちに
なれる場所

車35分

12:00 世界遺産 **垣ノ島遺跡**を散策し **函館市縄文
文化交流センター**で中空土偶を見学
P.38

ユニークな
縄文スイーツ

車5分

13:30 世界遺産 **大船遺跡**で縄文時代へタイムトリップ
P.38

車40分

14:20 ネイチャースポット **大沼**で散策や
クルーズを楽しむ P.150

車40分

17:00 レンタカーを返却して函館空港へ

Plan 02 女満別空港発／たんちょう釧路空港着

世界遺産・知床と道東3湖を巡る 2泊3日

道東の雄大な自然を見て感じるコース。博物館網走監獄やアイヌコタンで歴史文化体験も！

Day 1

9:00 道東の玄関口、女満別空港からスタート
車20分

9:30 博物館網走監獄で北海道開拓を学ぶ

立ち寄りスポット 網走ではハズせない観光スポット

監獄食が食べられる！

1. 五翼放射状舎房と呼ばれる舎房。1912（明治45）年築 2. 大きな鉄錠の付いた独居房 3. 現在の網走刑務所で収容者が食べている食事を再現した「監獄食」 ◎11:00～14:30（L.O.）

刑務所建築物を移築・復原した野外歴史博物館

博物館網走監獄 ハクブツカンアバシリカンゴク

明治時代から旧網走刑務所で使用されていた歴史的建造物を移築・復原し、保存展示する野外歴史博物館。建造物25棟のうち8棟は国の重要文化財に指定され、6棟が登録有形文化財として登録されている。

Map P.191-B3 網走

🏠網走市呼人1-1 ☎0152-45-2411 ◎9:00～17:00（最終入館16:00）☺入館1500円 🚗JR網走駅から車で7分 ◎400台

12:30 知床半島のウトロまで
車20分 オホーツク海沿いをドライブ

13:30 知床五湖の高架木道をウオーキング P.36
車1時間20分

夜 ウトロの宿にステイ

エゾシカがこんにちは

Day 2

8:00 ウトロから知床横断道路を走って反対側の羅臼へ
車40分

9:00 知床ネイチャークルーズで シャチが見られるかも！
アニマルウオッチング！ P.34

車2時間10分

14:30 ふたつの展望台から神秘的な
摩周湖を眺めよう P.46 自分で足湯をホリホリ

車30分

15:30 屈斜路湖湖畔の砂湯で足湯につかる P.48
車1時間

17:00 阿寒湖横断道路を走って阿寒湖アイヌコタンへ
P.170

徒歩10分

18:00 阿寒湖温泉の宿にチェックイン

20:00 阿寒湖アイヌシアターイコロで
伝統舞踊を鑑賞 P.171

アイヌの伝統舞踊鑑賞

Day 3

9:00 阿寒観光汽船でマリモとご対面☆ P.172

これが本物のマリモです

車1時間10分

12:00 湿原展望台遊歩道を歩いて釧路湿原の絶景を
P.166

車20分

14:00 たんちょう釧路空港到着。時間があったら
温根内木道にも行ってみて P.167

15

Plan 03 新千歳空港発着

ウポポイから温泉地を泊まり歩く！ 2泊3日

ウポポイでアイヌ文化に触れたあと登別温泉、
定山渓温泉と温泉地を泊まり歩いて温泉三昧！

Day 1

10:00 新千歳空港からレンタカーでスタート

車50分

11:20 ウポポイでアイヌ文化に触れる P.90

車30分

14:00
> 登別温泉で鬼を探そう

温泉が湧き出す
登別地獄谷を散策 P.88

徒歩5分

16:00 登別温泉にステイ

Day 2

9:00 登別温泉から洞爺湖に向かう

車1時間

10:00 洞爺湖汽船に乗って湖をぐるり P.87

車15分

12:00

サイロ展望台から
洞爺湖の絶景を眺める！ P.86

車1時間25分

14:30 中山峠経由で定山渓温泉に到着

16:00 定山渓温泉を散策してから宿で温泉三昧 P.82

Day 3

9:00
定山渓温泉の
ホテルをチェックアウト

車10分

10:15 豊平峡温泉の大露天風呂に立ち寄り P.82欄外

車10分

12:30 道の駅サーモンパーク千歳でランチ P.81

車1時間20分

14:00 新千歳空港着、出発まで買い物や食事を楽しんで

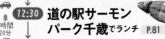

Plan 04 とかち帯広空港発着

乗馬とガーデン巡りを楽しむ！ 1泊2日

十勝の自然と雄大な風景を乗馬や牧場、ガーデン
巡りで体感！　夜は屋台村で十勝グルメを。

Day 1
> 馬に乗って森を行く！

9:00 帯広市内から車でスタート

車1時間15分

10:30 ウエスタンビレッジ
サホロで本格乗馬に挑戦！ P.162

車50分

12:15
大雪山の自然に
囲まれた**然別湖**へ P.160

車35分

14:00 糠平湖に沈む**タウシュベツ川橋梁**を展望台から P.161

車55分

15:30 日本一広い
**ナイタイ高原
牧場**の絶景ビュー P.161

車1時間10分

17:30 帯広のホテルにチェックインして北の屋台へ P.155

> 北の地酒でカンパイ！

Day 2

9:00 シマエナガがかわいい
帯廣神社にお参り P.154

> 神社

車25分

10:00 **真鍋庭園**の美しい
針葉樹の森でリラックス P.153

車10分

12:30
丘の上のフォトジェニックな
ガーデン**十勝ヒルズ**へ P.152

車25分

14:00 **紫竹ガーデン**で花の写真をいっぱい撮ろう P.153

車20分

15:30 大平原を走ってとかち帯広空港着

16

スケールの大きな北海道の自然をとことん遊びつくすとっておきのプチぼうけん

どこまでも続く花風景に癒やされたら、
大自然のダイナミックな遊びにチャレンジ！
動物たちと触れ合える話題のスポットや、
もちろん北のグルメやカワイイものも☆
ここはプチぼうけんの入口。北海道の魅力を見つけてみて。

LET'S GO

プチ
ぼうけん
①

撮り方を
マスター！

心ときめく虹色の大地で
花に包まれるマイベスト写真を撮る！

北海道の花畑はスケールが違う。
見渡す限り広がる花たちに包まれる、
夢のような瞬間を体感し人生最高の一枚を撮って！

花に包まれて写真を撮る

TOTAL
2時間

オススメ
時間 **10:00〜
14:00**

予算 花畑に
よって異なる

🕐 **開花時期をこまめにチェック**
道内各地に出現する、日本最大級のスケールの大きな花畑。花にまみれるロマンティックな写真を撮るなら、まずは花のベストシーズンと撮影のコツをチェック！

ファーム富田の
彩りの畑の中へ

七色の畑が有名な富良野のファーム富田をはじめ、道内各地に美しい花畑がある。花のシーズンをチェックしてスケジュールを立てよう。

花に包まれる！
ベストシーズン
**7月中旬〜
下旬**

撮り方
のコツ **①**
ズームして切り取る！
離れた場所から望遠レンズを使って撮るのがポイント。スマホでもできるだけズームで

写真の人物はこのへんに立っている。実際は道がある

富良野 **北海道を代表する虹色の花畑**
ファーム富田
ファームトミタ
13もの花畑があり春から秋にかけて色とりどりの花が咲く。帯状に植えられた花が虹のように大地を染める「彩りの畑」は大人気。濃淡の紫色の絨毯が広がるラベンダー園も必見！

DATA → P.124

18

「彩りの畑」の花たち

「彩りの畑」は毎年、花の配置が変わる。同時にすべての花が咲くよう、手入れされている。

ラベンダー（おかむらさき）　カスミソウ　カリフォルニアポピー

ポピー　メネシア　コマチソウ

撮り方のコツ 2
花とソフトクリームも◎
ソフトクリームは「彩りの畑」に近い売店「森の舎」で。アイスがとける前に撮影を

撮り方のコツ 3
余計な物を入れない
シーズン中の花畑は観光客がいっぱい。撮りたい人や場所を切り取る、早めの時間に行くなどがコツ

Take best photos in the flower field!

下の展望スポットから見た「彩りの畑」

撮り方のコツ 4
少し高い位置から撮る
見下ろすような目線で撮ると、花の茎が写らず花に囲まれているような写真が撮れる

撮り方で変わるよ！

19

撮り方
のコツ ①
午前中を狙おう

ヒマワリが撮影者のほうを向いているのが美しいポイント。午前中は日が当たり黄色が際立つ

開放的で
気持ちいい

北竜

どこまでも続くヒマワリ

北竜町ひまわりの里
ホクリュウチョウヒマワリノサト

約200万本ものヒマワリが地平線まで黄色く染める絶景スポット。東京ドーム5個分の広さがあり作付面積は日本最大級。7月中旬～8月中旬にかけて「ひまわりまつり」も開催される。

花に包まれる！
ベストシーズン
7月下旬～
8月上旬

Map P.190-B2 北竜

🏠北竜町板谷 ☎0164-34-6790（北竜町ひまわり観光協会）⊙見学自由 🚃JR札幌駅から車で1時間30分 🅿500台

黄色やピンクの絨毯に
ストライプやハートも！

いろいろなコスモス

コスモス園では一般的なコスモスを含め
約20種類のコスモスが見られる。

同じ花が咲き誇る単色の花畑と、花がカラフルな模様を描き出す花畑は、どちらも壮大な花ストーリー。花に映える服を着て行こう！

ダブルクリック　日の丸　カップケーキ
ミックス

遠軽

日本最大級のコスモス園

太陽の丘えんがる
公園 タイヨウノオカエンガル
コウエン

小高い山全体に広がる太陽の丘えんがる公園にある、コスモスをメインとする「虹のひろば」では10ヘクタールに約1000万本のコスモス畑が広がる。

花に包まれる！
ベストシーズン
8月中旬～
9月下旬

撮り方のコツ 📷
花と人物のバランス

コスモスは背が高く、近いと人物が隠れてしまう。やや離れた高い場所から撮るのがベスト

Map P.191-B3 遠軽

🏠遠軽町太陽の丘えんがる公園 ☎0158-42-0488 ⊙4月29日～10月28日の9:00～17:00（売店営業は7～10月中旬）🈺期間中無休 💰入園600円 🚃JR遠軽駅から車で5分 🅿300台

撮り方のコツ **2**
起伏を生かして撮る
畑は広い範囲に広がっているが、起伏のある斜面を下のほうから撮るとよりキレイ

世界の珍しいヒマワリも！
一角にある「世界のひまわり」には地元の北竜中学校の生徒が栽培した約20種類のヒマワリが咲く。

ゴッホのひまわり
ジェイド
プロカットレッド
ルビー
ルビーエクリプス
レモンエクレア

奥深いヒマワリの世界！

プチぼうけん 1
花に包まれるマイベスト写真を撮る！

美瑛 美瑛の丘を彩る花々
展望花畑 四季彩の丘
テンボウハナバタケシキサイノオカ
14ヘクタールという敷地があり、花がストライプ状に彩る丘の向こうには十勝岳連峰の雄大な景色が広がる。5月上旬～10月上旬まで楽しめる。

DATA → P.117

花に包まれる！ベストシーズン
7月上旬～8月下旬

撮り方のコツ
ストライプの丘を背景に
丘が見渡せる場所から望遠で撮ると、帯状の花畑が背景となる。8月は花の色が濃く鮮やかに

花に包まれる！ベストシーズン
7月中旬～8月中旬

With big heart!

ハッピーな気分になれる

富良野 青空に映える大きなハート
かんのファーム
国道沿いの斜面に広がり気軽に見られる花畑。毎年登場するサルビアのハートが話題。ほかにもラベンダーをはじめさまざまな花が咲く。

DATA → P.124

撮り方のコツ
スマホアプリを活用
「B612」は写真の編集ができ、暗い写真も鮮明に。「Foodie」は料理の写真用として知られるが風景も色鮮やかに撮れる

21

日本一の人気！旭山動物園へ
裏ワザ駆使で 推しアニマルを探しに行こう♡

空を飛ぶように泳ぐペンギンや自在に泳ぐホッキョクグマなど
話題の動物舎のポイントをおさえて効率よく回ろう。
動物舎以外にも見どころがいっぱいあるので探してみて！

元気な生き物から
パワーがもらえる！

動物が生まれもつ能力を
発揮できる工夫がなされて
いるので、じっくり観察を。
各動物舎にある手描きパネルも
しっかり読んで生態を学ぼう。

旭山動物園を満喫
TOTAL 3時間

オススメ時間	9:30～12:30、14:00～17:00	予算	1000円

👆 **反時計回りに進むのがポイント**
旭山動物園には3つの入口があり、ど
こから入っても反時計回りに巡るの
がスムーズ。「もぐもぐタイム」を見
るなら早めに動物舎に行って待とう。

ここが
すごい！
行動展示
動物本来の行動を
引き出す展示方法
の先駆けがこちら

ここが
すごい！
自然界では同じ地域
に暮らす動物を共生させた施設。く
もざる・かぴばら館などで見られる。
共生展示

ここが
すごい！
**もぐもぐタイム・
なるほどガイド**
飼育スタッフが動物の行動
について解説する「もぐもぐタイム」や「な
るほどガイド」のスケジュールは当日の朝に
決定。掲示板やウェブサイトで確認を。

こっち

ここが
すごい！
手作り看板
旭山動物園の飼育員だった絵
本作家、あべ弘士さんのイラ
スト看板が園内のあちこちに。

動物の行動に目が釘付け！

旭川市旭山動物園
アサヒカワシアサヒヤマドウブツエン

行動展示や動物をいろいろな角度から
観察できる工夫が凝らされた施設が常
に話題の動物園。動物たちの生きいき
とした姿を観察できる。「もぐもぐタ
イム」などのイベントも要チェック。

Map P.190-B2 旭川

🏠 旭川市東旭川町倉沼　☎ 0166-36-1104
🕐 [夏期]2024年4月27日～10月15日 9:30～
17:15（8月10～16日は～21:00）、10月16日～
11月3日 9:30～16:30（ともに最終入園～16:00）
[冬期]2024年11月11日～2025年4月7日 10:30
～15:30（最終入園～15:00）2024年4月8日
～26日、11月4日～11月10日、12月30日～2025
年1月1日（開園期間中は無休）💴 入園1000円
（中学生以下無料）🚃 JR
旭川駅から旭川電気軌道
バスで40分、または車で
30分。旭川空港から旭川
電気軌道バスで35分、ま
たは車で25分。🅿 あり

事前におトク情報をcheck!

🐾 **旭山動物園バスセット券**
札幌～旭川の高速バス往復券+旭川～旭山動物園
の電気軌道バス+旭山動物園入園券
💴 5500円
（購入は中央バス札幌ターミナル、札幌駅前案内所）

🐾 **旭山動物園きっぷ**
札幌～旭川のJR往復各1回特急列車普通車自由席+
旭川～旭山動物園の電気軌道バス+旭山動物園入園券
💴 6830円（2023年度。購入はJR北海道のみどりの
窓口、指定券発売機、北海道内のおもな旅行会社）

🐾 **旭山動物園おもてなし券**
（旭川市内のホテル・旅館の宿泊者対象）
2日間入園券（1日目は12:00以降、2日目は12:00まで
の入園）+市内の協賛飲食店で使える特典
💴 1000円
（購入は旭山動物園の券売所、市内のおもなホテルなど）

aruco おすすめ

3時間でハイライトを巡る！

正門からのおすすめルートはこちら。東門からは先にきりん舎・かば館を見て、ぺんぎん館から同じように進もう。

裏ワザ　車の場合はオープン前に行って駐車場を確保。無料駐車場を事前にチェックしておこう！　入口でその日のイベントともぐもぐタイムの確認も忘れずに

1

09:30 動物園正門 START！

動物園正門の近くに西門もあり、どちらからも巡り方は同じ

2

右にフラミンゴ舎、ととりの森、左にショップとカフェがある

09:35 もぐもぐタイム ぺんぎん館

プール内の水中トンネルからは空を飛ぶようなペンギンが見られる。屋外ではペンギンを間近に観察。

裏ワザ

キングペンギンのヒナがいるときは大人のペンギンとの違いを観察してみて。換羽後も目や模様の色が薄い

3

09:50 もぐもぐタイム あざらし館

中心部にある時計塔は待ち合わせに便利

大水槽とマリンウェイを行き来するアザラシに時間を忘れて見入ってしまう。屋外は漁港をイメージ。

4種類のペンギンを飼育

キングペンギン　イワトビペンギン　フンボルトペンギン　ジェンツーペンギン

集団で歩く様子を目の前で

12月下旬〜3月中旬

ペンギンの散歩

ペンギンたちの冬場の運動不足解消を目的に、積雪期にのみ行っている冬の風物詩。

東門

14　13　12　11　10　9　8　7　6　5　4　3　2　1　15　16

ASAHIYAMA ZOO MAP

西門　正門

公式goodsで推し活〜♡

旭山動物園が企画・監修するオフィシャルグッズ。園内一部の売店で販売。

1　2　3

1. 旭山バーム 550円　2. クリアファイル 263円　3. レターセット 734円

裏ワザ

マリンウェイではアザラシの模様をじっくりと観察してみて

出たところの中央食堂と売店、ペンギンポストをチェック！

冬はこんな姿も

10:05 もぐもぐタイム
4 ほっきょくぐま館

裏ワザ

堀を利用した柵のない放飼場もチェック。カプセルの中からアザラシの視点でのぞけるシールズアイは外せない

見つめられちゃうかも

泳ぐホッキョクグマをガラス越しに見られる。水中から人間を観察することも。2階は柵がないので開放的。

10:45
オオカミの森

観察ホールから、円形の放飼場の中を走ったり岩山に上るオオカミが見られる。

8

裏ワザ

ホールからベアーズアイへ。寝ているオオカミを下から見られることも!

5
10:15 もぐもぐタイム
レッサーパンダ舎

10:25
マヌルネコ舎

10:35
7 シロフクロウ舎

隣接して北海道の自然を再現したエゾシカの森がある

高さ3.5mにある吊り橋を渡る姿が見られたらラッキー。

世界最古のネコといわれるマヌルネコ。道内で会えるのはここのみ。

真っ白の羽毛に覆われた大型のフクロウ。冬は雪と同化するほど。

11:15
10 北海道産動物舎

木が生える大きなバードケージを中心に、北海道に生息する野生動物や鳥たちを飼育。

ワシミミズク

アカゲラ

オオワシ
エゾタヌキ
エゾフクロウ

11:00 もぐもぐタイム
9 えぞひぐま館

2022年にオープン。魚が泳ぐ小川があるなど自然に近い環境でヒグマの行動を観察できる。

裏ワザ

人間の近くにいることを感じさせる看板など細部までチェック

動物注意

11:30 もぐもぐタイム　屋内放飼場のチンパンジー
ちんぱんじー館

ゴリラの裏側は自動販売機、手は空き缶回収ボックス

とても器用なオランウータン

高さ17mの塔に渡されたロープをつかんで空中を移動する姿は"森の人"そのもの。高さ7mの屋内施設にも道具がいっぱい。

11:40 もぐもぐタイム
おらんうーたん館

推しアニマルを探しに行こう♡

夏は屋外やアクリル製のスカイブリッジ、冬はガラスで仕切られた屋内でチンパンジーを間近に観察。

こうた

11:55
てながざる館

高さ14mの鉄塔に登りぶら下がって移動するブラキエーションが見られる。

裏ワザ
かば館地下の観察テラスからガラス越しにキリンを下から観察できる

12:05
くもざる・かぴばら館

共生展示の施設。上にクモザル、下にカピバラとすみ分けている。

ユニークなタコ水道は園内にいくつかある

北海道小動物コーナーのエゾモモンガをチェック！

12:15 もぐもぐタイム
かば館

屋内放飼場にある深さ3mのプールの中で身軽に浮遊する姿が見どころ。屋外では寝ていることが多い。

裏ワザ
カバは水中でもフンをするので、午前中のほうが水が透き通っていてクリアに見える

GOAL!

12:30 もぐもぐタイム
きりん舎

キリンを頭の高さや足元から観察して大きさを実感。木の葉や草を食べる姿も目の前。

一生に一度は見たい！
寒さが生み出すキセキの絶景☆

冬の北海道ならではの絶景といえば
海を真っ白な氷で埋め尽くす流氷。
静まり返った海の上で
神秘的な白の世界を楽しむ、
いろいろなアクティビティを紹介！

定番は砕氷船クルーズ
最近はウオーキングも大人気！

流氷シーズンに合わせて開催される、流氷の海を
進むダイナミックなクルーズ。接岸すると、流氷
の上をガイドと歩くツアーも開催される。

流氷アクティビティ

TOTAL 1時間〜

 オススメ時間 | 早朝〜15:00
予算 | 体験により異なる

予約や情報収集は早めに
流氷ウオークは知床半島のウトロで、流
氷クルーズは同じくオホーツク海沿いの
網走と紋別、根室海峡に面した羅臼から
出発。予約は早めがおすすめだが、流氷
情報をチェックして見極めよう。

1

流氷アクティビティ
流氷の上を歩く！

オホーツク海に面した知床のウ
トロで開催。海岸から接岸した
流氷の上へ。海に落ちないよう
ガイドの指示に従って歩こう。
流氷が重なり合う音が聞こえる
神秘の世界を楽しめる。

ウトロの沿岸から
流氷の上へ！

流氷の
割れ目から
海にプカプカ〜

ドライスーツで
浮かぶよ〜

ガイドの案内で
流氷原を歩く

流氷の上で
バードウオッチング

期間…2〜3月 **所要**…約2時間
料金…6000円〜

point
動きやすい服装の上にドライスー
ツを着用する。帽子は安全のため
必ず持参を。カメラやスマートフォ
ンは防水ケースを用意すれば持参
できるが、水中落下に注意

野生動物ウォッチング
ピッキオ知床
ピッキオシレトコ

年間をとおしてネイチャーツ
アーを開催。自然に詳しいガイ
ドが知床を案内してくれる。冬
季は流氷以外にもスノーシュー
を履いて森を歩くツアーを開催。

Map P.191-B4 ウトロ

🏠斜里町ウトロ東284 ☎0152-26-
7839 🕘9:00〜18:00、要予約
🈂無休（流氷ウオーキングは流氷の接岸
状況により中止あり）🚃JR斜里駅前か
らバスで50分、ウトロ温泉バスターミナル
下車、徒歩5分。女満別空港から車で1
時間40分

オオワシ

天然記念物に
指定されてい
る大型の猛禽
類。流氷の上
で見られる
チャンス大！

流氷Q&A

北の海からの使者
流氷
リュウヒョウ

流氷は稚内から知床半島までのオ
ホーツク海沿岸に漂い、最盛期に
は知床半島を回り込んで羅臼、根
室、釧路方面にまで流れていく。
ただし、風向きによってはわずか
1日で消えてしまうことも。

Q 流氷は
どこから来るの？
A.流氷はサハリンの東沿岸
で生まれ、北風と海流に
乗ってオホーツク海へと漂
流してくる。薄い海氷が寒
さでしだいに厚さを増し、
北海道沿岸に漂着する頃に
は分厚い流氷となる。

Q 流氷は
いつ見られるの？
A.オホーツク海の海氷はマイナ
ス1.8℃になると凍るため、海氷
は寒くなるほど増えて厚さを増
し、オホーツク沿岸に迫ってく
る。流氷の目安は以下のとおり。
＊流氷（1991〜2020年観測の平年値）

流氷初日	1月26日
接岸日	1月30日
流氷終日	3月28日

＊網走での観測日。海
氷情報センター調べ。
流氷初日は視界内の海
面に初めて流氷が見え
た日、流氷終日は同じ
く見えた最後の日。

2 流氷アクティビティ 流氷クルーズ

クルーズ船が出航するのは紋別と網走。流氷を砕く特殊な機能を備えた船で、真っ白な海をぐんぐん進む。分厚い氷が目の前で割れる瞬間は迫力満点。知床の山々の眺めもいい。

ドリルで流氷を砕いて進む 流氷観光船ガリンコ号

リュウヒョウカンコウセンガリンコゴウ

ガリンコ号IIとガリンコ号III IMERU(イメル)が就航。どちらも船首にある螺旋型のアルキメディアンスクリューを使って、氷を砕いて進んでいく大迫力のクルーズ。

期間	1月中旬〜3月下旬<紋別発>
所要	約1時間
料金	ガリンコ号III 4000円、ガリンコ号II 3000円

Map P.191-A3 紋別

🏠紋別市海洋公園1 ☎050-1743-5848 ⏰1日4〜7便、要予約 🈁期間中無休（荒天時運休）🚌紋別空港からバスで約10分、海洋交流館下車（無料送迎バスあり）

流氷を割って進む 網走流氷観光砕氷船おーろら

アバシリリュウヒョウカンコウサイヒョウセンオーロラ

冬は流氷砕氷船、夏は知床観光船として運航。船の重さと前進する圧力で大きな氷を砕いて進む。デッキからは大きな氷が割れて沈み込む迫力あるシーンが見られる。

期間	1月20日〜3月31日<網走発>
所要	約1時間
料金	4000円（特別席+400円）

Map P.191-B3 網走

🏠網走市南3条東4-5-1 道の駅流氷街道網走 ☎0152-43-6000 ⏰9:00〜15:30の1日3〜5便、要予約 🈁期間中無休（流氷がないときは能取岬までの海上遊覧となる）🚌JR網走駅から網走バスで約10分、おーろら乗船場下車

最終便ではサンセットが見られることも

真っ白な海見てみたい！

流氷とバードウォッチング 知床ネイチャークルーズ

シレトコネイチャークルーズ

動物や鳥の宝庫、根室海峡をクルーズ。流氷の上に集まる数百羽のオオワシやオジロワシが見られる。春〜秋はクジラ・イルカ・バードウォッチングを開催（→P.34）。

期間	1月下旬〜3月中旬
所要	A 約1時間・B 約2時間30分
料金	A 4400円・B 1万1000円

Map P.191-B4 羅臼

🏠羅臼町本町27-1 ☎0153-87-4001 ⏰流氷&バードウォッチングA13:00頃、B早朝8:30頃（一眼レフカメラ持ち込みなしは8800円）🈁期間中無休（荒天時運休）🚌根室中標津空港から車で1時間15分

流氷の上のオジロワシやオオワシが高い確率で見られる

プチぼうけん③

寒さが生み出すキセキの絶景☆

こんな絶景が見られるチャンスも

氷点下の日が続く厳冬期。さまざまな条件が重なると神秘的な自然現象が見られる。

アイスバブル

湖底から発生する気泡が水中で凍りついてしまう現象

フロストフラワー

水中から立ち上る水蒸気が凍って花のように見える霜の一種

霧氷(むひょう)

木の枝に付いた水分が凍って真っ白になる。早朝に見られる

ダイヤモンドダスト

空気中の水分が凍り太陽の光に反射してキラキラと光る

アジア最大級のジップラインとゴンドラで
ニセコの絶景をアクティブに眺める！

冬は海外からの旅行者でにぎわうニセコエリア。グリーンシーズンは羊蹄山の懐でスリリングな体験や雄大な景色を楽しめる！

全長2591mの
メガジップラインに挑戦！

ヘルメットと保護用メガネは借りられる。ハーネスとトロリー（滑車）を持ってスタート地点へ向かおう。小さなバッグは持ち込みできる。

スリルと展望を一緒に楽しむ！

HANAZONO ジップフライト
ハナゾノジップフライト

難易度の異なる3本のジップラインを体験できる、アジア最級のジップラインアクティビティ。スタート地点まではサマーゴンドラ（下記）に乗っていくので、ゴンドラからの景色も楽しめる。

Map P.192-B2 ニセコ

🏠倶知安町岩尾別328-36
☎0136-21-3333　📅6月10日〜10月15日（4月29日〜5月28日はMACH3のみ）の9:30〜15:30（1時間ごと）
🈂期間中無休　💰1万5000円（4月末〜5月末はMACH3のみ9800円）
🚃JR倶知安駅から車で10分
🅿200台

サマーゴンドラで
絶景空中散歩を楽しむ

開放的なゴンドラからの絶景

HANAZONO サマーゴンドラ
ハナゾノサマーゴンドラ

日本初導入のフランス製ゴンドラに乗り、片道約6分で標高658m地点へ。山頂駅付近にはベンチやテーブル、ハンギングチェアーなどの設備があり、パノラマ風景やジップフライトの滑走も見られる。

Map P.192-B2 ニセコ

🏠倶知安町岩尾別328-36　☎0136-21-3333　📅4月下旬〜10月中旬の9:00〜16:00（最終乗車時間）
🈂期間中無休（荒天時運休）　💰往復2000円　🚃JR倶知安駅から車で10分　🅿200台

窓が広く造られている
ゴンドラからは絶景が

山頂駅付近は散策ができ
羊蹄山の眺めもいい

羊蹄山とジップラインも！

プチぼうけん

3回楽しめるジップライン

TOTAL
2時間
（3ステージ）

| オススメ時間 | いつでも | 予算 | 1万5000円 |

MACH 1～3を順番に滑り降りる

MACH（マッハ）1、2、3のジップラインがあり、MACH1と2で慣れたらいよいよ最長のMACH3へ。ふたりで同時に滑れるのも楽しい。動きやすい服装と歩きやすい靴でどうぞ。春先は残雪があることも。

START

いよいよスタート！

滑車を担いで乗り場へ

ハーネスを装着

アジア最大級のジップラインとゴンドラ

MACH 1

全長…427m
高低差…25m
瞬間最高時速…40km
所要時間…約25秒

難易度が低いMACH1でジップラインの高さやスピード感を体感し、次のステージに進もう。

これで難易度低めなんて！

MACH1と2の間にあるゴールデッキ

MACH 2

全長…464m
高低差…45m
瞬間最高時速…80km
所要時間…約30秒

最高時速はMACH1の倍。高低差も出てスピード感も味わえるコース。景色を見る余裕も見せよう。

羊蹄山とジップライン！

MACH 3

全長…1700m
高低差…346m
瞬間最高時速…120km
所要時間…約1分30秒

クライマックスは時速120km！滑車で下るとは思えないスピード。高低差もありスリルを十分楽しめる。

飛び出す前はドキドキです

OLA

標高差約600mをゴンドラで一気に。上りは右手方向に羊蹄山が見える

標高1000m地点から羊蹄山を一望できる。秋の紅葉シーズンにも訪れたい

6人乗りのゴンドラよ

92
ニセコアンヌプリ

10分で絶景展望スポットへ

ニセコアンヌプリゴンドラ
1000m台地展望広場

冬はスキーゴンドラ、秋は紅葉ゴンドラとして人気がある。片道10分で標高1000mへ。サマーシーズンは標高1308.2mのニセコアンヌプリへ登ることもでき、片道約1時間10分。

Map P.192-B2 ニセコ

🏠ニセコ町ニセコアンヌプリ国際スキー場 ☎0136-58-2080 ⏰7月15日～10月15日（予定）の9:00～16:30
📅期間中無休 💰往復1500円
🚃JRニセコ駅から車で10分 🅿80台

ニセコのシンボル
羊蹄山

富士山に山容が似ていることから、蝦夷富士とも呼ばれる標高1898mの独立峰。

プチ
ぼうけん
5

北海道一の朝食に選ばれたホテルも！
朝ごはんで北海道グルメを制覇☆

朝食自慢の宿が多い北海道で、とびきりの朝食が味わえるホテルをご紹介。豪華過ぎる北のグルメをおなかいっぱい食べて、元気をチャージ！

朝食で北海道グルメざんまい

TOTAL 1時間

オススメ時間 6:30〜	予算 プランにより異なる

オープン直後の時間を狙おう
朝食は混み合うので、オープン直後の時間が狙い目。ビュッフェならひととおりチェックして、食べたいものを少しずつ味わおう。欲張りすぎて残さないよう注意。

海鮮丼にイクラにザンギ
北のグルメを一度に味わえる

ビュッフェ台にずらりと並ぶ海の幸。好みの具材を取って、自分だけの海鮮丼作りにトライ！

ラビスタ函館ベイ ANNEXの
豪華朝食ビュッフェ
海鮮から郷土料理まで揃う宝石箱のような ビュッフェで贅沢三昧！

夢のイクラかけ放題も！

セルフ海鮮丼を作っちゃお！

食べたいだけ盛ってみました

完成！

醤油だけでもこんなにたくさん！

朝から海鮮三昧！！

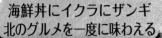

人気 No.1

北海道産の新鮮な魚介が 食べ放題！

厳選された 海の幸をがっつり！

脂のった本マグロ
本マグロは厚めカットで食べ応え◎。脂のりもバツグンではっぺが落ちそう

函館名物朝イカ
函館名物、コリコリ食感のイカももちろんのせ放題

北海道産甘エビ
ぷりっとした食感の道産甘エビ。口の中でとろける〜！

北海道産イクラの醤油漬け
大粒イクラを好きなだけ盛れる、ビュッフェの大目玉

イクラ おかわり！

イクラ おかわり！

北海道や道南の郷土料理や ご当地グルメが勢揃い！

石狩汁
鮭やジャガイモ、大根などが入った石狩の漁師料理

ちゃんちゃん焼き
鮭と野菜を蒸し焼きにし、味噌で味付け。素朴な味わい

函館名物のイカめし
イカの中に米を詰めて炊き上げた函館の名物料理

ザンギといももち
鶏の唐揚げザンギと、ジャガイモのいももち

上層階の展望大浴場も人気

ラビスタ函館ベイANNEX
ラビスタハコダテベイアネックス

ラビスタ函館ベイの別館として2023年5月にオープン。宿泊者のみ利用可能な朝食から、天然温泉の大浴場、さらに無料で提供される夜鳴きそばまで、サービスが充実。

Map P.201-B3 函館

🏠函館市大手町5-23 ☎0138-24-2273 ⏰IN15:00〜翌1:00 OUT11:00 💰1泊朝食付き2万円〜 🛏74 🚉JR函館駅から徒歩10分 🅿42台

デザートやお酒もフリー！

朝から一杯 いただきます！

函館牛乳の濃厚プリン
函館牛乳を使った、濃厚なめらかな特製プリン

スパークリングワイン
さわやかな風味が特徴の、辛口スパークリング

日本酒
毎日銘柄が変わる。この日は地酒「五稜」

彩りあふれる御膳朝食
ONSEN RYOKAN 由縁 札幌
オンセン リョカン ユエン サッポロ

上質な和の空間が広がる宿での朝食は、1階「夏下冬上 札幌」にて。道産の素材をふんだんに使った和御膳がいただける。提供は宿泊者のみで前日までに予約が必要（2800円）。

Map P.196-A2 **札幌**

🏠札幌市中央区北1西7-6 ☎011-271-1126 ⏰IN15:00 OUT11:00 🍴1泊朝食付き1万4000円〜 🛏182 🚃地下鉄大通駅から徒歩8分 🅿有料あり（先着順、予約不可）

名物・ホッケのひつまぶしは特製だしをかけてどうぞ

旬の食材を使った
彩り豊かな御膳朝食
季節の美味を集約した華やかな御膳で、最高の朝をスタート！

1. 北海道の旬が詰まった御膳。見た目も美しい 2. 間接照明を配したあたたかみのあるラウンジが出迎えてくれる

朝食会場は眺めのいい最上階
オーセントホテル小樽
オーセントホテルオタル

朝食はモーニングブッフェ、和朝食膳、海鮮丼の3種類から選べるスタイル。モーニングブッフェは最上階のレストラン、和朝食膳と海鮮丼は3階レストランにて提供。

Map P.198-B1 **小樽**

🏠小樽市稲穂2-15-1 ☎0134-27-8100 ⏰IN14:00 OUT11:00 🍴スタンダードツイン1泊朝食付き1万100円〜 🛏175 🚃JR小樽駅より徒歩5分 🅿有料あり（先着順）

1. ブッフェは11階レストラン「カサブランカ」にて。パンはホテルのベーカリーで焼き上げる 2. 道産の厳選素材を使用

北海道産イクラの入舟海鮮丼は、3階レストラン「入舟」で食べられる

朝ごはんで北海道グルメを制覇☆

ホテルベーカリーの
焼きたてパン or 海鮮丼！
ホテルメイドのパン、または特製海鮮丼、あなたはどちらを選ぶ？

どれから食べようかな〜

豚丼やイクラ丼も！
北海道と十勝の食がズラリ
酪農王国・十勝ならではのラインアップに胸キュン必至！

1.「北海道と十勝を食べる」がコンセプトのとかちモーニングブッフェ 2. 心あたたまる料理で気持ちのよい1日を始めよう

帯広駅直結でアクセス便利
ホテル日航ノースランド帯広
ホテルニッコウノースランドオビヒロ

朝食ブッフェには、豚丼やイクラ丼、ザンギ丼などご当地グルメが並ぶ。食パンは帯広市内に数店舗ある満寿屋（→P.155）ベーカリー「麦音」の商品を使用。

Map P.202-B2 **帯広**

🏠帯広市西2条南13-1 ☎0155-24-1234 ⏰IN15:00 OUT11:00 🍴1泊朝食付き6000円〜 🛏171 🚃JR帯広駅より徒歩1分 🅿有料あり

※宿泊料金は1部屋を2名で利用した場合の1名の料金

今いちばんホットな水族館で
クラゲやペンギンと夢のカフェタイム

2023年7月に札幌に新名所となる水族館がオープン！
ふわふわ流れるクラゲやペンギンたちに癒やされちゃおう♪

札幌中心にオープン！
都市型水族館で乾杯

観賞するだけでなく、「シロクマベーカリー＆」で購入したドリンクやフードを、水槽を見ながら食べることも。持ち込みもOK！

ずっと見ていられる風景

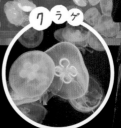

クラゲ

水族館でまったり過ごす

TOTAL 2時間	
オススメ時間	10:00〜、18:00〜
予算	2000円〜

買い物の途中に気軽に寄れる
大通公園とすすきのの間、商業施設内にあるので気軽に行けるのが魅力。館内のコワーキングスペースでゆっくり過ごすのもおすすめ。雨や雪でも快適。

AOAOスパークリングワイン790円のほかビールやワインも

水族館限定のチョコミント490円（ソフトドリンクセット＋300円）

ゆらゆらと水中を漂うミズクラゲ。館内生まれのカラージェリーフィッシュも展示

都心とは思えない空間

AOAO SAPPORO
アオアオ サッポロ

狸小路に竣工した、モユクサッポロの4〜6階にオープン。北海道ではここでしか見られない2種類のペンギンや、約250種の海の生き物を展示。デジタルアートでも海を体感する。

Map P.197-B3 札幌

🏠札幌市中央区南2条3-20 moyuku SAPPORO 4〜6F
📞011-212-1316 ⏰10:00〜22:00（最終入館21:00）休無休（メンテナンスによる臨時休館あり）料入館2000円〜 交地下鉄大通駅から徒歩3分 Pなし

水の中の自然の姿が見られる！

NATURE AQUARIUM
世界で3ヵ所目の常設展示となるネイチャーアクアリウムで水中景観を楽しめる

水の循環ラボ
館内で使われている人工海水を製造するプラントが見られる

MUSEUM SHOP
水族館グッズとオリジナルグッズが充実。ハッピーペンギンくじでは、大・中・小いずれかのフェアリーペンギンのぬいぐるみが当たる。

キタイワトビペンギンぬいぐるみ 2480円

ぬいぐるみの羽に付ける識別用のバンドも500円で販売

ハッピーペンギンくじ 1回1500円

ビッグサイズのフェアリーペンギンが当たればラッキー

6F

水族館のメインフロア
キタイワトビペンギン、クラゲが漂う大小の水槽が人気。植物園のようなグリーンルームの奥にはフェアリーペンギンも!

クラゲやペンギンと夢のカフェタイム

フェアリーペンギン
体長30〜40cm、体重約1kgの世界最小のペンギン。フェアリーは妖精の意味。

ペンギンとカンパイしてる気分♪

キタイワトビペンギン
黄色い飾り羽がチャームポイント。ぴょんぴょん跳ねて移動する様子もチェック

シロクマベーカリー&
札幌で人気のベーカリーがAOAO SAPPOROとコラボして、パンとお酒が楽しめるバンバルをオープン。道産小麦のクロワッサンを中心に、ソーセージやフライドポテトなども。

10種類以上のクロワッサンが揃う

BLUE ROOM
(ブルールーム)
幅約20mのラウンド型パノラマスクリーンと床に映像を投影。幻想的な海の世界が広がる

十勝産小豆のあんこ入りソフトクリーム、シロクマのテ690円

5F

ーコアユ
頭を下に向けて泳ぐ不思議な魚。ペコは逆さの意味。

チンアナゴ
砂地から体の一部を出して大きな目でキョロキョロ

いろいろな視点で魚を観察
図書館のようなライブラリーアクアリウムと、幻想的なネイチャーアクアリウムで生き物を観察。

LIBRARY AQUARIUM
43本ある水槽の横に関連する本が置かれ、本を片手に生き物を観察できる

4F

ショップとラボ
4階入口にあるミュージアムショップは無料エリア。海の生き物をモチーフにしたさまざまなグッズが揃う。

プリント入りマシュマロ
6粒入り580円
AOAO SAPPOROの主役たちがプリントされたチョコレート入りマシュマロ

Kinpro 大型ハンカチ 1980円
水族館の仲間たちのイラストがかわいい

プリントクッキー
8枚入り 1280円
水族館の仲間たち4種類をプリント

Kinproキーホルダー 各770円
Kinproデザインのクラゲとチンアナゴのキーホルダー

世界遺産 知床から大迫力のクルーズ！
シャチやクジラを
すぐ目の前でウオッチング！

知床半島の東側に広がる根室海峡には大型鯨類が回遊してくる。
特にシャチの群れは世界でもなかなか見られない。
羅臼発のクルーズで海の生き物を探そう！

高発見率のシーズンを狙い
海の生き物と感動の対面！

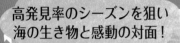

時期により回遊している生き物が
違うので、発見率が高いシーズン
をチェックして出かけるのが見ら
れるポイント。

killer whale
シャチ
6月下旬〜7月
発見率 **59%**

春から初夏にかけて回遊。
ファミリーで泳ぐ姿も。
海上に顔を出すブリーチン
グやスパイホップは
迫力満点！

pacific white-sided dolphin
カマイルカ
7〜10月
発見率 **1%**

背ビレの形が草を刈るカマ
に似ていることが名前の
由来。遭遇率は低い。

こんな近くで
見られるかも

ネイチャー
クルーズに乗船！

羅臼港から数社の船が
運航。連絡を取り合っ
て生き物を探す。

海の生き物を
探しましょう！

船長の長谷川さんは
楽しいキャラクター
で人気者

出航

羅臼から
乗船、出航！

双眼鏡で生
き物を探す
スタッフ

レクチャー

クジラ類についてのレクチャーも

発見！

観察

発見

知床ネイチャークルーズの
エバーグリーン号とシャチ

アニマルウオッチングクルーズ

TOTAL 2時間30分

オススメ時間	出航9:00〜13:00〜
予算	8800円

🔍 船上から生き物を探して観察

羅臼港から出航し、根室海峡をクルーズしながら海の生き物をウオッチング。発見すると刺激を与えないようゆっくり近寄っていく。シャチやイルカから船に近づいてくることも。

生き物の宝庫・羅臼の海

知床半島と根室半島に挟まれ、北方領土の国後島が浮かぶ根室海峡。拠点となる羅臼は、昆布をはじめスケソウダラ、イカ、サケ、キンキなどで有名な漁港。それら豊かな海の幸を求めてシャチやクジラなどが回遊してくる。特にシャチの群れが近くで見られるのは、世界でもまれだ。

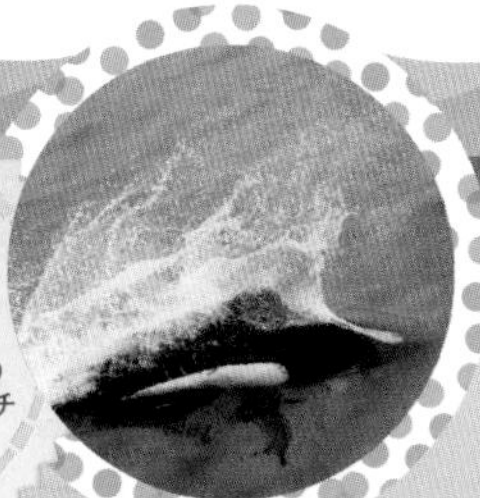

知床半島 / 羅臼港 / クルーズコース / 国後島 / 根室海峡

シャチやクジラをすぐ目の前でウオッチング！

---

dall's porpoise
イシイルカ
5〜10月

発見率 65%

胸びれのうしろから体の横にかけての白色のパッチが特徴。数頭で群れをなして泳ぐ。

sperm whale
マッコウクジラ
7〜10月

発見率 65%

オスは全長18mにもなり、泳いでいる姿は潜水艦のよう。息継ぎに浮上してきて、潜る瞬間に尾ビレが見られる。

beaked whale
ツチクジラ
通年

発見率 7%

10〜13mとハクジラのなかでは大型で吻（くち）先に特徴がある。見られる遭遇率は低い。

minke whale
ミンククジラ
4月下旬〜6月

発見率 42%

春先のプランクトンが多い時期に見られることが多い。7m前後の比較的小さめのヒゲクジラの一種。

クルーズのパイオニア
⚓ 知床ネイチャークルーズ
シレトコネイチャークルーズ

夏季と冬季のクルーズがあり、春はシャチ、夏はマッコウクジラをメインに、数種のクジラやイルカ、渡り鳥をウオッチング。最新機器を搭載した2隻の船を所有。冬季クルーズは→P.27参照。

Map P.191-B4 羅臼

🏠羅臼町本町27-1
☎0153-87-4001 ●クジラ・イルカ・バードウオッチング4月下旬〜10月中旬の9:00〜13:00〜 ◎期間中無休 ⑤夏季クルーズ8800円 ◎根室中標津空港から車で1時間15分。女満別空港から車でウトロ経由、2時間40分（ウトロ温泉バスターミナルから車で40分。ただし冬季閉鎖）

その他のクルーズ船

観光船アルラン三世
Map P.191-B4 羅臼
🏠羅臼町船見町6
☎0153-87-4477

ゴジラ岩観光
Map P.191-B4 羅臼
🏠羅臼町本町30-2
☎0153-85-7575

知床観光船はまなす
Map P.191-B4 羅臼
🏠羅臼町礼文町15
☎0153-87-3830

クルーズQ&A

Q 服装について
A天気がよくてもデッキで風に当たっていると体が冷える。パーカーなど羽織れる防寒着を持っていこう。加えて夏でも帽子や手袋があると安心。

Q 船酔いはするの？
A波が高いと船も揺れるので、船酔いが心配な人は薬を飲んでおきたい。

Q 発見率を知りたい！
A知床ネイチャークルーズの公式サイトに発見率統計があるので参考に。
🔗www.e-shiretoko.com/animals/rate/

35

プチ
ぼうけん
8

世界
遺産

大自然のパワーを感じながら 世界遺産の知床五湖を歩く

知床半島に点在する5つの湖、知床五湖。高架木道や地上遊歩道を歩いて、
世界遺産の自然を体感しよう。

世界遺産の究極の自然を 歩いて学んで楽しむ

知床五湖ウオークは、自由に歩ける高架木道か、レクチャーを受けて歩く地上遊歩道のどちらか。ガイドの案内で歩けばより自然について学べる。

5つの湖の湖畔を歩く
地上遊歩道

地上遊歩道小ループ
ガイドツアーに参加!

所要：約1時間30分
料金：3000円
（レクチャー代金250円含む）

ヒグマや自然の話をしながら歩きましょう

ガイド
三浦隆浩さん
Mother Nature's Son
URL www.mnspie.com

持ち物と服装

水や汗拭きタオルなどのほか、天気がいい日は帽子を用意。靴は底のしっかりしたものを。両手がフリーになるよう持ち物は小型のザックに入れて。食べ物の持ち込みは禁止。

知床五湖ウオーキング
TOTAL
往復1時間
（高架木道）

オススメ時間 12:00〜
予約 高架木道は無料

高架木道と地上遊歩道がある
知床五湖には開園期間中いつでも自由に歩ける高架木道と、時期によりルールが決められている地上遊歩道がある。地上遊歩道は五湖全部を巡る大ループと、二湖と一湖を巡る小ループがあり、最後は高架木道に合流する。

大ループ
1周約3km 所要約1時間30分
五湖からスタートし一湖まで知床五湖すべてを巡ることができるコース。より深く自然と触れ合いたい人向き。

小ループ
1周約1.6km 所要約40分
二湖から地上遊歩道を歩いて一湖へ。ワイルドな自然と、高架木道からの絶景ビューの両方が楽しめるおすすめのショートコース。

Start!

ガイドのあとに続いて遊歩道を散策

ヒグマはこのように冬眠しています

ヒグマのツメあとがくっきり!

この岩は噴火のときに飛んできました

ヒグマがアリを食べたあとです

入山認定証をゲット!
知床五湖フィールドハウスでレクチャーを受ける

ガイドと合流して遊歩道入口へ

もうすぐ一湖に着きますよ!

滑りやすい所もあるので底のしっかりした靴を履いていこう

水を飲むエゾシカを発見!

枯れた木は鳥や小動物のすみかです

二湖

いちばん左のとがった山は硫黄山です

二湖に到着。知床五湖では最大の周囲1.5kmほどあり、目の前に知床連山が望める

一湖

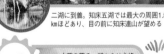

水草の茂る一湖からは主峰の羅臼岳が見える

湖に浮かぶ睡蓮

36

地上遊歩道から高架木道へ

開園期間中いつでも歩ける
高架木道

往復1.6km 所要片道約20分
知床五湖パークサービスセンターと湖畔展望台を結ぶバリアフリーの遊歩道。クマザサの中に付けられた木道からは知床連山とオホーツク海の眺めがいい。

クマよけ電気柵

高架木道の下に張られている線はクマが近寄れないようにするための電気柵。7000Vの電流が流れている。

湖畔展望台

湖畔展望台からは一湖と知床連山全部が一望!

半島の中央にそびえる知床連山!

高架木道には3ヵ所に展望台があり山や海が眺められる

オホーツク展望台

知床連山の主峰は標高1661mの羅臼岳です

高架木道にヒグマは上ってこられません

自然を楽しんで

地上遊歩道・高架木道の歩き方

高架木道は開園中いつでも散策可能。地上遊歩道は通年利用できるが、時期により散策条件がある。ヒグマの出没が確認されると、地上遊歩道は閉鎖される(高架木道は通行可)。

開園~5月9日・8月1日~閉園：植生保護期：レクチャーを受けて散策可
レクチャーは時期によって10~20分おきに実施。
🈯レクチャー250円

5月10日~7月31日：ヒグマ活動期：ガイドツアーでのみ散策可
事前予約がベターだが、空きがあれば当日参加も可(当日予約は☎080-8293-0343か知床五湖フィールドハウスで直接申し込み)。
🈯大ループガイドツアー 5000円前後(当日予約6000円)
🈯小ループガイドツアー 3000円前後(当日予約3500円)

Goal!

知床五湖パークサービスセンター横のウッドデッキが終点

ごほうびはコケモモソフト350円

知床が世界自然遺産になった理由

知床半島の世界遺産登録エリアは、中央部から先端にかけての陸地と、周囲の海を含む広範囲にわたる。
理由1　流氷による豊かな海と、魚を餌とする陸の哺乳類や鳥類など海と陸の連鎖でつながる生態系。
理由2　シマフクロウ、オジロワシ、オオワシの絶滅危惧種、固有種のシレトコスミレなど希少な動植物。

世界遺産の自然を歩く
知床五湖 シレトコゴコ

オホーツク海からそそり立つ断崖の上にある、一湖から五湖までの5つの湖。高架木道からは知床連山と海の展望、地上遊歩道では自然をより身近に感じながら散策できる。

Map P.191-B4 知床

🏠斜里町遠音別村　☎0152-24-3323(知床五湖フィールドハウス)　⌚4月下旬~11月上旬の8:00~18:30(時期により変動あり)　🚌ウトロ温泉バスターミナルからバスで25分、または車で約20分
🔗www.goko.go.jp

世界遺産 縄文遺跡を訪ねて中空土偶とご対面！
1万年の時空を超えてパワーをチャージ

JOMON PREHISTORIC SITES

函館から札幌へ
世界遺産の縄文遺跡を巡る

世界遺産に登録された北海道の縄文遺跡を巡り、1万年にわたって続いた縄文時代にタイムトリップ！

世界遺産の縄文遺跡のうち、北海道にある6つの構成資産を訪れるドライブプラン。遺跡を見学し、資料館で出土品を見てみよう。

国宝「中空土偶」

現存する中空土偶としては最大の高さ41.5cm

海を望む高台の集落跡

1 垣ノ島遺跡
カキノシマイセキ

紀元前7000～紀元前1000年 縄文早期～後期

漁労中心の生活が営まれていたとされ、竪穴建物跡、墓地跡、国内最大規模の盛土遺構などが見られる。子供の足形付土版ほか20万点を超える遺物が出土。

Map P.190-C2 函館

🏠函館市白尻町 📞函館市縄文文化交流センターと同じ
🕐4～10月の9:00～17:00（11～3月は～16:00）💰無料 見学自由

垣ノ島遺跡出土の子どもの足形が付いた土板

同じ施設内
道の駅縄文ロマン南かやべ

売店には土偶などをモチーフにしたユニークなスイーツやソフトクリームも。

Map P.190-C2 函館

🏠📞🕐💰函館市縄文文化交流センターと同じ

TOTAL 約6時間

世界遺産の縄文遺跡めぐり

オススメ時間	10:00～15:00	予算	無料

北海道にある6つの構成資産を制覇

世界遺産「北海道・北東北の縄文遺跡群」の北海道の構成資産は6つ。函館から遺跡を巡りながら札幌、または新千歳空港へ移動できる。ただし車での走行距離が約400kmなので、途中、登別温泉や洞爺湖温泉に宿泊するプランがおすすめ。

函館市縄文文化交流センター
ハコダテシジョウモンブンカコウリュウセンター

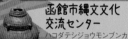

垣ノ島遺跡出土の赤漆塗り注口土器（複製）

最大の見どころは北海道で最初に国宝に登録された「中空土偶」。ほかにも函館市内の遺跡から出土した資料を多数展示。道の駅を併設。

Map P.190-C2 函館

🏠函館市臼尻町551-1 📞0138-25-2030 🕐9:00～17:00（11～3月は～16:30）💰月（月曜が祝日の場合、最も近い平日休み）💰入館300円 🚃JR函館駅から車で1時間 🅿33台

1. モナスク（抹茶ガゴメ昆布）150円 最中とラスクのコラボ
2. 土偶最中200円 中は栗入り粒あん
3. 土偶クッキー9枚入り750円 チョコレート味の焼き菓子
4. じょうもんクルミソフト350円 クルミがかかった縄文の味

1. 資料館にはジオラマやパネル展示などがある 2. スタッフに声をかければ内部の見学もできる 3. 深さ2m、直径10mを超える大型のものも

床を深く掘り込んだ住居跡が特徴

100棟を超える竪穴建物跡

2 大船遺跡
オオフネイセキ

紀元前3500～紀元前2000年 縄文中期

5500～4000年前の集落跡で100基を超える土坑群、100棟以上の竪穴建物跡が見つかった。竪穴建物の完全復元や骨組復元が見られる。

Map P.190-C2 函館

🏠函館市大船町 📞0138-25-2030（函館市縄文文化交流センター）🕐4～10月の9:00～17:00（11～3月は～16:00）💰無料 見学無料 🚃JR函館駅から車で約1時間10分 🅿24台

ロマンを感じる！

世界文化遺産

北海道・北東北の縄文遺跡群

北海道と青森、秋田、岩手の3県に散らばる幅広い年代の17の縄文遺跡が「北海道・北東北の縄文遺跡群」として2021年、世界遺産に登録された。

縄文遺跡のココがスゴイ！

●争うことなく1万年以上続いた
今から1万5000年前に始まった縄文時代では、平和な時代が1万年以上にわたって続いた。

●かわいい土器や土偶
生活が安定していたことにより芸術に彩りが生まれ、ユニークな土器や土偶が多数作られた。

●おしゃれで豊かな食生活
狩猟、採集、漁労によって豊かな山海の幸を手に入れ、衣食住のバランスのとれた生活を送っていたそう。

シャチ型土製品（函館市縄文文化交流センター）

時間は車での移動の目安

札幌
③ 50分（約55km）
③ 25分（約20km）⑤
2時間10分（約160km）
④ 7時間15分（約110km）
② 8分（約5km）
① 50分（約35km）
函館

---

③ 入江・高砂貝塚

イリイエ・タカサゴカイヅカ

ふたつの貝塚と墓地跡

洞爺湖

紀元前3500〜紀元前800年
縄文前期〜晩期

貝塚の断面が見られる貝塚トンネル！

入江貝塚と高砂貝塚からなる、貝塚や墓域をともなう集落跡。墓は赤い顔料が散布され、土器などの副葬品とともに多くの埋葬人骨が出土している。

Map P.87 洞爺湖

🏠洞爺湖町入江／洞爺湖町高砂　🚃入江・高砂貝塚館と同じ　🕐見学自由　🚌JR洞爺駅から車で5分（入江貝塚）、徒歩15分（高砂貝塚）

車2分（500m）

縄文土器に触ってみよう

入江貝塚 竪穴住居の骨組復元の向こうに海が

入江・高砂貝塚館

入江貝塚と高砂貝塚の間にある資料館。出土品のほか、実際に縄文土器に触れるコーナーもある。

Map P.87 洞爺湖

🏠洞爺湖町高砂町44　📞0142-76-5802　🕐9:00〜17:00　📅月（祝日の場合は翌日）　💴入館無料　🚶入江貝塚から徒歩5分、高砂貝塚から徒歩3分　🅿20台

高砂貝塚 田園風景の中に現れる白い貝塚の復元

貝殻や動物の骨！

1. 貝塚からは噴火湾の海の幸を食料としていたことがうかがえる　2. 一部は内部も見学できる　3. まさに縄文の村のよう

徒歩すぐ

北黄金貝塚情報センター

遺跡の敷地内にある資料館。伊達市内の遺跡から出土した土器や土偶、多数のすり石などを展示。

🏠伊達市北黄金町75　📞0142-24-2122　🕐4〜11月9:00〜17:00　📅期間中無休　💴入館無料　🚌JR黄金駅から車で約2分　🅿80台

④ 北黄金貝塚

キタコガネカイヅカ

丘陵地帯の巨大な貝塚

伊達

紀元前5000〜紀元前2000年
縄文中期

広い範囲に竪穴住居の復元が点在し、丘の上には大きな貝塚がある。貝塚からはカキやホタテ、魚の骨、クジラの骨などが出土。動物儀礼の痕跡も見られる。

Map P.192-C2 伊達

🏠🚃🕐📅🚌北黄金貝塚情報センターと同じ

---

⑤ キウス周堤墓群

キウスシュウテイボグン

ドーナツ状の墓地跡

千歳

紀元前1200年 縄文後期

千歳の森の中にある縄文時代の共同墓地跡。外径30m以上のドーナツ状の周堤墓が9基あり、最大のものは外径83m、高低差が4.7mある。

Map P.193-B3 千歳

🏠千歳市中央　🚃千歳市埋蔵文化財センター　🕐見学自由　🚌JR千歳駅から車で約15分　🅿8台

車8分（7km）

千歳市埋蔵文化財センター

チトセシマイゾウブンカザイセンター

千歳市郊外にある資料館。千歳市の遺跡から出土した土器や土偶などを多数展示。

Map P.193-B3 千歳

🏠千歳市長都42-1　📞0123-24-4210　🕐9:00〜17:00　📅土・日（第2日曜を除く）・祝　💴入館無料　🚌JR千歳駅から車で15分　🅿44台

1. 千歳市出土の男性土偶　2. 動物形土製品（複製）は重要文化財

縄文人はアーティスト

39

受け継がれてきた手仕事でアイヌの伝統文化を体験する

初めてでも大丈夫ですよ

アイヌの衣類に見られる刺繍の文様や、小刀のさやなどに彫られる精緻な彫刻。体験を通して伝統や精神文化を体感しよう。

布と糸を選んで作るアイヌ文様のコースター

独特なアイヌ文様をひと針ひと針、心を込めて縫っていく。先人の生活や自然風景を思い浮かべながら体験してみよう。

完成!

葉のような形のコースター。カップを置いても文様が見える

アイヌ文様刺繍体験にチャレンジ!

1 布と糸の色を選ぶ。型はカットしてくれる

point 刺繍糸は長過ぎず短過ぎずがコツ

3 針に刺繍糸を通してチェーンステッチしていく

point 糸の配色は布の色に合わせて

2

型紙の文様をチャコペーパーで転写する

point ていねいになぞって転写しよう

4

point 裏の縫い目もきれいに揃えよう

糸がねじれないように指で押さえながら進む

point 角の先端にツノが出るように

作品はお店に置いてます♪

さいとう ひかるさん

白老のアイヌ文化伝承者である岡田育子氏に師事し、アイヌ刺繍の小物をNUITOブランドで制作。

アイヌ文様刺繍体験

TOTAL 約2時間

オススメ時間 土曜10:00〜（変更あり）、要予約

予算 5000円（ドリンク付き）

持ち帰って作業もOK

布に刺繍糸でチェーンステッチをしてアイヌ文様を刺していく。初心者は1本の糸で2時間かかってしまう場合があるのでコツをつかんだら続きは持ち帰ってやってみよう。

すてきな掘り出し物が見つかりそう

さまざまなアイヌ雑貨が揃う

Rana Pirica

ラナ ピリカ **Map P.193-C3** 白老

ショップには白老在住の作家によるアクセサリーや小物、木彫などが並ぶ。刺繍体験はカフェスペースで、アイヌ刺繍雑貨を制作するNUITOのさいとうさんが指導してくれる。

🏠白老町大町2-1-4
☎0144-61-1733
🕙10:00〜16:30（カフェは〜16:00）　🚫月・祝（ほか臨時休業あり）🚉JR白老駅から徒歩7分　Ⓟなし

ココでも体験できる!

アイヌコタンの人が直接指導

阿寒アイヌ工芸協同組合

アカンアイヌコウゲイキョウドウクミアイ

阿寒湖アイヌコタン（→P.170）では「森」、「湖」、「ものづくり」の3つの要素で構成された、「Anytime, Ainutime!」のアイヌ文化ガイドを開催。森を歩くツアーや、木彫体験、刺繍体験などがある。

Map P.203-A3 阿寒湖

🏠釧路市阿寒町阿寒湖温泉4-7-84　☎0154-67-2727　✳受付は阿寒湖アイヌシアターイコロ（→P.171）にて

オリジナルコースターの完成!

《 創る時間 刺繍体験 》

アイヌ文様をコースターに刺繍する体験ができる。アイヌ刺繍の第一人者、西田香代子さんをはじめとする講師に習える。

体験DATA
所要 約90分
料金 6000円
開催 10:30〜、13:30〜、要予約（10日前までに2名以上で）

講師の西田さんはアイヌコタンでチニタ民藝店を経営

ひと針ずつ縫い込んでいく

店名はエゾアカガエルの学名なんですよ

Shop&Cafe

ショップではアイヌ文様がポイントの雑貨や木彫などを販売。併設のカフェでは食事やドリンクを提供。

オリジナルトートバッグ（大）2200円
店主が好きというカエルをデザインしたトートバッグ。大きめサイズなので物がたっぷり入り、使い勝手抜群

アイヌ文様マグカップ 各4400円
一つひとつ丹精込めて作られた手書きのアイヌ文様。手に取るたびにアイヌ文化を感じる陶器

シラカバのトムトム人形（中）各1800円
白老で昔から木彫りをしている川村さんの作品。トムトムとはアイヌ語で「キラキラ輝く」という意味

一つひとつ色や表情が違いますよ

NUITOのがま口 各3300円
小物を入れて持つのにちょうどいい大きさのがま口ポーチ。刺繍の色使いが文様を引き立てている

木彫りの森の神様 フクロウ 5500円
かわいい顔の木彫りのフクロウ。店内にはさまざまな木彫りの動物がいるのでお気に入りを探してみて

アイヌの人々の世界観

北海道を旅していると、自然とともに生きてきたアイヌの人々の伝統文化や精神世界をいろいろなシーンで感じることができる。

自家製の辣油で辛さ調節可能

白老産 鹿肉のキーマカレー 880円 ドリンクセット（中国茶）＋330円
キーマカレーのご飯は道産米ゆめぴりか。小鉢、スープ付き。ドリンクセットはコーヒーや数種類ある中国茶などから選べる

ランチも食べられる！

木彫りのペンダントトップの完成！

※ アイヌ文様 ※

あちこちで見かけるアイヌ文様。アイヌの人々の衣服や装飾品に欠かせない文様で、刺繍や色の違う布を縫い込んで描かれい。女性の手仕事として母から娘へと技法が伝えられてきた。多くの文様は自然界のものを表現していると言われている。

アイウシ
トゲがあるのが特徴。外向き、内向きがある

モレウ
渦巻きの代表的な文様。地域により多種多様

シク
目の文様。モレウ、アイウシとの組み合わせが多い

ウタサ
アイヌ語で「互いに交わる」を意味する交差文様

※ アイヌの神々 ※

アイヌの神様は「カムイ」という。カムイは自然界のすべてのものに宿っており、自然の恵み、自然現象、家や生活用具などもカムイとされる。アイヌの神話や民話には多くのカムイが登場し、脈々と続いてきた人間（アイヌ）と自然（カムイ）との深い関わりを物語っている。

【 】内はカムイの顕現
（姿を変えて人間界に現れたもの）

おもなカムイ
キムンカムイ…… 山の神【ヒグマ】
コタンコロカムイ…… 村の守り神【シマフクロウ】
サロルンカムイ…… 湿原の神【タンチョウ】
レプンカムイ…… 沖の神【シャチ】

自然界のカムイ
ペケレチュプカムイ…太陽の神
クンネチュプカムイ…月の神
レラカムイ…………風の神
アトゥイコロカムイ…海の神

〈 創る時間 木彫体験 〉

アイヌの伝統楽器「トンコリ」の形をした木製のチャームにアイヌ文様を彫刻。キーホルダーやネックレスにして持ち帰れる。

········ 体験DATA ········
所要80分
料金5000円
開催10:30～、13:30～、要予約
（10日前までに2名以上で）

彫刻刀の使い方、彫り方を習い、いざ挑戦！

下描きした文様をていねいに彫っていく

プチぼうけん10

アイヌの伝統文化を体験する

41

しぼりたてだからおいしさが違う！
牧場直送のソフトクリーム♡

生乳の生産量全国一の酪農王国・北海道！
牧場直送の良質な生乳から作られる
プレミアムなソフトクリームを味わって。

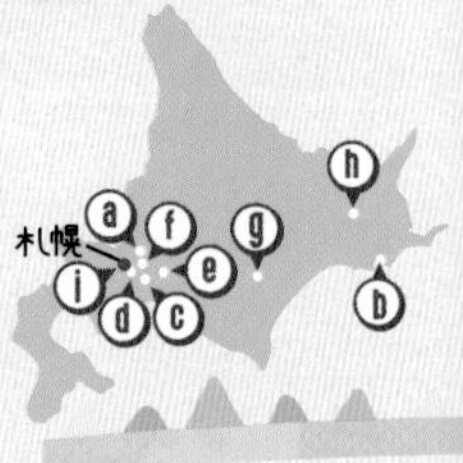

濃さが違う！ 牧場直営の
ソフトクリームショップ

自家牧場の牛からしぼった、新鮮なミルクを使ったソフトクリームを提供している店舗。各牧場とも牛乳本来の味を大切にしたオンリーワンの味だ。

牧場のソフトクリームを味わう

TOTAL 15分

オススメ 時間	営業 時間中	予算 店により 異なる

売り切れる前に入店を
どこも牧場の環境、飼料など牛にストレスをかけないよう育てている。その牛の乳で作るソフトクリームは、牛乳本来の味わいで後味さっぱり。売り切れ次第終了の店もあるので早めに行こう。

町村農場
アメリカで酪農を学んだ初代が1917年に北海道で酪農をスタート。約360頭の牛を飼育している

サイロが
北海道らしい！

アクセスのよさ：★★
種類：ソフトクリーム、パフェ、サンデー

江別　牛舎とサイロに迎えられる **a**

町村農場ミルクガーデン
マチムラノウジョウミルクガーデン

サイロの隣の緑の屋根に赤い壁がショップで、2階にはイートインできるテーブル席がある。ソフトクリーム以外のメニューも豊富。

農場ミルク
ソフト
クリーム
385円

マスカルポーネとクリームチーズのはちみつサンデー
726円

Map P.193-A3 江別

🏠江別市篠津183
☎011-375-1920
🕘9:30〜17:00（L.O.）、11〜3月は10:00〜16:30（L.O.）🈡不定休（12〜3月は火）🚗JR札幌駅から車で40分 🅿30台

アクセスのよさ：★★
種類：ソフトクリーム6種、パフェ

恵庭 🚩

ソフトクリーム付き酪農体験も

むらかみ牧場グレースコート
ムラカミボクジョウグレースコート

搾乳やアイスクリーム作り体験などを通して酪農を学べ、BBQもできて1日楽しめる牧場。牧場の牛乳100%の、牛乳ソフト付き体験セットも。

牛乳本来の
味です

Map P.193-B3 恵庭　牛乳ソフト 350円

🏠恵庭市戸磯156
☎080-6061-9966（9:00〜18:00）
🕘10:00〜17:00🈡火（12〜3月は冬季休業あり）🚗JR札幌駅から車で50分 🅿50台

むらかみ牧場
大正末期に乳牛を導入し、1988年に現在の場所へ。ヤギやウサギと触れ合えるどうぶつ広場

アクセスのよさ：★
種類：ソフトクリーム 3種

厚岸 🚩 牛と話しながらしぼるミルク **b**

森高牧場 モリタカボクジョウ

ソフトクリームは生乳のみを使用しミルク、カカオが香るチョコ、ミックスの3種類。ミニサイズもある。森高牛乳やチーズも販売。

Map P.191-B3 厚岸

🏠厚岸町宮園1-375
☎0153-52-7707
🕘10:00〜17:00（土・日・祝は〜17:30）🈡無休🚗JR釧路駅から車で50分 🅿10台

ミルクソフトクリーム
（レギュラーサイズ）
370円

森高牧場
海辺に面した牧場で、海霧や潮風によるミネラル豊富な牧草を飼料とした質の高い牛乳を生産

ミックスソフトクリーム（レギュラーサイズ）
380円

小林牧場
1981年から江別で牧場を経営。規模が大きく約550頭の牛を飼育し、乳牛は約300頭

牛乳ソフト＋
塩キャラメル
アーモンド
390円＋120円

江別 🚩 牧草地を眺めながらまったり

アクセスのよさ：★★
種類：ソフトクリーム **d**

小林牧場おかしなソフトクリーム工房
コバヤシボクジョウオカシナソフトクリームコウボウ

ショップは2021年にオープン。牧場風景を眺めながら、砂糖やクリームをできるだけおさえた牛乳本来の味のソフトクリームを味わえる。

Map P.193-B3 江別

🏠江別市西野幌423-18
☎011-398-7172
🕘10:00〜17:00（土・日・祝は〜18:00、11月〜4月は〜16:00）🈡不定休（11〜4月は休）🚗JR札幌駅から車で40分 🅿40台

由仁 牛小屋のアイス ウシゴヤノアイス ⓔ

南国ムードの元気をもらえる店

店を切り盛りする個性的なやっちゃんに会いに来る常連さんも多い人気店。ジェラートの種類が豊富でいろいろな組み合わせを楽しめる。

Map P.193-B4 由仁

🏠 由仁町中三川219 ☎0123-86-2848 🕐11:00～18:00（10・11月は～17:00、売り切れ次第終了）🗓火・水（定休日変動あり、冬季休業）🚗JR札幌駅から車で1時間15分 🅿70台

> アイスの種類はその日のお楽しみ

> プチぼうけん 11

細田牧場
ショップに隣接して牛舎がある。飼育している乳牛200頭から100頭から搾乳している

1種類&ソフト（コーン）480円

> アクセスのよさ：★★
> 種類：ソフトクリーム、ジェラート 16種

> 会いに来てね！

> 牧場直送のソフトクリーム♡

2種類&ソフト（カップ）690円

> アクセスのよさ：★
> 種類：ソフトクリーム

赤井川 山中牧場 ヤマナカボクジョウ ⓕ

大きなソフトのオブジェが目印

ソフトクリームはバニラビーンズを入れたバニラ、抹茶、ココアの3種とミックス。自家製ブルーベリーのトッピングも人気。

Map P.192-A2 赤井川

🏠 赤井川村落合476-1 ☎0135-34-6711 🕐8:30～17:30 🗓10月中旬～4月中旬の木 🚗JR札幌駅から車で1時間20分 🅿10台

フルーツソフト（カップ）340円

ソフトクリーム（バニラ）340円

山中牧場
1頭1頭牛の健康状態がわかる牧場がコンセプト。乳製品のほか、ハムなども生産

> アクセスのよさ：★★★
> 種類：ソフトクリーム、ジェラート 18種

帯広 広瀬牧場ウエモンズハート ヒロセボクジョウウエモンズハート ⓖ

酪農も学べる十勝の牧場

牧場主の広瀬文彦氏は2代目。牧場を教室に、学びの場としての活動も行う。地元のフルーツや野菜を使ったジェラートが人気。

Map P.203-C4 帯広

🏠 帯広市西23条南6-13 ☎0155-33-6064 🕐3～12月の10:00～18:00（3月・11・12月は～17:00）🗓期間中無休（3月・11・12月は水）🚗JR帯広駅から車で15分 🅿20台

広瀬牧場
帯広郊外のこの場所で1948年に1頭のホルスタインから始めた。現在は約150頭を飼育

オッティモ（ジェラート2種類とソフトクリーム）600円

渡辺体験牧場
摩周湖の山麓にある、原生林を切り開いて造った広大な牧場で現在は約120頭の乳牛を飼育

弟子屈 渡辺体験牧場 ワタナベタイケンボクジョウ ⓗ

摩周山麓の広大な牧場

搾乳やトラクターで大草原を周遊する体験と、渡辺さんの楽しい話で酪農のことが学べる施設。牧草の粉末をかけた牧草ソフトも。

Map P.203-A4 摩周

🏠 弟子屈町原野646-4 ☎015-482-5184 🕐9:30～15:30（L.O.）🗓無休 🚗JR釧路駅から車で1時間20分 🅿50台

牛のおっぱいミルク 300円

牧草ソフト 450円

> アクセスのよさ：★
> 種類：ソフトクリーム

> 牧場で待ってるよ

ミルクソフト 400円

> アクセスのよさ：★★★
> 種類：ソフトクリーム

札幌 八紘学園農産物直売所 ハッコウガクエンノウサンブツチョクバイジョ ⓘ

学園内の牛舎で生産

農業専門学校で畜産を学ぶ学生たちが、学園内で育てた飼料を与えて育て、搾乳した生乳で作るソフトクリームなどを販売。

Map P.195-C4 札幌

🏠 札幌市豊平区月寒東2条13-1-12 ☎011-852-8081 🕐10:00～16:00（ソフトクリームは夏季のみ販売。売り切れで終了あり）🗓木（11月中旬～4月中旬は火～金）🚗JR札幌駅から車で20分 🅿50台

学校法人八紘学園北海道農業専門学校の牛舎
学園内に牛舎があり、牧草や飼料の生産から搾乳まで行っている

直売所の建物

ツキサップヨーグルト 小ビン 280円

ツキサップ牛乳 小ビン 210円

ツキサップソフトクリーム 250円

プチ
ぼうけん
12.

真っ白なホタテの道を走って 日本の最北・宗谷岬から稚内へ

日本列島のてっぺんに位置する宗谷岬から白い道を走って稚内市街へ。
海の向こうに異国の島影を見ながら最果てのロマンを感じてみて。

日本のてっぺんから SNSで話題の白い道へ

Experience the northernmost point of japan!

稚内市街と最北端の宗谷岬を結ぶ道は海岸線と、宗谷丘陵を通る道がある。宗谷丘陵の白い道ではサハリンや利尻山のダイナミックな景色が楽しめる。

白い道の先に
海が広がる
最高の景色！

日本最北端を楽しみ尽くす

TOTAL 3時間〜

- オススメ時間 **10:00〜**
- 予算 **無料**

♥ ホタテの道を回るのがポイント
稚内空港から宗谷岬へ行き、宗谷丘陵を走るフットパスを通って稚内市街へと行くルートがおすすめ。白い道はフットパスの一部。景色を楽しみながらゆっくりと走ろう。

約3kmも
続いているよ

LUNCH

日本最北端の食堂
宗谷岬の駐車場の向かいに食堂が並んでいる。ホタテラーメンなどを提供。

Start

日本最北端の地の碑。三角の塔は北極星の一稜を、中心のオブジェはN(北)を、台座は「平和と協調」を表している

碑の前で
写真を撮ろう

日本本土最北端の地

1 宗谷岬
ソウヤミサキ

宗谷岬は北緯45度31分22秒に位置する日本本土の最北端。日本最北端の地の碑からは、晴れていれば43km先のサハリンが見渡せる。碑の近くに間宮林蔵のブロンズ像、宗谷岬音楽碑がある。

Map P.190-A2 稚内

⌂稚内市宗谷村宗谷岬 ☎0162-24-1216（稚内観光協会）④見学自由 ◉稚内駅から車で約40分。バスは稚内駅前から約50分、宗谷岬下車 P72台

1. 間宮林蔵（まみやりんぞう）は1808（文化5）年に樺太（サハリン）へ渡り、間宮海峡を発見した探検家
2. スイッチを押すと昭和のヒット曲「宗谷岬」（千葉紘子）の歌が流れる

日本最北端到達証明書をGET！
宗谷岬にあるみやげもの店「最北観光柏屋」では、日本最北端に到達したという証明書を販売（100円）

⏰8:00〜17:00（冬季は9:00〜16:00）◉無休（冬季は不定休）

ここが話題の白い道

② 宗谷丘陵 白い道
ソウヤキュウリョウ シロイミチ

全長約11kmの宗谷丘陵フットパスの約3kmが白い道。氷河期に形成されたなだらかな地形、宗谷黒牛、風車群、宗谷海峡が眺められる。

Map P.190-A2 稚内

⌂稚内市大字宗谷村字芝生　☎稚内観光協会　⏱通行自由（11〜5月上旬は通行止め）　道スタート地点へ宗谷岬から車で10分　JR稚内駅から車で約1時間

白い道はホタテの貝殻！

1. 稚内の名産であるホタテの貝殻が敷き詰められている　2. 風力発電の風車が57基も立ち並ぶ　3. ミネラル分たっぷりの草を食べています

日本の最北・宗谷岬から稚内へ

夕日が空と海をオレンジに染める

稚内市街を見下ろす公園

④ 稚内公園
ワッカナイコウエン

Goal

1. 有名なタロ・ジロも稚内生まれの樺太犬　2. 慰霊碑の「氷雪の門」と宗谷海峡

Map P.190-A2 稚内

⌂稚内市稚内村サムワッカナイ　☎稚内観光協会　⏱見学自由　JR稚内駅から車で約10分（積雪期通行止め）　P100台

高台に整備された眺めのいい公園。南極観測に同行した樺太犬の功績を称えた樺太犬訓練記念碑、北方記念館を併設する高さ約80mの開基百年記念塔などがある。

宗谷岬と並ぶ有名な岬

③ ノシャップ岬
ノシャップミサキ

海の向こうに利尻富士

夕日のスポットとして有名なノシャップ岬。日本海に浮かぶ利尻島、礼文島を望むことができる。岬のシンボル、赤と白の稚内灯台は42.7mと全国2位の高さ。

Map P.190-A2 稚内

⌂稚内市ノシャップ2　☎稚内観光協会　⏱見学自由　JR稚内駅から車で約10分　P50台

稚内タウンでのお楽しみ♪

GOURMET

車屋・源氏 クルマヤ・ゲンジ

稚内のご当地グルメ、たこしゃぶはこの店が発祥。ほかにも海鮮から肉、うどんやそばまで、稚内の味をいろいろなメニューで味わえる。

Map P.190-A2 稚内

☎稚内市中央2-8-22　☎0162-23-4111　⏱11:00〜13:30（L.O.）、17:00〜20:30（L.O.）　休不定休　JR稚内駅から徒歩6分　P20台

最北の町の名物を召し上がれ

1. ミズダコをしゃぶしゃぶにしてたれを付けて味わう。たこしゃぶ鍋 2500円　2. サシが入った宗谷黒牛 1800円（L.O.）　3. 海の幸がどっさりのシーフード丼 3600円

SHOPPING

ワッカナイセレクト

JR稚内駅に併設されたKITAcolor（キタカラ）にある、稚内ブランド商品を集めたアンテナショップ。カフェスペースもある。

Map P.190-A2 稚内

⌂稚内市中央3-6-1　☎0162-29-0277（まちづくり稚内）　⏱9:00〜18:00　JR稚内駅直結

外はパリッ中はふわっ

1. ホッケ燻製スティック 216円　2. 流氷まんじゅう1箱5個入り 1134円　3. ポテマルコ1箱6枚入り750円　4. 稚内牛乳250円 稚内牛乳のむヨーグルト250円　5. たい焼き風スイーツ シカパン1個170円〜

日本最北の○○をCheck!

稚内には日本最北の○○がいろいろ。最北を探して写真を撮ろう。

最北神社

宗谷岬神社
宗谷岬の駐車場近くにある。御朱印がいただける最北は市内にある北門神社

最北郵便局

宗谷岬郵便局
宗谷岬から約900mの場所にある、ピンクの外観がかわいい郵便局

最北ガソリンスタンド

安田石油店
宗谷岬から猿払方面へ行った国道沿い。給油すると給油証明書がもらえる

最北駅&道の駅

稚内駅
稚内駅は最北端の駅。駅併設の道の駅わっかないは最北端の道の駅

最北マクドナルド

マクドナルド40号稚内店
稚内駅から車で約10分。店の前のベンチでドナルドと記念写真が撮れる

最北水族館

わっかりうむノシャップ寒流水族館
ノシャップ岬にある。フウセンウオ、ペンギンやアザラシなどが見られる

シマフクロウに会える秘湯も 神秘的な摩周湖と神の子池へドライブ!

神秘的なブルーの水をたたえる摩周湖を眺められる3つの展望台を
巡り、コバルトブルーの水が美しい神の子池へも足を延ばして。

世界一になった透明度! 摩周ブルーにうっとり

摩周湖
マシュウコ

約7000年前の噴火に
よって生まれたカルデラ
湖。絶壁に囲まれた周囲
約20kmの湖には流れ込
む川も流れ出る川もなく、
「摩周ブルー」と呼ばれる
美しい水をたたえている

摩周岳（カムイヌプリ）

湖を取り囲む外輪山の上に3つの展望台が
ある。メインは展望施設などがある摩
周第一展望台。それぞれ車で回ろう。

カムイッシュ島

なんとも
いえない
深い青だね〜

断崖の上の遊歩道
を歩いて展望台へ

LAKE MASHU

神秘的な摩周湖と神の子池

TOTAL 4時間

| オススメ時間 | 10:00〜14:00 | 予算 | 無料 |

ドライブでゆっくりまわろう

摩周湖の展望を満喫してから湖の裏側
にある神の子池に行くルートだが、湖
沿いには道がないので遠回りになる。
摩周湖への上り下り、神の子池への道
はカーブが多いのでゆっくり走ろう。

START
JR川湯温泉駅
↓ 10km 車15分
摩周湖第三展望台
↓ 3km 車4分
摩周湖第一展望台
↓ 50km 車1時間
裏摩周展望台
↓ 11km 車15分

神の子池
↓ 25km 車30分
GOAL
養老牛温泉 湯宿だいいち

絶景スポットで
めじろ押し!

1.摩周湖カムイテラスの屋上テラス
からゆっくり観賞 2.正面に摩周
岳、遠くに知床の斜里岳が見える

1 第一展望台よりも高い場所にある
摩周第三展望台
マシュウ ダイサンテンボウダイ

標高670mの外輪山にある展望台。摩
周岳が正面に迫り、摩周湖唯一の島であるカ
ムイッシュ島も間近に見下ろせる。大型観光バ
スが駐車しないのでゆっくり景色を楽しめる。

Map P.203-A4 摩周湖

🚩 弟子屈町弟子屈原野 ☎015-
482-2200（摩周湖観光協会）⏰見
学自由（10月下旬〜4月上旬は道路
閉鎖）🚃JR川湯温泉駅から車で15
分、JR摩周駅からは25分 🅿20台

2 展望テラス完備でのんびりできる
摩周第一展望台
マシュウダイイチテンボウダイ

第三展望台の南にあるメインの展望台。摩
周湖カムイテラスを併設している。眼下に
湖全体を見渡し、摩周岳の火口壁も望める。

Map P.203-A4 摩周湖

🚩 弟子屈町弟子屈原野
☎015-482-1530 ⏰見
学自由 🚃JR川湯温泉駅
から車で20分、JR摩周駅
からは20分 🅿140台（5
〜10月500円、冬季無料）

摩周湖カムイテラス

展望を兼ね備えたレスト
ハウス。3段デッキ構造の
屋上テラスはガラス柵で
開放的。みやげもの屋や
テイクアウトショップも。

3.大きなガラス越しに展望が楽し
める摩周湖ラウンジ 4.人気の摩
周ブルーソフト500円

摩周湖を
イメージした
テーブルも!

テラスで
のんびり

3 裏摩周展望台 ウラマシュウテンボウダイ

正面に摩周岳がそびえる

摩周第一・三展望台より標高が低いため、より湖面が近く、摩周岳が大きく見える展望台。周囲には木々が茂り、四季折々に変わる景色も楽しめる。

Map P.203-A4 摩周湖

🏠 清里町字清泉 ☎0152-25-4111（きよさと観光協会）
🕐 見学自由（11〜4月中旬は積雪のため展望台入口ゲート通行止め）🚉JR清里駅から車で40分 🅿15台

摩周岳（カムイヌプリ）
穴場的な展望スポット

摩周湖と神の子池へドライブ！

プチぼうけん 13

1. 道道1115号から林道を走る
2. 阿寒摩周国立公園内の森の中にある 3. ウッドデッキを歩いて池へ
4. 光が差すと鮮やかなコバルトブルーに 5. 池を泳ぐサケ科のオショロコマの全身がはっきり見える

4 神の子池 カミノコイケ

コバルトブルーの神秘的な輝き

アイヌ語で「カムイトー」（神の湖）と呼ばれる、摩周湖の伏流水が湧いていることから「神の子池」と称される。周囲220mほどの池で透明度バツグン。年間を通して水温が低いことから腐らず残る倒木や底の砂利まではっきり見える。

Map P.203-A4 摩周湖

🏠 清里町字清泉 ☎0152-25-4111（きよさと観光協会）🕐 見学自由（積雪期は通行不可）🚉JR清里町駅から車で30分 🅿30台

オショロコマ

川湯温泉の駅前には足湯がある
神の子池の駐車場まで林道を約2km走る
391
4
長いシェルターを抜けた先で左折
1115
JR川湯温泉駅 ☆
52
1
第三展望台手前はくねくね坂道なので運転に注意
3
150
5
2
52
摩周湖
アイヌ語で「神の湖」を意味するカムイトーと呼ばれる
885
243
中標津方面へ
釧路方面へ

おすすめのドライブルートだよ

摩周岳
摩周湖を取り囲む外輪山の最高峰で、アイヌ語で「神の山」という意味のカムイヌプリと呼ばれる

カムイッシュ島
水面から30mほど頭を出している島。アイヌ伝説による「神になった老婆」を意味

JR川湯温泉駅までの所要時間

女満別空港	釧路空港	阿寒湖温泉
25km 1時間	85km 1時間30分	55km 1時間

arucoおすすめ

シマフクロウがやってくる 源泉かけ流しの秘湯宿

養老牛温泉 湯宿だいいち 5
ヨウロウウシオンセン ユヤドダイイチ

養老牛温泉にある1軒のみの温泉宿。標津川沿いに立ち、温泉は男女別の内湯や露天風呂のほか、混浴大露天風呂、サウナも。本館と新館からなり和室と洋室、露天風呂付き客室がある。夜はラウンジからシマフクロウの観察ができる。

Map P.191-B3 養老牛温泉

🏠 中標津町養老牛518 ☎0153-78-2131 🕐1泊2食付き1万6320円〜 🚉JR摩周駅から車で30分

アイヌの人に村を守る神と呼ばれる！

シマフクロウ
羽を広げると2m近くになる、北海道に生息する日本最大のフクロウで絶滅危惧種

1. 川に沿った露天風呂は混浴で、上段に男女別露天がある
2. 大きな囲炉裏のあるラウンジ

摩周湖と行きたいパワスポ

国内最大の カルデラ湖 屈斜路湖

◁▷ 屈斜路湖 ▷◁
クッシャロコ

周囲約57kmの日本最大のカルデラ湖。中央に浮かぶ中島も淡水湖の島としては日本一の大きさ。釧路川ではカヌー（→P.174）が楽しめ、周囲には展望スポットが点在。

摩周湖の西に横たわる屈斜路湖に、阿寒湖を加えて道東三湖と呼ばれる。絶景、火山、温泉のパワースポットだ。

淡水湖では
日本一大きい中島

Power Spot

硫黄山
↓ 🚗13分
砂湯
↓ 🚗約5分
池の湯
↓ 🚗約6分
コタンの湯
↓ 🚗約30分
津別峠
↓ 🚗約30分
美幌峠

弟子屈町と美幌町の間の峠。道の駅「ぐるっとパノラマ美幌峠」に接する標高525mの展望台は、屈斜路湖の大パノラマが楽しめる絶景ビュースポット。

Map P.203-A4 屈斜路湖

🏠美幌町字古梅 🕐見学自由 🚗女満別空港から車で35分 🅿134台

美幌峠
ビホロトウゲ

美幌峠からは屈斜路湖全体が見える

秘密のパワスポ「龍の祠」も！

屈斜路湖のほとりに龍が湖水を飲んでいるような木があり、龍の祠として祀られている。

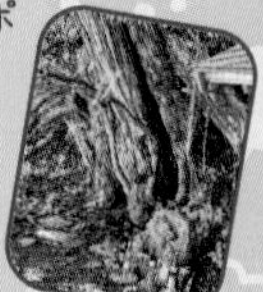

津別峠
ツベットウゲ

くねくねとした細い道を上った所にある標高947mの峠。展望施設からは屈斜路湖と山々が見渡せ、早朝には雲海が見られることも。

Map P.203-A4 屈斜路湖

🏠津別町字上里 🕐見学自由（11〜5月は通行止め）🚃JR摩周駅、川湯温泉駅から車で40分 🅿32台

6月はエゾムラサキツツジが咲く

硫黄山MOKMOKベース

硫黄山
イオウザン

アイヌ語で裸の山を意味するアトサヌプリが正式名。噴煙が上がり、硫黄の匂いが漂う。硫黄山MOKMOKベースでは温泉蒸したまごを販売。

Map P.203-A4 屈斜路湖

🏠弟子屈町川湯温泉1 ☎015-483-3511（硫黄山MOKMOKベース）🕐8:00〜17:00（硫黄山は見学自由）🚃JR川湯温泉駅から車で5分 🅿100台（摩周第一展望台と共通。冬季無料）

湖と一体化したような湖畔の温泉

足で掘ると温泉が湧き出す！

ⓐ 砂湯　スナユ

湖畔の砂浜を少し掘ると温泉が湧き、即席の足湯が楽しめる。レストハウスでボートの貸し出しも。

Map P.203-A4 屈斜路湖

🏠弟子屈町屈斜路湖畔砂湯 🕐利用自由

池のような天然露天風呂

ⓑ 池の湯　イケノユ

直径15mほどの露天風呂で池の底から温泉が湧出している。タオルや水着を持参しよう。

Map P.203-A4 屈斜路湖

🏠弟子屈町屈斜路湖池の湯 🕐利用自由

冬は白鳥の群れが集まってくる

ⓒ コタンの湯　コタンノユ

源泉かけ流しの岩風呂。湖面と一体化したような気分。真ん中の岩で男女別になっている。

Map P.203-A4 屈斜路湖

🏠弟子屈町屈斜路湖古丹 🕐利用自由

SAPPORO

札幌

北海道の中心、グルメタウン札幌ではラーメン、海鮮、
パフェやスイーツなどマストイートが盛りだくさん。
王道観光地や映えスポット、温泉地へも行ってみて！

札幌へのアクセス

🚗車：新千歳空港からJR札幌駅まで約50km（約1時間）
🚌鉄道：新千歳空港から快速エアポートでJR札幌駅まで約40分　🎫1150円

札幌でまず見るべきはココ
テッパンスポット**120%**満喫！

札幌を代表する見どころは中心部に集まっているため、
徒歩で巡ることができる。歴史や自然を感じて歩こう！

TOTAL 1時間45分

札幌おさんぽ
TIME TABLE

10:00 JR札幌駅
↓ 徒歩10分
10:10 北海道庁旧本庁舎
↓ 徒歩5分
10:30 札幌市時計台
↓ 徒歩5分
11:00 大通公園
↓ 徒歩すぐ
11:45 さっぽろテレビ塔

1 リニューアルオープンが待ち遠しい
北海道庁旧本庁舎
ホッカイドウチョウキュウホンチョウシャ

10:10

2025年リニューアルオープン予定

「赤れんが庁舎」の愛称で知られる
北海道を代表する歴史的建造物。
1888（明治21）年に建てられ、当
時は鹿鳴館と並ぶ国内有数の大きな
建造物だったそう。アメリカ風ネオ・
バロック様式のレンガ造りで、使用
しているレンガの数は約250万個。

Map P.196-A2 札幌
🏠 札幌市中央区北3西6
☎ 011-204-5017（北海道総務部総務課）🚃 JR札幌駅、地下鉄大通駅から徒歩8分 Ⓟ なし

2019年改修工事前

2024年現在

工事中の原寸大シート！
原寸大の赤れんが庁舎がプリントされたシートはまるで本物があるようだと話題

星の数をチェック
開拓のシンボルである赤い星、五稜星が全部で17個ある。周りを歩いて探してみよう

10:30

2 現役時計台が札幌の街に時を告げる
札幌市時計台
サッポロシトケイダイ

札幌のシンボル時計台。札幌農
学校演武場として1878（明治
11）年に建てられ、1881（明
治14）年にアメリカE・ハワー
ド社の振り子時計が取り付けら
れた。塔時計としては日本に現
存する最古のものだ。

Map P.197-A3 札幌
🏠 札幌市中央区北1西2
☎ 011-231-0838 🕐 8:45〜17:10（最終入館17:00）
🈚 無休 💰 入館200円
🚃 地下鉄大通駅から徒歩5分。JR札幌駅から徒歩10分 Ⓟ なし

記念撮影スポットはココ！

1. 前庭右手に記念撮影台がある　2. 館内2階のクラーク博士と写真が撮れるベンチ

3 札幌のグリーンベルト
大通公園
オオドオリコウエン

11:00

札幌の中心部に東西1.5kmにわ
たって延びる細長い公園。約
4700本の木々に囲まれ、都会
のオアシスとして親しまれて
いる。園内には大型噴水やモ
ニュメント、彫刻作品、花壇な
どがあり散歩にぴったり。

イベント情報は → P.52

Map P.196-A2 札幌
🏠 札幌市中央区大通西1〜12
☎ 011-251-0438（大通公園管理事務所）
🈚 入園自由 🚃 地下鉄大通公園駅からすぐ Ⓟ なし

マイバウム
ミュンヘン市から贈られた友好都市のシンボル

西4丁目噴

噴水ショー
4月下旬〜10月下旬、15分間隔で「生命体の躍動」をテーマにした噴水ショーが行われる

西1丁目噴

西3丁目噴

噴水が見られるのは7:00〜20:00（6〜9月は〜21:00）

夜は水中照明によりライトアップされ幻想的

✉ 札幌市役所の最上階は「天望回廊」という展望台になっていて、札幌市時計台を真上から見下ろせます。（札幌市・K.O.）

ホワイトイルミネーションや雪まつりは特にキレイ

11:45

冬

4 さっぽろテレビ塔
大通公園の東にそびえる展望台
サッポロテレビトウ

大通公園の東端に立つ札幌のランドマーク。札幌のテレビ放送開始に合わせて建設された。展望台からは真っすぐに延びる大通公園、四季折々の自然景観と札幌の街並みを眺められる。

Map P.197-A3 札幌

🏠 札幌市中央区大通西1
☎ 011-241-1131
🕐 9:00～22:00（最終入場21:50。イベントにより時間変動あり）🈂 年に3回ほど点検のため休業
💰 展望台入場1000円（昼・夜チケット1500円）
🚃 地下鉄大通駅から徒歩1分 🅿 なし

春夏 秋

グリーンベルトと呼ばれるのがよくわかる

落葉樹が多く紅葉も美しい

"だいちゃん"が引く10人乗りの馬車

馬車でぽかぽか見どころ巡り

大通西3丁目の北洋銀行ビル前から出発し、テレビ塔を見ながら札幌市時計台、北海道庁旧本庁舎前を通り、大通へ。約30～40分で1周する。開催日や時間は要問い合わせ。

札幌まちびしゃ

Map P.197-A3
札幌

☎ 011-223-2232
📅 5月中旬～11月
💰 1回3800円

テレビ父さん神社

ユニークなおみくじも

テレビ塔の非公式キャラ「テレビ父さん」モチーフの札幌でいちばん高い場所にある神社

怖窓（こわそう～）
南東部分の3枚の一枚ガラスは足元に道路が見えてスリル満点！

全長147.2m

展望台90.38m

Panasonic

3F スカイラウンジ23m

3F パークビューレストラン
大通公園を眺めながら北海道食材を使ったコース料理が楽しめる。ランチ3520円～、ディナー6380円～

各席から大通公園が見渡せる

THE GARDEN SAPPORO HOKKAIDO GRILLE
☎ 011-218-7268
🕐 ランチ11:30～14:00（L.O.）、ディナー17:30～20:00（L.O.）🈂 さっぽろテレビ塔に準ずる

SAPPORO

テレビ塔ライトアップ
季節のライトアップと、時期やイベントによるスペシャルイルミネーションを開催

花壇

花とガーデン
園内では毎年、花壇コンクールを開催。西12丁目にはバラ園も

ブラック・スライドマントラ
世界的彫刻家イサム・ノグチ作品の滑り台

サンクガーデン（バラ園）

あつあつの焼きとうきび

4月下旬～10月上旬にかけて園内数ヵ所にオープン。とうきびやじゃがバターを販売

札幌おさんぽMAP

ぽかぽか

札幌駅

地下鉄東西線

さっぽろ駅

北5条・手稲通

①

地下鉄東豊線

札幌駅前通

②

北1条・宮の沢通

③

大通公園 P.53

④

大通駅

創成川通

北1条・宮の沢通

地下鉄南北線

西4丁目駅

札幌市電

4月下旬～10月にかけてガイドの案内で園内を巡る「大通公園おもてなしパークガイド」を無料で開催。

中島公園にある
豊平館の
プロジェクション
マッピング

WINTER

大通公園が舞台になる
ビッグイベントを
狙って行こう！

大通公園では四季折々にさまざまなイベントが開催される。
さっぽろ雪まつりをはじめとする代表的なイベントに参加すれば
旅の楽しみがよりアップするはず！

さっぽろ雪まつり

2月上旬～中旬

会場
西
1～11丁目

5基の大雪像を中心に中小の雪像が立てられ、夜は
ライトアップやプロジェクションマッピングに彩ら
れる。1丁目にはカーリング場も登場。

海外の建物を
モチーフにした
大雪像は迫力
満点！

演者も観客も一緒に盛り上がる

手に鳴子を
持って踊るのが
ルール

ビアガーデンの営業は12：00～21：00。サ
ントリー、アサヒ、キリン、サッポロビー
ルのビアガーデンが5～8丁目に展開

THE SAPPOR

会場
西8丁目会場、
大通南北
パレード会場
ほか。

会場
西2・5～8・10・
11丁目ほか

SPRING

SUMMER

YOSAKOIソーラン祭り

6月上旬

国内外から200を超えるチームが集まり、
大通南北パレード会場や、西8丁目のメイ
ンステージで迫力のある演舞を披露。

さっぽろ夏まつり

7月下旬～8月中旬

期間中は北海盆踊り、すすきの祭りな
どが開催されるが、メインは大手ビー
ルメーカー4社による国内最大級の
さっぽろ大通ビアガーデン。

提供：YOSAKOIソーラン祭り組織委員会　　　100人もの踊り子による一糸乱れぬ演舞

  さっぽろ大通ビアガーデンには札幌市内に宿泊した観光客のための予約席「おもてなシート」がありますよ。（東京都・かよ）

大通4丁目会場の夢見るスノーファンタジア

クリスマスのオーナメントなどを販売する店が並ぶ

ビッグイベントを狙って行こう！

会場
西1～6丁目

冷えた空気を鮮やかに彩る

サンタクロースもやってくる

会場
西2丁目

さっぽろホワイトイルミネーション

11月下旬～12月下旬

日本で最初のイルミネーションとして開催スタート。きらびやかな大型イルミネーションが登場。イベントやアーティストとのコラボ楽曲も楽しみ。点灯は16:30～22:00。

ミュンヘン・クリスマス市 in Sapporo

11月下旬～12月25日

さっぽろホワイトイルミネーションにあわせて約1ヵ月間開催。姉妹都市ミュンヘンのクリスマス市を再現し、飲食ブースも並ぶ。開催は11:00～21:00。

大通公園 MAP

Map P.196-A2

| 西13丁目 | 西12丁目 | 西11丁目 | 西10丁目 | 西9丁目 | 西8丁目 | 西7丁目 | 西6丁目 | 西5丁目 | 西4丁目 | 西3丁目 | 西2丁目 | 西1丁目 |

札幌市資料館
西11丁目噴水
黒田清隆之像
プレイスロープ
西7丁目噴水
野外ステージ
聖恩碑
大通公園観光案内所
西3丁目噴水
サンガーデン「バラ園」
マイバウム
遊水路
ブラック・スライドマントラ
日時計
西4丁目噴水
泉の像
さっぽろテレビ塔
地下鉄
西11丁目駅
ホーレス・ケプロン之像
インフォメーションセンター＆オフィシャルショップ
地下鉄大通駅
地下鉄南北線

ビアガーデンをハシゴしよう！

CLASSIC
ER GARDEN

「北海盆踊り」は8月中旬、西2丁目で18:00～21:00に開催

会場
西4～8・11丁目

食べて飲んで食欲の秋を楽しもう！

西7丁目に登場する「大通公園7丁目BAR」には道産ワインをはじめとするお酒のブースが集結

AUTUMN

さっぽろオータムフェスト

9月上旬～下旬

各丁目にコンセプトに沿った飲食ブースが並び、道内各地のおいしいものを食べ歩きできる人気グルメイベント。特産品の販売もあり買い物もできる。

北海道のグルメが集結する

さっぽろ雪まつりの「すすきの会場」では駅前通りに氷像が約60基並ぶ。氷彫刻コンクール参加の見事な氷像や、魚入り氷像も。

※掲載内容は2023年開催時のもの。最新の内容は公式ウェブサイトなどで要確認。

現在の本殿は1978（昭和53）年に再建されたもの

地下鉄円山公園駅から徒歩15分

10:30

開拓神社で祈願札を納める

2 開拓神社
カイタクジンジャ

北海道開拓に心血を注いだ先人を祀るために1938（昭和13）年に建立。三十七柱を祭神としている。近くに「開拓三神」の御霊代を札幌まで奉戴したという島義勇の像もある。

開拓神社には家内安全、恋愛成就など9種類の祈願札（初穂料300円）がある

Map P.194-B2 札幌

名前と年齢を記入して納札所に納める

10:10

円山の豊かな自然に囲まれた北海道の総鎮守

1 北海道神宮
ホッカイドウジングウ

リアルエピソード
「北海道のお仕事ができますように」と願ったら、翌週北海道の本の制作が決定！（編集J）

同じ境内

Map P.194-B2 札幌

開拓判官の島義勇がこの場所を社地に定め、1871（明治4）年に札幌神社として創建。現在は開拓三神と明治天皇の四柱が祀られている。円山の森にあり、約19万㎡の境内は春には桜、秋には紅葉が彩りを添える。境内社として開拓神社、鉱霊神社、穂多木神社がある。

🏠札幌市中央区宮ヶ丘474　☎011-611-0261
🕐6:00〜17:00（冬季は7:00〜16:00）。授与所は9:00〜17:00（冬季は〜16:00）　🚇地下鉄円山公園駅から徒歩15分
Ⓟあり（1時間無料）

円山の森にあり静寂と神秘の空気が漂う

御朱印は本殿横の御祈祷の受付でいただける

雪の結晶がちりばめられたオリジナル柄御朱印帳（1000円）

二礼二拍手一礼で参拝

開拓神社の御朱印も北海道神宮の御祈祷受付にて

リアルエピソード
読者や地元の方から御利益がすごいという話をよく聞くスポット。祈願札（はざい）（編集T）

徒歩1分

健勝粥
（北海道産ななつぼしを使った薬膳粥）

凍っただしをお粥に入れて

北海道産さくら昆布茶

知床産鮭の手ほぐしいくら
軟白ネギ
生姜

森町産ホタテ昆布（きんちゃく）

11:00

北海道産の木に囲まれカラダに優しいお粥

3 神宮の杜はくしか
ジングウノモリ ハクシカ

窓からは神宮の森が眺められる

Map P.194-B2 札幌

北海道産の米などの食材を用いたお粥を提供。お粥と小鉢、飲み物のセット4種類のほか、単品での注文もできる。道内の名産品を販売するコーナーもある。

🏠札幌市中央区宮の森1239-1
☎011-615-1177　🕐11:00〜14:30（土・日・祝10:00〜）　休無休　🚇地下鉄円山公園駅から徒歩15分
Ⓟ北海道神宮利用（1500円以上の利用で2時間無料）

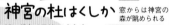

北海道神宮は桜の名所として有名ですが、約250本もの梅がある梅園も見事。5月上旬に梅と桜が競演します。（札幌市・すず）

札幌パワスポ巡り

札幌の神社にお参りして御朱印をいただき、近くの食事処やカフェでひと休み。
1〜6の順番でまわればパワーがフルチャージできることまちがいなし。

坂の上にある
本殿まで続く鳥居

約10分/バス15分

リアルエピソード
風水的にもよい場所といわれます。境内は写真撮影禁止なので注意しましょう（編集A）

12:30

円山の豊かな自然に囲まれた
北海道の総鎮守

4 札幌伏見稲荷神社
サッポロフシミイナリジンジャ

森に包まれるように立つ本殿

坂に並ぶ27本の赤い鳥居が印象的な、京都の伏見稲荷大社から御霊を賜った神社。商売繁盛、五穀豊穣の御利益がある。夕暮れ時には灯ろうが点灯し、より幻想的な雰囲気に。パワースポットや授与品が豊富。

Map P.194-C2 札幌

🏠札幌市中央区伏見2-2-17 ☎011-562-1753 ⛩参拝自由。社務所9:00〜16:00 🚃市電ロープウェイ入口停留場から徒歩10分 🅿あり

桃の穴に願いを込めて息を吹き込み、岩に向かって投げて厄を払う「厄割桃」（初穂料300円）

御朱印は季節により花や草木など押印される印が変わる

奉祝
伏見稲荷神社
令和五年十月四日

埋まっていた大石を掘り起こした「願い石」。お願いをする際は、自分の好きな何かひとつをやめる約束をすると、かなう確率が上がるのだとか

徒歩5分

徒歩10分

本殿前の子犬のいる明治時代の「子授け・安産」狛犬

参道入口には「恋愛成就」の新しい狛犬

14:30

女性に人気の恋愛成就の神社

6 北海道神宮頓宮
ホッカイドウジングウトングウ

奉拝
北海道神宮頓宮
令和三年十月四日

北海道神宮の遥拝所として始まった神社。境内の狛犬2対に「子授け安産」「恋愛成就」といった御利益があるとされ、全国から多くの女性が参拝に訪れる。

Map P.197-A4 札幌

🏠札幌市中央区南2東3-10 ☎011-221-1084 ⛩社務所9:00〜17:00（11〜2月は〜16:00）🈚無休 🚇地下鉄バスセンター駅から徒歩3分 🅿あり

北海道神宮、開拓神社、頓宮の御朱印を揃えると恋愛運がよりアップするとか

幸運をつかむ札幌パワスポ巡り

2023年に奉納された高さ2.7mの御神輿

リアルエピソード
「また札幌に来られますように」と祈願。すぐに札幌出張が決まり2ヵ月後に再訪（編集N）

頓宮さんと地元の人に呼ばれ親しまれている

徒歩5分/約5分/徒歩10分

13:00

厳選素材のこだわり手作りアイスクリーム

5 ミッシュハウス伏見本店
ミッシュハウスフシミホンテン

オリジナルのアイスクリーム専門店。2階のパフェテラスからは札幌伏見稲荷神社の赤い鳥居を見下ろせる。こだわりのソフトクリームを使ったパフェを味わって。

木いちごのヨーグルトパフェ990円

抹茶パフェ990円

Map P.194-C2 札幌

🏠札幌市中央区伏見2-2-20 ☎011-552-5531 🕚11:00〜17:30（L.O.）🈲月（祝日の場合は翌日）🚃市電ロープウェイ入口停留場から徒歩10分 🅿あり

鳥居のパワーを感じながらパフェをいただく

ミッシュハウスの1階はジェラテリア（冬季休業）。ソフトクリーム400円、ジェラートシングル350円。カップアイスもある。

★ もいわ山 山頂展望台
モイワヤマサンチョウテンボウダイ

1. もいわ山ロープウェイ
2. ミニケーブルカー

標高531mの藻岩山。山頂展望台へは、ロープウェイとミニケーブルカーを乗り継いで気軽に行くことができる。山頂からは札幌市街から石狩湾までを一望でき、特に夜景は必見。ロマンティックな風景は「恋人の聖地サテライト」にも認定。

Map P.194-C2 札幌

🏠札幌市中央区伏見5-3-7（札幌もいわ山ロープウェイ） ☎011-561-8177 🕐10:30〜22:00（12〜3月は11:00〜、上りの最終は21:30）。営業時間変更あり（公式ウェブサイトで要確認）🈳無休（荒天時運休、例年3月末〜4月末に整備運休あり）🈯もいわ山ロープウェイ＋ミニケーブルカー往復セット2100円 🚃市電ロープウェイ入口停留場から無料シャトルバス2分、もいわ山山麓駅で下車 🅿120台（山麓駅駐車場）

北海道最大都市、札幌の夜景

Night view

愛の鍵は展望台で購入できる

心ときめく風景を探して
札幌絶景フォトスポット

大都会の札幌周辺にも北海道らしい広大な景色が広がるスポットがある。人気の展望台に行き、アートや生き物と触れ合いリフレッシュ！

幸せの鐘

Check 山頂にある「幸せの鐘」はカップルに人気。鐘の周りの手すりに、ふたりの名前を書いた愛の鍵を取り付ければ絶対に別れないといわれている

1906年に農業の研究用施設として誕生した施設の一角にある。シンボルのクラーク像の向こうには牧草地が広がり、札幌ドームや市街の眺めがいい。さっぽろ雪まつり資料館、クラーク記念館、ジンギスカンの店やみやげ物店もある。

Map P.193-B3 札幌

🏠札幌市豊平区羊ケ丘1 ☎011-851-3080 🕐9:00〜17:00（6〜9月は〜18:00）🈳無休 🈯入場600円 🚃地下鉄福住駅からバスで10分、さっぽろ羊ケ丘展望台下車すぐ 🅿100台

★ クラーク像のフォトスポット
さっぽろ 羊ヶ丘展望台
サッポロヒツジガオカテンボウダイ

Boys, Be Ambitious

ラベンダー畑

Check ラベンダー畑では1000株以上のラベンダー「おかむらさき」が7月初旬〜中旬にかけて紫色の絨毯となる。開花に合わせて無料のラベンダー刈りも開催

高さ2mの台座の上に立つクラーク像は2.85mの大きさ

積雪期や雨天時以外はヒツジが放牧されている。GWにはヒツジの毛刈りイベントも

さっぽろ 羊ヶ丘展望台

「大志の誓い」を購入し、夢や希望を書いてここに投函

BOYS, BE AMBITIOUS

「大志の誓い」は札幌観光協会が保存しているので、投函日や氏名を伝えると見せてくれます。（札幌市・ともちゃん）

「北大」と呼ばれ親しまれている国立大学。緑広がる広大な構内には明治期の重要文化財の建物、クラーク博士の胸像、博物館、イチョウやポプラの並木道など見どころが点在。食堂や売店も利用できる。

クラーク博士ゆかりのキャンパス

北海道大学
ホッカイドウダイガク

初代教頭で「Boys, be ambitious.（大志を抱け）」の名言で有名なウィリアム・スミス・クラークの胸像

Map P.195-A3 札幌

🏠 札幌市北区北8西5
☎ 011-716-2111
🕐 見学自由　🚃 JR札幌駅から徒歩7分(正門)　🅿 なし

ウッドチップが敷かれた遊歩道を散策

Check

北13条門からのびる約380mの道の両側に約70本のイチョウ並木が続く。秋は紅葉が美しい

Check

札幌農学校第2農場

1877（明治10）年に建てられた実践農場。1910（明治43）年に移築された模範家畜房（モデルバーン）のほか、穀物庫、サイロなどがあり、うち9棟が国の重要文化財に指定。

🕐 8:30～17:00（屋内は5月上旬～11月4日の10:00～16:00）　🚫 第4月曜
💴 見学無料

北海道大学総合博物館

札幌農学校時代からの学術研究資料や標本、約300万点を収蔵。原寸大で復元されたケナガマンモスは大迫力

🕐 10:00～17:00
🚫 月（祝日は開館、翌平日休館）
💴 見学無料

1903（明治36）年の小規模な植栽から始まったポプラ並木。約80mの遊歩道を散策できる

巨大アートが点在する公園

モエレ沼公園
モエレヌマコウエン

世界的な彫刻家イサム・ノグチが設計した公園。園内にはアート作品でもあるモエレビーチ、サクラの森、高さ52mのモエレ山など15の施設がある。拠点はガラス張りのガラスのピラミッド。

Map P.193-A3 札幌

🏠 札幌市東区モエレ沼公園1-1
☎ 011-790-1231　🕐 7:00～22:00（東口ゲートは～21:00、施設により異なる）　🚫 無休　🚃 地下鉄環状線東駅からバスで約25分、モエレ沼公園東口下車、徒歩5分。4月27日～11月4日の土・日・祝(7月16日～8月16日は毎日運行）の期間限定バス利用の場合はモエレ沼公園下車すぐ
🅿 1200台

サクラの森

イサム・ノグチデザインの遊具が126基も並ぶサクラの森エリア。春には満開の桜が楽しめる（写真提供:モエレ沼公園）

🕐 4月29日～10月20日の毎日2～4回開催（ライトアップは土・日・祝）

Check

サイクリングもおすすめ

ゾウ舎

砂浴びや水浴びをするゾウを屋外・屋内のどちらからでも間近で見ることができる。水の中で泳ぐ様子をガラス越しに見られる「水のステージ」もある

Check

生きいきとした動物に出会える

札幌市円山動物園
サッポロシマルヤマドウブツエン

1951（昭和26）年に道内初の動物園として開園。約145種を飼育し、動物の能力を引き出す工夫が凝らされたホッキョクグマ館やゾウ舎などが人気。春は桜が咲き、ピクニックも楽しめる。

Map P.194-B2 札幌

🏠 札幌市中央区宮ケ丘3-1　☎ 011-621-1426　🕐 9:30～16:30(11～2月は～16:00、最終入園は閉園30分前)　🚫 第2・4水曜(8月は第1・4水曜、祝日の場合は翌日休)、4-11月は第2・4水曜含む週の月～金、12月29～31日　💴 入園800円　🚃 地下鉄円山公園駅からバス7分、動物園前下車すぐ　🅿 959台

2023年8月に誕生したゾウの赤ちゃん

水中トンネルから見たホッキョクグマ。主食であるアザラシを隣の水槽に展示することで環境も学べる

4月26日～11月4日は東口一レ山とサイクル利用できる一うちなみは高さ52mのモエレ山一ガラスのピラミッドは3階建て、高さ32m。管理事務所、フレンチレストラン、テイクアウトショップなどがある

人気者のレッサーパンダ

札幌絶景フォトスポット

Soy sauce

📷

札幌
福山醸造
フクヤマジョウゾウ

道民に愛されるその名も「道民の醤油」の製造元

老舗の醸造メーカー。札幌に醤油工場、旭川に味噌工場がある。伝統的な醸造方法を継承しながら時代に合った多彩な商品を開発。工場見学では醤油の歴史も学べる。

看板商品の「道民の醤油」各450ml 500円

DATA
所要 1時間
料金 無料
おみやげ
小ボトルをプレゼント。直売店では醤油や味噌の量り売りも

勤続50年超えの私が案内します

START

酉襄

レクチャー
見学前に醤油についてのお話と映像でお勉強

1918(大正7)年に建てられ、現在も使われている工場

Map P.195-A4 札幌

🏠札幌市東区苗穂町2-4-1
☎0120-120-280(フリーダイヤル)
生・日・祝お問(9:00〜17:00)
⏰工場見学：10:00、13:00
(要予約、1グループ5名まで)
直売所：10:00〜16:00 ㊡土・日・祝(GW、お盆休みあり)
🚃JR苗穂駅北口から徒歩15分。札幌駅からバスで約10分、北6条東17丁目下車すぐ ₽5台

醤油資料館
福山醸造に伝わる道具や写真を展示する資料館

冷却・保存タンク
年間約6000キロリットルもの醤油を製造

醤油工場見学
もろみが敷き詰められた布を重ね、圧をかけて搾る

醤油のもととなるもろみです

発見と驚きの連続！札幌から行く大人の社会科見学

Chocolate

当別
ロイズタウン工場併設のチョコレートのテーマパーク
ロイズカカオ＆チョコレートタウン

2023年8月にオープン。カカオの栽培からチョコレートができるまでを展示や体験を通して知ることができる。チョコレート作りのワークショップも人気。

生チョコレートなどの人気商品を購入可

DATA
所要 2時間
料金 1200円
おみやげ
工場直売店があり限定のチョコレートやパン、グッズも販売

START

動かせて臨場感あり

カカオファームゾーン
コロンビアにあるカカオの自社農園をリアルに再現

工場体験ゾーン
実際に操業している器械を眺め、疑似体験もできる

Map P.193-A3 当別

🏠当別町ビトエ640-15
☎0570-055-612(10:00〜17:00)
予約は公式ウェブサイトより ⏰10:00〜17:00(最終入場は15:00、変動の場合あり) ㊡不定休 🚃JRロイズタウン駅から徒歩約7分(無料シャトルバスあり)

クーラーで冷却が終われば約23×12cmのチョコが完成！

自分だけのチョコを作ろう！
チョコレートワークショップではロイズのチョコにナッツやドライフルーツをトッピングする板チョコレート作り体験ができる。
⏰10:30〜16:30(最終受付16:00) 💰1500円(所要約30分、予約不可)

型に流し込んだ柔らかいチョコにトッピング

ロイズコレクションストリート
世界中から集めたチョコレートにまつわるコレクションを展示

ロイズの歴代パッケージが並ぶコーナー

ロイズカカオ＆チョコレートタウンのチョコレート作り体験は絶対やってみて。予約できないので、着いたら先に体験を。(札幌市・ハル)

Beer

海道を代表するビール「サッポロ クラシック」を製造

サッポロビール北海道工場
サッポロビールホッカイドウコウジョウ

恵庭

札幌近郊の恵庭にある広大な敷地をもつ工場。工場見学はブランドコミュニケーターの案内で仕込工程や製造ラインを見学。最後は景色を眺めながらサッポロクラシックを試飲！

Map P.193-B3 恵庭

🏠恵庭市戸磯542-1
☎0123-32-5802 【電話受付10:00～12:00、13:00～17:00】 ⏰10:00～17:00（最終受付15:00）❌月・火（祝日の場合は翌日・翌々日）臨時休館あり。JRサッポロビール庭園駅から徒歩10分 🅿あり

麦芽100%の「サッポロ クラシック」350ml缶

DATA
所要 1時間
料金 1000円
おみやげ テイスティングコーナーでロゴ入り商品販売

START

煮沸釜の様子
仕込釜、仕込槽、ろ過槽、煮沸釜などが並ぶ

シンボルの円筒は麦芽を貯蔵するサイロ

ビールの原料
麦、水、ホップなど原料についての説明

恵庭岳水源の天然水を使用してます

30本もの熟成タンクがあります

発酵・醸造タンク
麦汁発酵後、熟成タンクでビールに仕上げる

おいしい注ぎ方を教えます！

テイスティング
最後にサッポロクラシックの試飲ができる

製造ライン
ガラス越しにオートマティックな製造ラインを見学

札幌

Sapporo

札幌から行く大人の社会科見学

ビールの歴史をもっと学ぶなら **Map P.195-A3** 札幌
サッポロビール博物館
大麦を麦芽にする製麦所として利用されていた、1890（明治23）年築の歴史的建物を利用した博物館。開拓の歴史とビール産業の歴史を学べる。

🏠札幌市東区北7東9-1-1 ☎011-748-1876 ⏰11:00～18:00（最終入館17:30）❌月（祝日の場合は翌日）💰入館無料。プレミアムツアーは1000円（要予約）JR苗穂駅北口から徒歩7分。地下鉄東区役所前駅から徒歩10分 🅿150台

地元で愛されているものが作られていく過程は、見ているだけでワクワクしちゃう。大人も楽しめる工場見学に行こう！

Whiskey

竹鶴政孝によるニッカウヰスキー誕生の場所

ニッカウヰスキー余市蒸溜所
ニッカウイスキーヨイチジョウリュウショ

余市

本場スコットランドの様式にのっとった石造りの建物群。ガイドツアー（要予約）で点在する乾燥棟、蒸溜棟、醗酵棟、一号貯蔵庫などを見学できる。ニッカミュージアムは予約不要。

ニッカウヰスキー余市蒸溜所正門

Map P.192-A2 余市

🏠余市町黒川町7-6 ☎0135-23-3131 ⏰9:00～16:30（工場見学はガイドツアーのみ。公式サイトからの事前予約制）❌12月23日～1月7日 JR余市駅から徒歩3分 🅿90台

余市蒸溜所限定販売のウイスキーを購入できる

DATA
所要 1時間10分
料金 無料
おみやげ ミュージアムには有料試飲コーナーも

START

いくつも並ぶ赤い屋根が特徴

醗酵棟
麦汁に酵母を加えて発酵させもろみをつくる

乾燥棟（キルン棟）
麦芽をつくる施設。建物は重要文化財

リタハウス
1931年に建てられた研究室で重要文化財

ニッカミュージアム
ニッカの歴史、ブレンダーズ・ラボ、テイスティング・バーなど

蒸溜所限定商品を含むさまざまなニッカウヰスキーをテイスティング（有料）できる

蒸溜棟
もろみを石炭の直火にかけたポットスチルで蒸溜

テイスティング
2種類のウイスキーとアップルワインが飲み比べできる

余市蒸溜所限定販売のウイスキーを購入できる

ニッカウヰスキー余市蒸溜所のガイドツアーでは最後にニッカミュージアムに行き、買い物もできる。

肉とモヤシを高温で炒めます

一度は食べてほしい本場すみれの味噌。アクセス便利なすすきの店もあるのでチェック!

味噌 1100円 Ⓐ

スープ 濃厚な味噌スープには野菜とひき肉入り

麺 西山製麺特注の太めの熟成玉子縮れ麺

みそラーメン 1000円 Ⓒ

スープ トンコツと丸鶏で取ったコクのあるスープ

麺 西山製麺特注の玉子縮れ麺を1週間ほど熟成

目の前でラーメンが作られる様子を見ているのも楽しい。野菜たっぷりで食べ応えあり。

手作りシューマイ 1個70円 おすすめの一品。ソースをかけて食べるのがツウ

王道 札幌でまず食べたい王道味噌ラーメン、麺の歴史を作ったルーツの店。

「**すみれ系**」とは すみれの名を全地区にした村中伸宣氏のもとで修業し、独立した店。道内はもとより本州にもすみれの味は継承されている。

ラーメン好き編集者が推す

札幌グルメを代表するラーメン。本場の札幌味噌ラーメンのほかに、

自家製麺は中細縮れでもちもち食感。昼過ぎには終わってしまうので早めに行こう。

すみれ系の札幌味噌です

味噌らーめん 900円 Ⓑ

スープ 清湯スープに味噌が溶け込みクリーミー

麺 スープを絡め取る森住製麺の縮れ麺

醤油ラーメン 900円 Ⓓ

スープ 豚骨ベースのあっさりスープ。醤油が定番だが「みそ」もある

麺 1950(昭和25)年から使い続けている製麺機による自家製麺

並んでも食べたい味。クリーミーな味噌スープと、さわやかなショウガの風味が絶妙。

Ⓐ 札幌味噌のパイオニア
すみれ 札幌中の島本店
スミレ サッポロナカノシマホンテン
全国に札幌味噌ラーメンを広めた有名店。濃厚な味噌スープ表面に浮かぶラード、コシのある縮れ麺が一体となった、インパクトのあるラーメンは一度食べたら忘れられない。

Map P.195-C3 札幌

🏠札幌市豊平区中の島2-4-7-28
☎011-824-5655 🕐11:00~15:00、16:00~21:00（11~3月は~20:00）。土・日・祝は通し営業 🈺無休
🚇地下鉄中の島駅から徒歩8分 🅿16台

Ⓑ 「すみれ」最初の公認店
麺屋 彩未 メンヤ サイミ
「すみれ」から独立した奥氏が営む、行列の絶えない人気店。3種類の味噌をブレンドしたスープは唯一無二の味。上にのった黄金ショウガを溶かすとまた違った味わいに。

Map P.195-C4 札幌

🏠札幌市豊平区美園10-5-3-12
☎011-820-6511 🕐11:00~15:15、17:00~19:30 水・火・木は夜の部休み）🈺月、その他月2回不定休(火)
🚇地下鉄美園駅から徒歩5分 🅿19台

Ⓒ 味噌ラーメン誕生の店
味の三平 アジノサンペイ
初代が味噌汁をヒントに開発したのが、札幌味噌ラーメンの始まり。現在は4代目が切り盛り。あつあつのピリ辛味噌スープに縮れ麺がよく絡み、これぞ味噌ラーメンという味。

Map P.197-B3 札幌

🏠札幌市中央区南1西3-2 大丸藤井セントラルビル4F ☎011-231-0377 🕐11:00~18:30頃 🈺月・第2火 🚇地下鉄大通駅から徒歩3分 🅿なし

Ⓓ 現存する最古のラーメン店
だるま軒 ダルマケン
1947(昭和22)年に屋台から始まった、札幌ラーメンに欠かせないかん水を使った自家製麺を開発した店。澄んだスープにコシのある縮れ麺、トッピングの伊達巻きが特徴。

Map P.197-B4 札幌

🏠札幌市中央区南東1-2-10
☎011-251-8224 🕐10:00~14:00（材料がなくなり次第終了）🈺木 🚇地下鉄豊水すすきの駅から徒歩5分 🅿なし

元祖さっぽろラーメン横丁も有名ですが、すすきの交差点の斜め横には新ラーメン横丁もあります。（大阪府・きみ）

辛いラーメン14

濃厚スープと辛子の辛味と香りが、丼の中でミックス。自家製細麺にスープが絡む。

辛味噌 900円 **E**
- **スープ** 道産の豚骨、鶏ガラに数種類の野菜を使用
- **麺** 札幌南口本店は北海道産小麦の自家製麺

（写真は3辛）

辛からは辛さも刺激もアップします

二枚貝出汁 塩 950円 **H**
- **スープ** 濃厚なハマグリ、煮干しと昆布、豚骨のトリプル
- **麺** 京都の老舗製麺所のぷりぷり食感の特注麺

溶けたスープを特注麺が吸い上げおいしさアップ。ミツバとレモンのスライスが味のアクセント。

マストで食べたい札幌ラーメン

札幌ラーメンって？
北海道3大ラーメンのひとつが札幌味噌ラーメン。濃厚味噌スープに中太で縮れのある黄色い玉子麺が特徴。

マストで食べたい札幌ラーメン

塩や醤油、新感覚のラーメンもあって食べ歩きが楽しい！

個性派

毎年アップデートされるラーメンいろんな味を試してみて！

昔ながらの味に独自のアレンジ

こだわりしじみ味噌ラーメン 850円 **G**
- **スープ** シジミだしと鶏白湯スープの「こっさり」
- **麺** スープとよく絡む中細の縮れ麺

シジミからとっただしに鶏白湯を加えた香りのいいスープに、網走産のシジミがたっぷり。

フレンチの手法を使ったラーメンのイメージをくつがえす美しい見た目。ゆっくり味わいたい。

らぁ麺塩 1000円 **F**
- **スープ** 透き通ったスープは、熊石の塩を使った優しい味わい
- **麺** 3種の小麦に小麦のふすまを混ぜた中細ストレート麺

E
辛さがうまいラーメン
辛いラーメン14 札幌南口本店
カライラーメンイチヨンサッポロミナミグチホンテン

むかっ町特別産の中澤農園の唐辛子の辛味が豚骨、鶏ガラ、野菜で取ったスープにマッチ。唐辛子と花山椒などで作る自家製辣油も味の決め手。

Map P.194-C1 札幌
🏠 札幌市中央区北4西6-1 毎日札幌会館1F ☎011-211-1408 ⏰11:00～15:00、17:00～21:00 (L.O.)、月・土は11:00～15:00、17:00～19:30 (L.O.) Ⓟなし 🚇JR札幌駅から徒歩3分

F
場外市場の新ジャンルラーメン
NOUILLES JAPONAISE とくいち
ヌイユジャポネーズ トクイチ

地鶏をじっくり煮込んだコンソメに道内・三笠の鶏醤油を使った「醤油」と、熊石産塩を加えた「塩」がある。最後にのる昆布だしの「泡」が、うま味と香りを増幅させる。

Map P.194-A2 札幌
🏠 札幌市中央区北11西22-1-26 卸売センター万歳1F ☎011-699-6707 ⏰9:00～16:00 Ⓕ不定休 🚇地下鉄二十四軒駅から徒歩6分 Ⓟ場外市場用利用

G
札幌味噌と網走産シジミの融合
らーめんしみじみ
ラーメンシミジミ

網走産のシジミをふんだんに使用。王道の「さっぽろ」、シジミだしの「あっさり」、その中間の「こっさり」があり、味も味噌、正油、塩が選べる。

Map P.197-C3 札幌
🏠 札幌市中央区南5西3 N・グランデビル1F ラーメン横丁内 ☎011-521-4323 ⏰11:00～翌2:00 (金・土は～翌4:00) Ⓕ水 🚇地下鉄すすきの駅から徒歩3分

H
味わい深い3種のブレンドスープ
麺処まるはRISE
メンドコロマルハライズ

ハマグリ、煮干しと昆布、豚骨と、別々に作った3種のスープをブレンド。人気の二枚貝出汁ラーメンはハマグリの芳醇なスープが角型の特注麺と合う。

Map P.195-C3 札幌
🏠 札幌市南区澄川3条3-4-7 ☎011-795-8276 ⏰11:00～14:30 (L.O.)、17:30～20:45 (L.O.)、日は10:00～18:30 (L.O.) 日11:00～14:30 (L.O.) Ⓕ月1回不定休 Ⓟ4台 🚇地下鉄澄川駅から徒歩5分

ラーメン店にある暖簾には「○○製麺上り」と書いてある。その店がどこの製麺所の麺を使っているかけマニアには気になるポイント。

イクラ、ウニ、
ボタンエビなど
北海道の魚介が
盛りだくさん

おまかせ海鮮丼（上）
3800円

その日に仕入れ
た魚介を使用す
るため内容は日
替わり **E**

マグロ、ブリ、
サーモン、ホタテ、
ソイなど厚切り魚介
が12〜13種類

シハチの希望海鮮丼
1848円

いちばん人気の
海鮮丼。具材は
日替わりでボ
リュームも満点
A

食べる前から テンションMAX！ ビジュアル系海鮮丼☆

丼に魚介がギッシリ詰まった海鮮丼、
魚介があふれんばかりの海鮮丼、
高さがある3D海鮮丼、どれも芸術的！

トロサーモン
の上に
イクラがこぼれ
落ちんばかりに
たっぷり

**釜トロサーモン
いくらホタテ宝石丼**
1419円

脂ののった厚切
りトロサーモン
の上にホタテと
イクラ！ **A**

「宝石丼」に
大きなボタン
エビをオン！

**宝石丼プレミアム
えびタワー（松）**
4289円

食べやすく
カットした魚介に
ウニ、イクラ、カニと
ボタンエビ

食べ方は
聞いてくださいね

宝石丼（松）
3519円

「海の宝石箱」
をイメージした
海鮮丼で約12種
類の具がのる。
魚介の種類によ
り梅・竹・松が
ある **D**

こんな食べ方も

ウズラの卵をぶっか
け汁に溶かしたり、4
種類の食べ方がある

札幌中央卸売市場の隣、さっぽろ朝市には鮮魚や水産加工品の店のほか、寿司屋や海鮮丼の店も。場外市場と一緒に訪れても。（長野県・HA）

いらっしゃいませ！
家族で営んでます

自慢のマグロは
本マグロのトロ

マグロ、イカ、サーモン、
ホタテ、タコ、イクラ、
ウニ、ボタンエビ
など13種類

夕霸ちらし
3300円

本格寿司店だけ
に丼の盛りつけ
も美しい。ご飯
が酢飯なのも
good

C

特盛り！海鮮丼
2280円

マグロや白身な
ど各2切れ、タコ
は身と頭、ボタ
ンエビののった
てんこ盛り

F

厳選した肉厚で
大きなホタテが
6個とたっぷりの
イクラ

**漁産ホタテと
極上イクラ丼**
1980円

10種類ほどある
海鮮丼のなかでイ
チオシ。道東産極
上イクラ丼2400
円もオススメ

B

オレンジ色の
ホタテは激レア。
当たったらラッキー

食後には自慢の
コーヒーをどうぞ

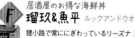

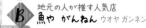

札幌
Sapporo

ビジュアル系海鮮丼☆

A

鮮魚店だから大特価の海鮮丼

シハチ鮮魚店 シハチセンギョテン

地域の人たちにリーズナブルにおいし
い魚を食べてもらいたいと、鮮魚店が
始めた店。狸COMICHIにも支店がある。
大きめカットの具材はこぼれ落ちそう！

Map P.195-A3　札幌

🏠札幌市北区北24条2-1-13 ベアーズ'24　☎011-
729-0066　🕐11:00～15:00、16:00～21:30 (L.O.)
🈺水　🚃地下鉄北24条駅から徒歩3分　🅿なし

B

地元の人が推す人気店

魚や がんねん ウオヤ ガンネン

二条市場にある地元の人気店。ネタが
切れたら閉店してしまうので、早めの
時間が狙い目。海鮮丼のみならず焼き
魚定食や刺身定食もおすすめ。

Map P.197-B4　札幌

🏠札幌市中央区南3東1-5　☎011-272-3770
🕐8:00～13:00 (なくなり次第終了)　🈺水
🚃地下鉄大通駅35番出口から徒歩4分　🅿なし

C

本格寿司屋の生ちらし

鮨とろ スシトロ

創業50年の老舗の寿司屋。炭火で一
気に炊き上げる"地獄炊き"のシャリ
が厳選したネタの味を引き立てる。握
りのセットは4種類あり2970円～。

Map P.196-B2　札幌

🏠札幌市中央区南1西7-20-1 札幌スカイビル1F
☎011-251-0567　🕐11:30～15:00、17:00
～21:00 (日・祝は12:00～20:00)　🈺月
🚃地下鉄大通駅から徒歩3分　🅿なし

D

立体的海鮮丼で人気の店

海さくら蝦夷海 ウミサクラエゾウミ

インパクトのある盛りつけで話題の海
鮮丼と刺身の店。海鮮丼は醤油のほ
か、海苔で巻いたり、ウズラ卵のぶっ
かけにして飽きずに味わえる。

Map P.194-C1　札幌

🏠札幌市中央区北5西5 JR55ビル7F
☎011-206-8396　🕐11:30～13:30 (L.O.)
🈺無休　🚃JR札幌駅から徒歩3分　🅿有料利用

E

良心的価格の海鮮丼専門店

魚屋の台所 二条市場本店

サカナヤノダイドコロ ニジョウイチバホンテン

毎朝市場で仕入れた新鮮な海の幸をふ
んだんに盛った海鮮丼が名物。もと鮨
職人の店主のこだわりで酢飯を使い、
海鮮のおいしさを引き立てている。

Map P.197-B4　札幌

🏠札幌市中央区南2東2 小西ビル1F　☎011-251-
2219　🕐7:00～17:00 (ネタがなくなり次第終了)
🈺不定休　🚃地下鉄大通駅から徒歩4分　🅿なし

F

居酒屋のお得な海鮮丼

瑠玖＆魚平 ルックアンドウオヘー

狸小路で常ににぎわっているリーズナ
ブルな居酒屋。席は1～4階にある。母
体はなんとメガネ屋さん。刺身御膳
1200円やいくら丼1380円なども。

Map P.196-B2　札幌

🏠札幌市中央区南2西6 (狸小路6丁目)　☎011-261-
5188　🕐11:30～14:00 (L.O.)、16:00～料理22:00
(L.O.)、土・日は11:30～料理22:00 (L.O.)　🈺無休
🚃地下鉄すすきの駅から徒歩6分　🅿なし

💡 魚や がんねんには全部で10種類ほどの海鮮丼があり、ご飯は白米か酢飯が選べる。すべてに小鉢、味噌汁、その他1品付き。

63

本格寿司は ランチが狙い目!

ランチ営業している本格寿司はこちら。
夜の雰囲気そのままに味わえる。

ワンランク上の握りをランチで
棗 別邸 ナツメ ベッテイ

札幌市内で本店のほか4店舗を展開。狸小路にあるここ別邸は、ランチメニューでもネタは夜と同じ。極上ネタの見た目も美しい握りが食べられる。また、夜のおまかせコースもオーダーできる。

Map P.196-B2 札幌

🏠 札幌市中央区南3西5-36-1 F DRESS五番街BLD地下1F ☎011-218-3500
🕐11:30～14:30(L.O.)、17:00～22:00(L.O.)
休月 🚇地下鉄すすきの駅から徒歩5分 Ｐなし

> 白木のカウンター10席に小上がりもありますよ

ココがイチオシ!
・夜と同じ上質なネタを提供
・白木のカウンターで味わえる
・板前さんと話もできる

> ランチメニュー 霞 3850円

握り10カンに茶碗蒸しとデザートが付く。「錦」や「棗」はウニや天ぷら付き

ハズしたくな カウンター 絶品回転寿司

夜の高級寿司店は不安でも、
寿司デビューができちゃ
驚くほどハイレベルなので、

カニのオブジェが目印
蟹鮨 加藤 札幌店
カニスシ カトウ サッポロテン

1963(昭和38)年創業の、蟹専門店加藤水産直営の店。店内は木組みの装飾がスタイリッシュ。寿司とワインが似合う雰囲気で、ワインの品揃えも豊富。ランチは握りと海鮮丼もある。

> すしらんち握り 8貫 2300円

握りは1カンずつネタに合う味を付け提供されるので醤油はない

> ランチの蟹ボキ丼も人気なんですよ

ココがイチオシ!
・気軽に入れる狸小路通面店
・和風のスタイリッシュな店内
・追加の単品メニューも豊富

Map P.197-B3 札幌

🏠 札幌市中央区南3西1(狸小路1丁目) ☎011-205-0846 🕐11:00～14:30(L.O.)、17:00～20:30(L.O.) 休水
🚇地下鉄すすきの駅から徒歩7分 Ｐなし

棗の赤れんがテラス店と大通ビッセ店もランチ営業していておすすめですよ。(札幌市・あや)

回転寿司なら地元の人気店へ！

札幌の回転寿司はネタよし、味よし、ボリュームあり。行列覚悟で行こう。

札幌で人気No.1の回転寿司

回転寿司 根室花まる
大同生命札幌ビルmiredo店

ネムロハナマル ダイドウセイメイビルミレドテン

道東の漁師町・根室発祥の回転寿司。東京にも進出している人気店だ。花咲ガニやサンマ、赤ホヤ、コマイなど根室らしい旬ネタが揃う。札幌駅直結のJRタワーステラプレイス店も便利。

Map P.195-B3 札幌
🏠札幌市中央区北3西3-1
大同生命ビルmiredo地下1F
☎011-218-7870
🕐11:00〜22:00　🈡無休
🚃JR札幌駅から徒歩5分
🅿なし

1 二階建てほたて 1カン308円

花まるの看板商品。肉厚ホタテが2段になってて食べ応えあり

2 紅鮭すじこ醤油漬け（握り） 418円

鮭の卵・筋子の軍艦。イクラとは違った熟成された美味しさ

\オススメ/
BEST 5

3 炙りえんがわ 焦し醤油 308円

脂ののったエンガワの炙り。醤油が香ばしくとろける食感

4 こまい子醤油漬け 308円

氷下魚と書き、冬に氷の下で産卵。プチプチ卵の醤油漬け

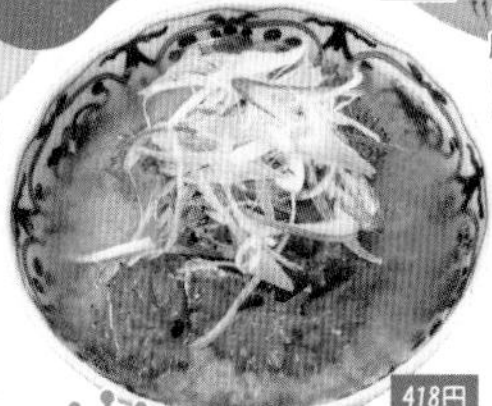

5 花咲蟹の鉄砲汁 418円

根室地方の漁師料理。花咲ガニは鮮やかな色で味も濃厚

カウンターデビューと絶品回転寿司

・ココがイチオシ！
・厚切りの新鮮ネタ
・元気な接客
・シャレた店内

い札幌の寿司デビューとはココへ！

ランチなら気軽にカウンターう。回転寿司も北海道はぜひ食べてみて！

1 サーモン親子軍艦 437円

サーモンの軍艦にたっぷりのイクラをのせたオリジナル

同じフロアに姉妹店がオープンしました！

2 活あわび踊り軍艦 526円

活アワビを丸ごとオン！豪快に丸かじりしよう

\オススメ/
BEST 5

4 かぶとサーモン 437円

日本海沿岸の泊村のブランド「カブトサーモン」を使用

ココがイチオシ！
・ネタの種類が豊富
・ユニークなオリジナルも
・食べ歩きに便利な場所

5 宝石茶碗蒸し 1309円

人気のウニ、イクラ、ズワイガニ入りの贅沢な茶碗蒸し

3 活たこ 493円

道北・宗谷産の活タコを使用。ぽん酢でさっぱりといただく

オリジナルメニューが充実

回転すし活一鮮
カイテンスシカツイッセン

回転レーンはあるものの、職人が1カンずつ握ってくれる。道産米をブレンドしたシャリに、ネタも道産中心。ユニークなオリジナルメニューも。1皿128円からとリーズナブルなのも◎。

Map P.196-B2 札幌
🏠札幌市中央区南3西5-1-1 ノルベサビル1F
☎011-252-3535　🕐12:00〜14:30（L.O.）、16:30〜22:30（L.O.）・土・日・祝は11:00〜23:00　🈡無休　🚃地下鉄すすきの駅から徒歩2分　🅿提携あり

💡北海道ではタコの頭はポピュラーな寿司ネタ。メニューにタコ頭、タコ足と書いてあるところが多い。食べ比べてみるのも。

ザンギ

もはや全国区になりつつあるザンギは、鶏の唐揚げのこと。ザンギにたれをかけたザンタレもある。

中国料理 布袋 本店
ザンギといえば布袋！
チュウゴクリョウリ ホテイ ホンテン

Map P.196-B1 札幌

⊛札幌市中央区南1西9-1-3　☎011-272-4050
⊕11:00～14:30 (L.O.)、17:00～21:00 (L.O.)
⊛不定休　⊗地下鉄西11丁目駅から徒歩5分
Ｐなし

1998年に創業したザンギが有名な中国料理店。市内に七福神の名前が付いたユニークな形態の支店もあり、市民に親しまれている。市電通りにある本店には趣のある2階席も。テイクアウトも人気。

布袋式ザンギ5個 990円
3種類の温度の異なる油で揚げて外はサクサク、中はジューシー

しっかりめの味付けが好み。揚げたてアツアツを手で持ってかぶりつこう！
A.Y.

コレも名物！
最強せっと 1380円
まかないから生まれたという熱くて辛いマーボー麺にザンギが付いたセット

---

aruco調査隊が行く!!①

これを食べなきゃ帰れません！札幌名物

ジンギスカン

ドーム型の鉄鍋で羊肉を焼き、たれに付けて味わう。各店、鍋やたれにこだわりがある。

肉はマトンのみ。一度食べたらクセになる味。行列ができているが、回転は速い。たれを番茶で割ってみて。M.S.

成吉思汗 だるま本店
行列が絶えない超人気店
ジンギスカン ダルマホンテン

1954（昭和29）年創業の老舗店で、本店のほかすすきのに5店舗を構える。ていねいに手切りするニュージーランド産のマトンはクセがなく、自家製のたれにバッチリ。〆はたれのお茶割りで。

成吉思汗 1280円
定番のジンギスカン。マトンのいろいろな部位の盛り合わせ

ヒレ肉 1680円
一頭から数百グラムしかとれない希少部位。数量限定

Map P.197-C3 札幌

⊛札幌市中央区南5西4 クリスタルビル1F　☎011-552-6013　⊕17:00～22:30 (L.O. 予約不可)
⊛無休　⊗地下鉄すすきの駅から徒歩5分　Ｐなし

生ラム炭火焼 のざわ
隠れ家的な一軒家の店
ナマラムスミビヤキ ノザワ

すすきのにある昭和レトロな一軒家のジンギスカン店。アットホームな雰囲気で古くから通うファンも多い。10～5月は、ハンターの店主が地元の阿寒で捕ったエゾシカ肉も登場する。

Map P.196-C2 札幌

⊛札幌市中央区南7西6　☎011-533-9388
⊕18:00～なくなり次第終了（予約可）
⊛日　⊗地下鉄すすきの駅から徒歩7分　Ｐなし

上肉 1680円
ぶ厚いステーキのようでとても軟らか。数量限定

生ラム750円（左）
エゾ鹿ステーキ 1200円（右）
オーストラリア産の肩ロースを使用。付け合わせは野菜とこんにゃくがのざわ流

メニューは生ラムのみ。ファンが多いので予約はマスト。エゾシカに出合えたらラッキー！K.T.

北海道では自宅でジンギスカンが一般的。肉のお供のたれはベル食品とソラチというメーカーのものが有名。（札幌市・YUU）

カニ

北海道では毛ガニ、ズワイガニ、タラバガニ、花咲ガニの4種類のカニが食べられる。

かにだるま 1100円
小樽近海の深海に生息しているベニズワイの身を甲羅にていねいに盛りつけ

コレも名物！
だし巻玉子焼 600円
かにだるまと並ぶ名物が芸術的なだし巻き玉子焼。中が卵白、外は卵黄

名物
かにだるまで乾杯

居酒屋くさち
イザカヤクサチ

通年カニが、それもお手頃価格で食べられる居酒屋は数少ないのでここにはよく行きます。T.K.

エレベーターで7階に上り、ドアが開けばそこが店内。店主の草地さんは夕張出身。カウンターには大きな石炭が置かれている。店主自ら小樽の市場で仕入れたカニをお手頃価格で提供。

Map P.197-B3 札幌

🏠 札幌市中央区南3西4-21-6 南3西4ビル7F ☎011-232-0204 🕐17:00～22:00(L.O.) 🈳日・祝 🚇地下鉄すすきのの駅から徒歩3分 🅿なし

かにみそ甲羅焼 1200円
濃厚なカニみそは火で炙ることで香りが立ちカニの身と合う。最後はお酒を入れて甲羅酒で

いただきます♪
ザンギやスープカレー、そしてジンギスカンとご当地グルメをセレクト。カニも気軽に楽しめちゃう！

札幌中心部からはやや離れるけど、スープカレーを語るにはハズせない店。さらさらのスープが衝撃的な。R.T.

栗次元な空間も楽しんでください。

スープカレーのパイオニア

マジックスパイス
札幌本店
マジックスパイス サッポロホンテン

札幌のスープカレー文化を世に広め、スープカレーという言葉を生み出したのが店主の下村氏。バリ島で出会ったソトアヤムに衝撃を受けたことがスープカレーを生み出したきっかけだそう。

北恵道（ほっかいどう）
1360円（＋涅槃230円）
チキン、コーン、豆、野菜などが入った一番人気。30種類のスパイスが味の決め手

スープカレーのレジェントで有名人の下村泰山氏

Map P.195-B4 札幌

🏠 札幌市白石区本郷通8-南6-2 ☎011-864-8800 🕐11:00～15:00、17:30～22:00 🈳水・木 🚇地下鉄東西線南郷7丁目駅から徒歩3分 🅿15台

たっぷりの野菜で
大満足

SOUL STORE
ソウル ストア

スパイスのバランスが絶妙なスープカレーが幅広い層から支持されている。定番のほか、ユニークな具材の組み合わせのメニューも。揚げゴボウバーがすべてのカレーに付いている。

Map P.196-B2 札幌

🏠 札幌市中央区南3西7-3-2 F-DRESS 7 BLD 2F ☎011-213-1771 🕐11:30～15:00 (L.O.)、17:30～20:30 (L.O.) 🈳不定休 🚇地下鉄すすきの駅から徒歩7分 🅿なし

スープカレー
札幌のご当地グルメのひとつで、スパイシーでサラサラのカレースープに、大きめカットの野菜がたっぷり。

蒸す、焼く、炙るなど、それぞれの野菜のおいしさを引き出す工夫がすばらしい。M.N.

季節の旬菜カリー 1500円
15～20種類もの旬の野菜がたっぷり入った人気メニュー。スープは4種類から選べる

居酒屋くさちで食べられるベニズワイは、小樽の漁船1隻が通年漁をしているのだそう。そのためいつでも食べることができる。

昼も夜もパフェが
芸術品みたいなビジュ

道東の弟子屈町で再生可能エネルギーを使って栽培されたブランドイチゴ「摩周ルビー」

甘すぎずさっぱりとしたよつ葉の生クリームを両側に添えて

十勝産のミルクを使用したよつ葉自慢のソフトクリームがぎっしり

昭和天皇・皇后両陛下のために作られた究極のバニラアイスクリーム、スノーロイヤル

乳製品のおいしさを堪能できるパフェ。スモールサイズ800円も

乳業メーカー直営のデザートカフェ
ミルク＆パフェ よつ葉ホワイトコージ 札幌ステラプレイス店
ミルクアンドパフェヨツバホワイトコージ サッポロステラプレイステン

よつ葉乳業の直営カフェ。北海道産の生乳で作られる乳製品を使ったパフェやパンケーキなどを味わえる。人気はよつ葉の白いパフェ！札幌駅直結でアクセス便利。

よつ葉の白いパフェ 900円

店内はスタイリッシュ

Map P.194-C1 札幌

🏠札幌市中央区北5西2 札幌ステラプレイスセンター地下1F ☎011-209-5577
🕙10:00～20:00（L.O.）🈳無休
🚃JR札幌駅直結 🅿提携あり

ウシは手作りなので顔がそれぞれ違うよ

宇治抹茶「金天閣」もちもち抹茶ミルク 700円
北海道産の牛乳を100%使用したもちもち食感のくず餅ドリンク

昼
パフェ

Daytime

札幌では1年中、新鮮な素材を使ったソフトクリームやパフェが食べられて、クオリティも高いのが魅力。

北海道産と食べやすさにもこだわり
パフェ ネモちゃんランド3
パフェ ネモチャンランドスリー

新ラーメン横丁のビル内にある隠れ家的なパフェとコーヒーの店。カレー店やカラオケバーなどを展開するネモちゃんランドの3号店。

Map P.197-C3 札幌

🏠札幌市中央区南4西3 第3グリーンビル地下1F ☎011-252-9660 🕙11:00～22:30（L.O.）🈳不定休 🚃地下鉄すすきの駅から徒歩1分 🅿なし

マキネッタエスプレッソ 500円
ミニサイズのマキネッタで作る本格エスプレッソ

Mashu Rubyのごほうび 1780円
摩周ルビーを6粒使用した贅沢なパフェ。数量限定

優しい甘味のパンナコッタ、生クリームやバター、小麦粉は北海道産

クランブル、ライチ、数種のベリーとキャラメリゼしたイチゴなど

リチベリーのパフェ 1400円
食べやすさを考慮した平たいパフェ。パンナコッタとベリーの酸味が絶妙

誰もが知る歴史あるパーラー
雪印パーラー札幌本店
ユキジルシパーラー サッポロホンテン

1961年に創業した北海道スイーツのパイオニア。昭和天皇・皇后両陛下のために作られたバニラアイスクリーム「スノーロイヤル」880円や、30種類以上のパフェメニューがある。

Map P.197-A3 札幌

🏠札幌市中央区北2西3-1-31 太陽生命札幌ビル1F ☎011-251-7530
🕙10:00～18:30（L.O.）🈳無休
🚃地下鉄大通駅から徒歩5分 🅿なし

手作りのフィナンシェ。パフェと交互に食べるのが○

ホイップしたレアチーズに全粉も

芸術作品徹底比較

食べられる札幌。
アルにもテンションUP！

ピスタチオとチョコレートジェラートのうしろにシフォンケーキのラスク

PaLのバクのクッキー
"バクッキー"の下にピスタチオプリンなど

季節感に遊び心もたっぷり

夜パフェ専門店 Parfaiteria PaL
ヨルパフェセンモンテン パフェテリア バル

アートのようなパフェが話題の夜パフェ専門店。パフェは常時6種類ほど。旬のフルーツを使うため季節により内容は変わる。

Map P.197-B3 札幌

🏠札幌市中央区南4西2-10-1 南4西2ビル6F
☎011-200-0559 🕕18:00〜23:30〈L.O.〉、
金・土、祝前日は〜翌1:30〈L.O.〉 📅無休
🚇地下鉄すすきの駅から徒歩5分 Ⓟなし

栗巣さんの
YOASOBI
2380円

15種類近くの素材が使われているアルコール入りパフェ

ピスタチオとチョコレートのパフェ
1980円

手作り素材がたくさん使われた見た目もかわいい立体的パフェ

生クリームとイチゴ

パリッとした飴細工

夜パフェ
Nighttime

食事や飲んだあとのシメパフェとして始まり、専門店も多い。お酒に合う大人の味が特徴。

シャンパーニュ・スパークリング

バニラ アングレーズ、フランボワーズ ソルベ、イチゴルクジェラート、ミックスベリー、シャンパンゼリーなど

上のパーツはそのまま食べても、途中でグラスに崩しても

お酒に合ってボリュームも◎

お酒とパフェ Kakiversary
オサケトパフェカキバーサリー

北海道日本ハムファイターズの投手だった新垣勇人さんが2023年11月に開いた店。お酒が飲めなくても気軽に立ち寄れる。

Map P.196-C2 札幌

🏠札幌市中央区南5西6-9-3 ニュー桂和ビル4F ☎011-600-6778 🕕19:00〜23:30〈L.O.〉 📅不定休 🚇地下鉄すすきの駅から徒歩3分 Ⓟなし

ランチクッキー、生クリーム、コーヒーゼリーと飽きない味に

チョコレートたちの同窓会
1280円

手作りアーモンドのキャラメリゼ、ティラミス、バニラとチョコのアイス

いちごのニセ帯ワンダーランド
1880円

リンゴやイチゴなど季節のフルーツのパフェは期間限定

赤い果実のシャンパーニュ
ドリンクSET 2280円

シックな店内でシャンパンとパフェを

SIX COFFEE & CHOCOLATE
シックスコーヒーアンドチョコレート

ローマや札幌で経験を積み、南区でジェラート専門店、コーヒーとチョコレートの店などを手がける増谷氏が2023年にオープン。お酒にも合う芸術的なパフェが話題に。

Map P.196-C2 札幌

🏠札幌市中央区南4西5-8-1 F-45ビル9F Ⓟなし 🕕19:00〜23:30〈L.O.〉、金・土は〜翌1:30〈L.O.〉 📅不定休 🚇地下鉄すすきの駅から徒歩3分 Ⓟなし

北海道では身近にアイスクリームが食べられる店が多いせいか、通年アイスを食べる人が多い。夜パフェの店にも地元客の姿を多く見かける。

味も素材も見た目も満点
胸キュンスイーツにLOVE♡

思わずキュンキュンしちゃうラテアートや
パフェを提供するお店が続々登場。
札幌市内の話題のカフェを巡って
キュートなスイーツに癒やされちゃおう♡

グルテンフリーの
玄米粉を使った
バスクチーズケーキ 550円

栗山農場直送の
とうきびたまごを
使った硬めのプリン
450円

カフェラテ 650円
ふわふわの泡に描かれたラテアー
トは飲み終わるまで消えない

心を込めて
描いています

映えスポットも
あります♪

ココがキュン♡
ラテアートはクマ、シマエ
ナガ、ウサギから選べて、
好きな絵をお願いできる
リクエストデーも

Map P.195-C3 札幌
🏠札幌市豊平区平岸3条13-7-19
第1平岸メインビル1F B
☎011-838-8917 🕙10:00～
18:00 🈭月・第2・4火（祝日
の場合は翌日休み）🚇地下鉄南
平岸駅から徒歩1分 🅿なし

1. 白が基調の店内
にはふたりがけの
テーブル席3客と
丸テーブルがある
2. ライトなど小物
にもセンスのよさ
が光る

幸せな気持ちに包まれるカフェ
ヌヌースカフェ

白い店内では店名のフラン
ス語にちなみたくさんのテ
ディベアが迎えてくれる。
カナダのカフェでラテアー
トに出合ったという店主が
描くキュートなクマやシマ
エナガにキュン♡

ホットチョコレート 700円
自家製のチョコレートパフを
ホットミルクにチャポン！

旅行予約もできるカフェ
旅café Triche
タビカフェ トリッシュ

旅行代理店が運営するカフェ。
カフェ内のタブレットで国内旅
行情報サイトをチェックしなが
ら、キュートなスイーツや本格
カフェラテはいかが。キーマカ
レーなどのフードメニューも。

Map P.195-B3 札幌
🏠札幌市豊平区豊平3条3-2-27
TROIS 1st 1F ☎011-827-8066
🕙11:30～17:00（L.O.）🈭不定休
🚇地下鉄菊水駅から徒歩3分 🅿3台

森のくまさんパフェ
（いちご） 800円
イチゴアイス、イチ
ゴ、生クリーム、バ
タークッキーの上に
アイスのクマさん

ココがキュン♡
森のくまさんパフェは季
節バージョンも登場。
好きな文字を選べるア
ルファベットチョコ付き
850円も！

入ってすぐのカウンター席はフラ
ワーウォールで写真映えバッチリ

  旅café Tricheはネットで席の予約ができます。推し色が選べるクリームソーダも。推しがいるならぜひ！（札幌市・なな）

ボトルが並ぶ スタイリッシュな空間
C2 cafe
シーツー カフェ

北海道コンサドーレ札幌で活躍した岡田佑樹さんのカフェ。天井吹き抜けのスタイリッシュな店内で本格コーヒーやラテ、ランチはパスタなどフードメニューも提供。夜はバーに。

Map P.194-A2 札幌

🏠 札幌市西区琴似1条2-6-1 F012 KOTONI 1F
☎ 070-9104-0617 ⏰ 12:00〜17:00、18:00〜24:00 ❌ 不定休 🚃 JR琴似駅から徒歩3分
Ⓟ 2台

ウイスキーのボトルが並ぶおしゃれなカウンター席

今日はワインを持ったネコです

カフェラテ 650円
マスターの岡田さんがその日の気分や雰囲気で描いてくれる

ココがキュン♡
ラテアートはクマやウサギ、ネコなどどれもキュンとするかわいさ。夜も楽しめるのがいい♪

コレも! 季節のパフェ 1100円
12月は紫芋と林檎のパフェ。紫イモアイスとペースト、白玉入り

胸キュンスイーツにLOVE♡

Take Out

かわいくて本格的なスイーツ
パティスリーYOSHI
パティスリーヨシ

東京やフランスで修業を積んだパティシエが厳選素材を用いて作るケーキが20種類以上。生クリームとブリュレを巻いた西野ロール1200円は定番人気。パンや夏はジェラートも。

てぃね山 630円
手稲山をイメージしたマロンたっぷりのケーキ

ズラリと並ぶ見た目もきれいなケーキに目移りしちゃう

ココがキュン♡
素材にこだわった本格的なケーキなのに、かわいいところがキュン♡

Map P.194-B1 札幌

🏠 札幌市西区西野10-8-2-7
☎ 011-666-7467 ⏰ 9:00〜19:00 ❌ 月・火（祝日の場合は営業）🚃 地下鉄発寒南駅から車で8分 Ⓟ

ココがキュン♡
ちょこんとのった手作りのシマエナガマシュマロ。季節のバリエも豊富

モリモリ シマエナガパフェ 1200円
バニラアイス、ヨーグルトアイス、バニラソフトの間にフルーツソースやカシューナッツなど

パフェの撮影スポットもありますよ

キュートなシマエナガが渋滞♡
モリモリエンヂニアリング

住宅街にあるテイクアウトスイーツ店。盛本さんご夫婦の手作りパフェは、チョコ、ベリー、キャラメルの3種類。仕上げにクリームと、シマエナガの手作りマシュマロやクッキーをトッピング!

Map P.195-C4 札幌

🏠 札幌市白石区栄通7-4-27 ☎ 011-312-5976
⏰ 12:00〜20:00 ❌ 第1・3水・木（祝日の場合は営業）🚃 地下鉄南郷7丁目駅から徒歩8分 Ⓟ 1台

C2 cafeは2023年8月に移転オープン。20:00からはバータイムとなり、バーチャージ300円。支払いは現金のみ。

ハムエッグス 363円
常連に人気のメニュー。目玉焼きが2個あるのでエッグス

- メニューを眺めているだけでも楽しい店。酒場だけど女性スタッフばかりなので、ひとりでも入りやすい。N.O.

明るい時間から飲める٦の字酒場
第三モッキリセンター
ダイサンモッキリセンター

開店直後から混み合う、酒屋の角打ちが原点の約100年という歴史ある店。「もっきり」はお酒がこぼれる直前、盛り切りのこと。メニューが豊富。

Map P.197-A4 札幌

🏠 札幌市中央区南1東2-2 ☎011-231-6527
🕐13:00～20:30(L.O.)、土は～19:30(L.O.) 休日・祝
🚇地下鉄大通駅から徒歩5分

エビ 4本 429円
肉ばかりでなく、バリバリで香ばしいエビ串も

さばの味噌煮 462円
お酒が進む濃厚な味わいの定番商品

焼酎 正一合 253円
もっきりに注がれる焼酎。グラスに移して割って飲む

半世紀以上ここでやってるんですよ

店主の節子さん

aruco調査隊が行く!!

ちょっとディー
ほろ酔い

地下鉄すすきのの駅の地上 夜な夜な人が集まる 通う飲食店を!

HOROYO

がつ・レバ 各3本 330円
右がガツ(胃)、左がレバー。間のタマネギがポイント

時代が染みついた常連客でにぎわう店。何回か通えばすっかり仲間入りができそう。E.A.

手羽先 3本 506円
こんがりと焼き目が付いた手羽先

常連客に愛される老舗店
やきとり錦
ヤキトリニシキ

夕張出身の女将、中井節子さんが1964(昭和39)年からこの場所で営業している店。栗山の酒「北の錦」の錦が店名の由来。串焼きを中心につまみもいろいろ。

Map P.197-B3 札幌

🏠 札幌市中央区南3西3 TM24ビル1F ☎011-231-6406 🕐17:00～23:00 休日・祝
🚇地下鉄すすきの駅から徒歩2分

お酒(コップ) 230円
お皿にこぼれるほど注いで提供

立ち飲みなのに新鮮な刺身や気の利いた手作りメニューがあり、お酒も良心的な値段。M.M.

もつ煮込み 400円
看板商品のもつたっぷりの煮込み

お酒 300円～
日本酒からワインまで豊富なラインアップ

自家製カズチー 400円
チーズと数の子を和えた食感のいいおつまみ

にごり酒 400円
地元札幌の千歳鶴の百宝が通年飲める

駅直結の立ち飲みバー
立ち飲みちょっとばぁ
タチノミチョットバァ

地元スーパー直営の立ち飲み屋。毎日、新鮮な刺身や食材が入るので、旬のメニューが豊富。本日のおすすめや250円と360円の定番などをチェック。

Map P.197-C3 札幌

🏠 札幌市中央区南4西3-3 ☎011-206-8780 🕐15:00～23:00(L.O.) 休日 🚇地下鉄すすきの駅3番口地下

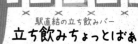

ハムカツ 250円
立ち飲みの定番! サクサクの食感

ちょっとばぁは、終電に乗り遅れないようにと店の時計が10分進んでます。向かいには座れる別邸も。(札幌市・tama)

前を通ると吸い込まれそうに
肴や しょうすけどん本店
サカナヤ ショウスケドンホンテン

国道36号のバス停前にある屋台なのか店なのか、味のある外観が目を引く。冬はビニールシートで覆われるが夏は開放的に。

Map P.197-B3 札幌

🏠札幌市中央区南4西1 ☎011-232-9755 🕐15:00〜23:00 休日・祝 🚇地下鉄すすきの駅から4分

1杯飲むだけでもどうぞ

牛すじの煮込み 590円
じっくりと煮込んだお肉でぴったりの看板メニュー

店長のるいさん

豚ハツモトのポン酢和え 380円
コリコリの食感に箸が止まらない!

店主のるいさんは話しかけると笑顔で対応してくれる。一度行ったらつい通ってしまう店。S.K.

ホッピー（白）セット 580円
オリジナルサワーや日本酒なども

絶妙な火加減の炭火で焼き上げる串焼き。パリパリのとり皮や軟骨入りのつくねや道産の豚串、ウインナーなどメニューも豊富

自慢の焼き鳥を食べてください
店主の岩佐さん

とり皮 180円
ヤゲン軟骨 200円
豚みそ串 280円
ホウィンナー 180円
しそチーズつくね 280円

プな酒場でナイト

すすきの交差点周辺は歓楽街。地元の人がシゴしてみては。

NIGHT!

通称サイコロビルの3階にある
四代目がんちゃん家
ヨンダイメガンチャンチ

サイコロの外観のビルにあり、ワンフロアを占める。店主のがんちゃんこと岩佐さんが、前店舗の4代目職人だったことが名前の由来。お客さんも含めアットホームな店。

Map P.197-C3 札幌

🏠札幌市中央区南6西3-6-12 御代川6・3ビル3F ☎011-600-6036 🕐17:00〜23:00 (L.O.) 休日 🚇地下鉄すすきの駅から徒3分

気軽に寄ってくださいね♥

ぼくは常連客だよ

常連さんが多く、ひとりで行ってもすぐに溶け込める、まさに家のような居心地のよい居酒屋です。T.T.

かんぱーい!

新子焼き 1650円
30分かけて焼き上げる鶏の骨付きもも肉

ポットから注いじゃいますよ ♪

熱燗 430円
焼き台で熱燗にしている

Snack
スナックでママに悩み事を聞いてもらう

女子でも安心して行くことのできる、禁煙でカラオケのないオシャレなスナック。旅好きなみゆきママとの会話が楽しめる。

料金システム
飲み放題プラン90分3000円、ママの気まぐれチャーム付き。
飲み放題プランにはビールは含まれていない（サッポロクラシック900円）。ビールや食べ物の持ち込みもOK

雑居ビル内のスナックの扉を開けるのは緊張するけど、ココは大丈夫。料金システムも安心。H.I.

Sakae サカエ

Map P.197-C3 札幌

🏠札幌市中央区南5西3-10 ニューススキノビル9F ☎070-9029-7301 🕐17:00〜23:00 (L.O.) 休日・月・祝 🚇地下鉄すすきの駅から徒歩3分

できたてをどうぞ♥ 
チャームのポップコーンは専用機で作るできたて。食べ放題なのがうれしい

カウンターはクマの席も入れて8席

すすきの交差点にCOCONO SUSUKINOが開業。2〜3階にあるCOCONO TERRACEからは交差点を見下ろせる。

おうちで大北海道展を開催！
札幌おみやげセレクション♪

北海道のおいしいものを集めたセレクトショップは、新店舗が続々オープン。話題のクリーニング店も要チェック！

小豆のドライフルーツようかん 270円
十勝・上士幌産の小豆とアンズ、イチジク、さらにスパイスがマッチ

道内各地の定番から新商品までセレクト

き花 3枚入り 651円
旭川の菓子店、壺屋の人気商品「き花」のシマエナガパッケージ

アーモンドのガレットでホワイトチョコレートをサンド

デザートチーズ「雪花（せっか）」1651円
パパイヤとパイナップルのドライフルーツに濃厚チーズがケーキのよう

ニセコチーズ工房の人気商品！

飲まさるおかき 山わさび味、ホタテ味各 250円
「飲まさる」とは北海道の方言で、おもわず飲んでしまうという意味

絵本のようなパッケージ

森のバタースコッチkigi（チーズ）681円
ザクザクッとしたバタースコッチキャンディ。オホーツクの塩やチョコなど4種類あり

きたキッチン モユク店

取扱商品 お菓子、調味料、海産加工品、お酒、雑貨、その他

道産食品のセレクトショップ。道内各地から集められた選りすぐりの商品が並ぶ。2023年7月オープンのモユク店には、パッケージや素材に特徴のあるセンスのいい商品が充実。

Map P.197-B3 札幌

🏠 札幌市中央区南2西3-20 moyuk SAPPORO地下1F
☎ 011-206-8715
🕐 10:00～20:00
休 無休 地下鉄大通駅から徒歩5分

北海道発酵バターの手作りサブレ（かぼちゃの種）5枚入り 864円
小麦、卵、砂糖、牛乳は北海道産。くるみ、アーモンドなど6種ある

北海道銘菓 チーズようかん 250円
安平町の老舗菓子店、早来かりんずのロングセラー商品。菓子大博覧会受賞歴も

サーモンのひと口とば 黒胡椒 598円
秋鮭の切り身を乾燥させたとば。ブラックペッパーが隠し味

たこやわらか煮 698円
噴火湾産のタコを昆布だしのうま味がきいたタレで炊き上げたもの

食べやすいひと口サイズ

焼きさんま根室魚醤仕上げ 864円
根室産のさんまを魚醤で味付けして焼いたもの

北のかりんとう 幌加内そば 464円
道産小麦と幌加内産のそば粉、オホーツクの塩を使用

今日ジャムシリーズのいちばん人気

今日ジャム 北海道ハスカップ 972円
道産ハスカップ、道産ビートグラニュー糖、レモン果汁のみで仕上げてある

北海道四季マルシェ ココノ ススキノ店

取扱商品 お菓子、調味料、海産加工品、お酒、雑貨、文具、その他

北海道キヨスクが運営するセレクトショップ。一般的なみやげ物のほか、食事、お酒、おやつの3つのテーブルシーンを彩るプライベートブランド「DO3TABLE」が充実。

道産素材にこだわった「DO3TABLE」が人気

Map P.197-C3 札幌

🏠 札幌市中央区南4西1-1-1 COCONO SUSKINO地下1F
☎ 011-252-7304
🕐 9:00～21:00 休 無休
地下鉄南すすきの駅直結

Take out

ココノ ススキノ店にはスイーツショップが出店。サザエの十勝大名のうす皮たい焼、ミルクジャムが有名な十勝しんむら牧場の新商品ココノ ミルクあん、あべ養鶏場のフルーツエクレアと、気になるものばかり。

自社ブランド卵の生カスタードを使ったフルーツエクレア420円～

 きたキッチンは丸井今井の地下のオーロラタウンに、北海道四季マルシェは札幌駅直結のステラプレイスにもあります。（札幌市・Y.K.）

鮭とイクラ、鮭珍味
なら水産会社直営のこちら

いくら醤油漬
110g 2050円
北海道産天然鮭の筋子を鮭醤油入りのたれで漬け込み

サーモンロール
3個入 1180円
ベニザケのスライスを重ねて巻き上げたロングセラー

秋鮭石狩味
110g 802円
鮭の切り身を糀に漬け込みイクラを加えたオリジナル生珍味

鮭ルイベ漬
110g 1296円
北海道産天然鮭とイクラをたれに漬け込んだベストセラー

Map P.197-A3 札幌
🏠札幌市中央区大通西3 北洋ビル1F ☎0120-310-643 🕘9:30～18:30 休無休 🚇地下鉄大通駅から徒歩1分

佐藤水産
大通公園店

取扱商品 海産加工品、調味料、その他

2024年1月オープンの大通公園店は、広い店内に自社製品がズラリ。量り売りから贈答用の詰め合わせ、スナックや珍味まで多彩な商品が揃う。作りたてテイクアウトも話題。

ロッキーサーモン
260g 2230円
鮭の半身を丸ごと乾燥させたとば。見た目より軟らかい

Take out

人気の「海鮮グルメおむすび」、じゃがバターに秋鮭石狩味などをトッピングできる「じゃがバター職人」、いくら醤油漬、鮭ルイベ漬などをのせた「石狩ばふぇ丼」などをテイクアウトで提供。

「石狩ばふぇ丼」三色スマイル小700円、おやこ小650円

カットバ！ 1000円
北海道日本ハムファイターズ公認パッケージ。王子サーモン特製とば

北海道の定番みやげ
を探すなら駅のココへ

そのままでも何かのせても

クマヤキグミ 324円
道東の津別発の人気商品、クマヤキにグミが登場。さわやかなリンゴ味

さっぱち蜂蜜 648円
札幌のビルの屋上に巣箱を設置して採取。6～9月の月ごとに販売

6月はフローラルな香り

**NOKKE
（ノッケ）** 378円
北海道産小麦で作ったサクッとした食感のクラッカー

北海道
どさんこプラザ

取扱商品 お菓子、調味料、海産加工品、お酒、雑貨、その他

JR札幌駅のコンコースにあり、旅行き帰りに立ち寄りやすい。北海道各地の定番みやげはもちろん、海産物、お酒、焼きたてパンまで約2000種もの幅広い品揃え。

Map P.194-C1 札幌
🏠札幌市北区北6西4 JR札幌駅西通り北口 ☎011-213-5053 🕘8:30～20:00 休無休 🚇JR札幌駅直結

キャンドルだよ！

オリジナル木彫り熊キャンドル
親熊2640円 子熊1650円
木彫り熊をかたどったキャンドル。茶色と白の2色あり

道東のクリーニング屋さんの
"かわ実用"なアイテム

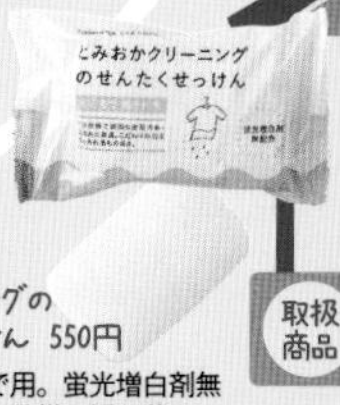

ステンレス軽量スコップ付き

**オリジナル 粉末洗濯洗剤
［ミルク缶入り］** 2420円
EM菌が汚れと臭いを抑え、洗うたびに繊維本来の色と柔らかさに

Map P.194-C1 札幌
🏠札幌市中央区北5西3 アピアセンター地下1F ☎011-209-1441 🕘10:00～21:00 休無休 🚇JR札幌駅から徒歩3分

とみおか
クリーニング
LIFE LAB.

取扱商品 クリーニング用品、雑貨、その他

とみおかクリーニングのせんたくせっけん

とみおかクリーニングの洗濯せっけん 550円
えり・そで用。蛍光増白剤配合のプロ仕様の汚れ落とし

東東の中標津町に本社をもつクリーニング店が、専門的な知識をもって開発した衣類にも肌にも、地球環境にも優しいオーガニック洗剤や石鹸。かわいいパッケージはおみやげにも。

70×70cmの大サイズ

風呂敷・みんなでお洗濯／道東編 大3300円
マット和子さんによる標津町の自然や動物のイラストが描かれた風呂敷。大ある

定番商品や話題の商品は、ここで紹介している店以外でも販売。新千歳空港のショップで扱っている場合もある。

arucoスタッフの偏愛はコレ！ご当地スーパー

調味料

これ、卵かけご飯に最高に合います！ぜひ食べてみてほしい。N.O.

うにソース 648円
規格外で市場に出せない北海道産ウニをたっぷり使ったソース
1080円

RICEMALT DIP
栗山の蝦夷ノ富士醸造が米こうじを発酵させて作った無添加もろみ醤油。炊きたてご飯に
1296円

ORIKASAオーガニックマスタード
材料は幕別の折笠農場で育てた有機マスタードシード、有機ジャガイモ、塩のみ
ソーセージや肉はもちろん、脂ののった魚のお刺身にも合います。M.A.

"ウド"ベージェ
北海道産ヤマウドを使用したパスタソース。旭川大学短大×占冠村コラボ商品
1058円
ウドの春の香りが口の中に広がります。卵料理やチーズにもgood. S.I.

がごめビーツドレッシング
北海道産ビーツと、がごめ昆布のうま味や栄養素が凝縮されたドレッシング
842円

小ネギと麹のシーズニング
シーズニング調味料。フライドポテトはもちろん肉料理、卵料理にも
540円

その他

ローズマリーグミ
オホーツクのローズマリーを練り込んだグミ。食後やリラックスしたいときに
14粒486円

北海道産はとむぎ
伊達産のハトムギを香ばしく焙煎。お米と炊き込んだり、サラダやスープにも
756円
美容効果があるというヨクイニンがおいしく丸ごととれますよ。R.I.

SAPPORO NO SORA
北海道産スペアミント、ラベンダー、美唄産マロウブルー、バタフライピーを使用
1002円
札幌の空をイメージした青い色のハーブティー。レモン汁を入れるとピンク色に。E.K.

フリーズドライえだまめ
十勝・中札内産のタマフクラを使用。うま味と風味が凝縮
298円

Roseraie
苫小牧産無農薬の4種のバラを使った発酵シロップ。ヨーグルトなどに
756円

カレー＆ラーメン

エゾシカ肉のグリーンカレー缶
北海道産エゾシカ肉が内容量の30%以上は入った辛口グリーンカレー
988円

ブロッコリーら一麺
十勝の音更産小麦にブロッコリーを練り込んだビタミンCも採れるラーメン
358円
気軽に声をかけてくださいね

SUPER MARKET

実食したおすすめばかりを販売
フーズバラエティすぎはら

生産者とお客さんを結ぶ役割を模索し、野菜ソムリエの資格を取得した社長と、息子さんの店長を中心に切り盛り。野菜には味や食べ方を説明するポップがあり関連する本なども並ぶ。道内はもとより全国各地から仕入れる商品は、すべて試食して選ぶ自信のあるものばかり。

Map P.194-B2 札幌
札幌市中央区宮の森1条9-3-13 0120-202-447
10:00～19:00 日（祝日は不定休）地下鉄円山公園駅から徒歩15分 20台
生産者がわかる野菜売り場 社長の杉原俊明さん 店長の杉原一成さん

すぎはらにはよそでは手に入らないレアな物がいっぱいあり、さらに週末のポップアップショップも楽しみ。（札幌市・まり）

＆コンビニに夢中

札幌のご当地スーパーには北海道の隠れた名品がいろいろ。
編集者溺愛コンビニのセイコーマートもオススメ商品がいっぱい。

ご当地パン

139円

ようかんツイスト
クリームを挟んだツイストパンを羊羹でコーティング

> ホイップ＆カスタードが入ったようかんパンもおすすめ。A.K.

大福
道産もち米「きたゆきもち」、道産小豆使用のもちもち大福

117円

> レジ横にあってつい買ってしまいます。大福、豆大福、草大福、赤大福どれも好き。S.S.

乳製品＆スイーツ

たまごプリン
やや固めで懐かしい味わいのプリン

182円

北海道とよとみ生乳95%ヨーグルト
道北の豊富町産生乳と2種類の乳酸菌で作ったヨーグルト（120g）

103円

> 本当にメロンを食べているような香りと濃厚な味なので、滞在中一度は食べてみ。T.O.

北海道メロンソフト
道産の赤肉メロン果汁と豊富町産牛乳をミックスしたロングセラー

214円

北海道メロンソフト

ちくわパン
ツナマヨ入りのちくわが入った北海道の定番おかずパン

128円

CONVENIENCE STORE

お酒

> G7はテーブルワインとして最高のコストパフォーマンス。J.O.

561円

G7カベルネ・ソーヴィニヨン
人気No.1のチリ産ワイン。甘味、うま味、果実感が濃縮された味わい

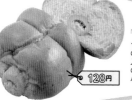

ガラナサワー
北海道のソウルドリンク。「ガラナ」味のサワー

561円

G7シャルドネ
チリ産、辛口の白ワイン。ほどよい酸味と果実感

121円

惣菜

> 小ぶりなので食べやすく、ご飯のおかずにもお酒のおつまみにもいい。H.O.

160円

煮玉子
黄身までだしの味が染みた人気商品

北のポテトサラダ
ほくっとしたジャガイモにキュウリやニンジン入り

139円

150円

子和えこんにゃく
つきこんにゃくと生タラコを和えた北海道の家庭料理

ナポリタンスパゲティ
パスタシリーズの一番人気。赤ワイン入りの本格的な味わい

139円

和風豚焼きうどん
もちもちしたうどんとソースがベストマッチ

139円

クリーミーカルボナーラ
濃厚クリームソースに揚げベーコンとコショウがアクセント

139円

> パスタシリーズはこの値段で満足度大。バリエーションも豊富。D.F.

顧客満足度全国1位！
セイコーマート

道内で"セコマ"の愛称で親しまれているコンビニエンスストア。JCSI顧客満足度調査のコンビニエンス部門で8年連続（2023年度）1位に選出。道内174市町村に合計約1100の店舗がある。北海道の素材を生かしたオリジナル商品が豊富に揃い、店内調理のホットシェフがある店も多い。

URL www.seicomart.co.jp

伝説の不死鳥「フェニックス」がモチーフのロゴとオレンジ色の外観が目印

セイコーマートの一部店舗で店内で焼き上げるホットシェフのパンを販売。バタークロワッサン、メロンパンなどがあり、売り切れ必至の人気商品。

前田森林公園
マエダシンリンコウエン
▷▷▷▷▷▷▷▷▷▷

「環状夢のグリーンベル
ト構想」により生まれた
公園。全長600mのカナー
ル（運河）の両脇に整然
と並ぶ、220本のポプラ
並木を望む展望ラウンジ
は人気の撮影スポット。

Map P.193-A3　札幌

🏠 札幌市手稲区手稲前田591-4
☎ 011-681-3940　👁 見学自
由　🚃 JR札幌駅から車で30分
🅿 1053台

ベストシーズン：通年
アクセス度：★★★☆☆
穴場度：★★★★☆
映え度：★★★★☆

まるでヨーロッパの
庭園のよう

大都市・札幌とは思えない
圧倒的な景観

カメラ女子必見！
札幌市内の映えスポット

札幌とひと口にいっても
10区からなり、広大な公園や絶景スポットが
点在。日本とは思えないような風景に出合える。

ベストシーズン：
7月上旬〜下旬
アクセス度：★☆☆☆☆
穴場度：★★★★★
映え度：★★★★☆

紫の絨毯の先に
札幌市街の眺め

ラベンダー畑からの
展望が見事！

幌見峠
ホロミトウゲ
◁◁◁◁◁

幌見峠の山頂にあり、
7月上旬〜下旬はラベンダー園
「夢工房さとう」の8000株もの
ラベンダーが開花。ラベンダー
の向こうに札幌市街を見渡せ
る。夜景スポットとしても人気。

Map P.194-C2　札幌

🏠 札幌市中央区盤渓471-110
☎ 011-622-5167　👁 見学自由
（徒歩での入場は9:00〜17:00）
🈵 無休　🅿 駐車場500円（17:00
〜翌3:00は800円）、徒歩の訪
問は無料　🚃 JR札幌駅から車で
25分　🅿 有料駐車場

ベストシーズン：
10月中旬〜11月上旬
アクセス度：★★★★★
穴場度：★★★★☆
映え度：★★★★★

SNSで大注目！
モミジの真っ赤なトンネル

平岡樹芸センター ヒラオカジュゲイセンター
◁◁◁◁◁◁◁◁◁◁◁◁◁◁◁◁◁◁◁

紅葉並木が話題。8種類、700
〜800本のモミジがあり、特に
ノムラモミジの並木道が造り
出す真っ赤な風景は感動的だ。
園内には92種の樹木が植えら
れ5月は桜、6月は藤が開花。

Map P.193-B3　札幌

🏠 札幌市清田区平岡4-3
☎ 011-883-2891　👁 4月29
日〜11月3日の8:45〜17:15
⏰ 期間中月曜（祝日の場合は
翌平日）　🚃 地下鉄新さっぽろ
駅からバスで約20分、平岡
3条2丁目下車すぐ　🅿 あり

✉ 真駒内滝野霊園にはモアイ像のほかに本家本元にそっくりのストーンヘンジがあります。写真を撮って送るとビックリしますよ。（札幌市・waiwai）

カメラ女子必見！札幌市内の映えスポット

真駒内滝野霊園
マコマナイタキノレイエン

◁◁◁◁◁◁◁◁◁◁◁◁◁◁

高さ9.5mのモアイ像やストーンヘンジなど、霊園内とは思えない独創的な構造物が話題。ラベンダー畑の中から現れる高さ13.5mの「頭大仏」を囲う拝殿は世界的な建築家・安藤忠雄の設計。

ベストシーズン：
7月上旬〜中旬
アクセス度：★★★★☆
穴場度：★★★★★
映え度：★★★★★

Map P.193-B3 札幌

⌂札幌市南区滝野2 ☎011-592-1223 ⏰9:00〜16:00 ⚑無休 ⊡拝観料300円 ⊟JR札幌駅から車で40分 ⊞有料382台

頭大イムが話題！
海外のような霊園

石切り場跡の
アートスポット

▲ 石山緑地 ▲
イシヤマリョクチ

◁◁◁◁◁◁◁◁◁◁◁

札幌軟石の石切り場跡に造られた公園。階段状に掘り下げた「ネガティブマウンド」など、札幌軟石を使ったさまざまな作品が点在。遊具やベンチも作品の一部になっている。

ベストシーズン：開園期間中
アクセス度：★★★★★
穴場度：★★★★★
映え度：★★★★☆

Map P.193-B3 札幌

⌂札幌市南区石山78 ☎011-578-3361 ⏰4月中旬〜11月下旬（積雪状況による）、見学自由 ⊟地下鉄真駒内駅からバスで8分、石山東3丁目下車、徒歩4分 ⊞あり（7:00〜21:00）

国営滝野
すずらん丘陵公園
コクエイタキノスズランキュウリョウコウエン

◁◁◁◁◁◁◁◁◁◁◁

丘陵に広がる400ヘクタールもあるレクリエーション公園。ガーデンでは6月はチューリップ、9月はコキアが見事。夏は滝巡りやハイキング、冬はスノーアクティビティが楽しめる。

Map P.193-B3 札幌

⌂札幌市南区滝野247 ☎011-592-3333（滝野公園案内所）⏰9:00〜17:00（時期により時間変動）⚑4月1〜19日、11月11〜12月22日 ⊡入園450円（12月23日〜3月31日は無料）⊟JR札幌駅から車で40分 ⊞有料あり（利用場所により4ヵ所の駐車場あり）

ベストシーズン：6〜9月
アクセス度：★★★★☆
穴場度：★★★★☆
映え度：★★★★★

9月中旬〜下旬は
70万本のコスモス

青いサルビアが造る
夏色ストライプガーデン

グリーンから赤へ
色づくコキア

滝野すずらん丘陵公園は想像以上に広い。花を見るならカントリーガーデンの下にある中央口か上の東口駐車場の利用を。

時間のある限りめいっぱい遊ぶ！
新千歳空港周辺の人気SPOT

新千歳空港周辺には広大な敷地をもつ馬のテーマパーク、道の駅などの見どころがある。空港への行きや帰りに寄ってみては。

最後まで楽しもう！

馬と触れ合いカフェでのんびり

行ってみた！

ボニーショーは珍しいんだよ

PONY SHOW

11:00 ハッピー ポニーショー
かわいいポニーによる楽しいパフォーマンス。1日2〜3回開催。
所要約20分 見学無料

ヨーロッパの貴族の気分♪

11:30 観光馬車
広い敷地内を馬車に乗って観光。見どころの案内も。不定期開催。
所要約10分 1回800円

澄んだ空気もおいしいね

12:30 カフェ
自家製のケーキや焼きたてパンが人気。ドリンクを注文してイートインできる。
4月15日〜11月5日の10:00〜16:30（L.O.） 期間中無休

12:00 ボタニカルガーデン
広さ1万坪のガーデン。5月はスイセン、6月はシャクヤク、8月はユリが見頃。
所要約30分 見学無料

大人気！ハズレなしのホースくじ

空港から15分

ノーザンホースパーク

13:30 ホーストレッキング
本格的な乗馬体験ができる。馬の手綱を握って、自然のなかをパカパカ歩こう。
所要約30分 1称6500円（用具レンタル別）

観光ひき馬
初心者でもスタッフが引く馬に乗って散歩。気軽に馬と触れ合える。所要約5分
10:00〜17:00（季節により時間短縮）1回1200円

馬のぬいぐるみが必ず当たる「エンジョイホースくじ」1回1000円

馬との触れ合いやさまざまなアクティビティが楽しめる施設。広い敷地内には約1000品種の植物が植栽されているガーデンや道産食材を使ったレストランも。冬は馬そりも登場。

Map P.193-B3 苫小牧
苫小牧市美沢114-7 0144-58-2116
9:00〜17:00（11月6日〜4月9日は10:00〜16:00）4月10日〜14日ほか 入園800円（11月6日〜3月は500円）新千歳空港から無料シャトルバスで15分 500台

ノーザンホースパークの焼きたて自家製酵母のパンはイチオシ。名物は馬蹄形のアーモンドクロワッサン！（千歳市・yuri）

鮭の魅力を発信する新しい道の駅

農産物直売所
千歳の新鮮野菜などを販売

空港から10分

道の駅サーモンパーク千歳
ミチノエキサーモンパークチトセ

鮭が遡上する千歳川沿いにある道の駅が、2023年8月にリニューアルオープン。フードコートでは鮭をテーマにしたグルメやスイーツを提供、ショップには鮭加工品がズラリ。

Map P.193-B3 千歳

🏠 千歳市花園2-4-2 ☎0123-29-3972 ⏰9:00〜18:00（飲食店は〜17:00L.O.）冬季時間短縮 🈺施設により異なる 🚃JR千歳駅から徒歩15分 🅿240台

↙鮭の遡上丼 3850円
長い鮭プレートにサーモン、ビントロクロマグロなど5種類のネタが並ぶ
●海鮮丼ととみ丸

フードコート
ジャンルの異なる食事処5店舗とスイーツショップ、ベーカリーがある。

どこから食べるか悩みます

さけ遡上プリンソフト
650円
イチゴスイーツが揃うショップ。いちごプリンにソフトがたっぷり
●BonBonBERRY HOKKAIDO STAND

↙海鮮てっぺん丼 2508円
サーモンやマグロなどその日の魚介がどっさりのったインパクト大の海鮮丼
●海鮮丼ととみ丸

鮭骨ラーメン
1000円
魚介塩スープに鮭のうま味が溶け込んだスープにバターの風味をプラス
●ふるさとラーメン食堂ちとせわ

ココもcheck!

サケのふるさと千歳水族館

サケの仲間を中心に世界の淡水生物を展示する水族館。水族館の隣を流れる清流・千歳川の川底を直接のぞくことができる水中観察ゾーンも。

Map P.193-B3 千歳

🏠 千歳市花園2-312 ☎0123-42-3001 ⏰9:00〜17:00（冬季時短営業あり）🈺無休（メンテナンス休館日あり）🈯入館800円 🚃JR千歳駅から徒歩15分

サケの仲間が泳ぐサーモンゾーン

ギネス登録の頭上に広がるトマトは一見の価値あり!

2万個以上のトマトが取れる

世界一のとまとの森
種ひと粒から巨木に成長。世界最大に認定されたことがあるトマトの木

アルパカソフトクリーム
400円

グランデセット
3180円 (2人前)
選べるピザ、パスタ、サラダ、飲み物2品付き

えこりん村
エコリンムラ

空港から20分

敷地総面積150ヘクタールのエコロジーテーマガーデン。動物の展示施設、レストラン、ガーデニングショップなどがある。とまとの森の見学は4月下旬〜10月中旬。

Map P.193-B3 恵庭

🏠 恵庭市牧場277-4 ☎0123-34-7800 ⏰4月27日〜10月14日の9:30〜17:00（9:30〜16:00）。そのほか施設により異なる 🈺期間中無休（施設により異なる）🈯入園1200円 🚃JR恵庭駅から無料送迎バスで15分 🅿300台

内のレストラン「らくだ軒」では場の風景を眺めながら本格的な窯きピザやパスタが食べられる。

買い物も食事も!

恵庭の魅力満載の施設

7つのテーマガーデンがある「ガーデンエリア」、近郊約70軒の生産者の野菜が並ぶ農産物直売所「かのな」、道と川の駅「花ロードえにわ」からなる施設。

花の拠点、はなふる
ハナノキョテン ハナフル

空港から30分

Map P.193-B3 恵庭

🏠 恵庭市南島松828-3 ☎0123-29-6721（花の拠点センターハウス総合案内）⏰9:00〜17:00 🈺無休 🚃JR恵み野駅から徒歩15分 🅿約410台

道と川の駅「花ロードえにわ」ではスキレットで提供されるカレーが評判。チーズ炙りベーコンカレー1320円

えこりん村ではとまとの森のトマトを使ったトマトソフトキャンディやポテトチップスを販売している。

定山渓温泉への行き方

札幌駅から「かっぱライナー号」で約60分、定山渓湯の町、第一ホテル前、定山渓大橋などで下車

Map P.193-B3

国立公園の渓谷美あふれる
定山渓温泉
Jouzankeionsen

こんな人にオススメ！ 札幌近くの温泉に泊まりたい

札幌中心部から気軽に行くことのできる
札幌市南区にある温泉地。豊平川沿いの豊かな自然と、
新オープンのグルメ＆ショップが人気。

定山渓温泉
じょうざんけいおんせん

札幌中心部から近く、古くから札幌の奥座敷としてにぎわってきた。56ヵ所の泉源から60〜80℃の高温の湯が毎分8600ℓも湧出。無色透明な湯を満喫できる。

🏠札幌市南区定山渓温泉
☎011-598-2012（定山渓観光協会）🅿公共50台

札幌から車で50分

定山渓大橋からの眺め

かっぱ伝説がある定山渓にはかっぱ像がいっぱい

モデルPlan
1 かっぱ家族の願かけ手湯
　↓徒歩3分
2 定山源泉公園
　↓徒歩8分
3 二見公園／二見吊橋
　↓徒歩3分
4 かっぱ淵／かっぱ淵公園
　↓徒歩18分
5 岩戸観音堂
　↓徒歩10分
6 定山渓大橋
　↓徒歩2分
7 足のふれあい太郎の湯

定山渓温泉をおさんぽ

1 呪文で願い事をかなえる！
かっぱ家族の願かけ手湯
カッパカゾクノガンカケテユ

かっぱの頭の皿にお湯を注ぐと口からお湯が流れ出す。手を清めながら「オン・カッパヤ・ウンケン・ソワカ」と3度となえて願い事をするとかなうのだそう。

Map P.83 定山渓温泉

🏠札幌市南区定山渓温泉東3 💰利用無料 🚌バス停定山渓神社前から徒歩1分

頭の皿に温泉を注ぐと……

卵はみやげ物店で販売

2 足湯に温泉卵作りも
定山源泉公園
ジョウザンゲンセンコウエン

定山渓温泉は修行僧の美泉（みいずみ）定山がアイヌの人々の案内で温源と出合ったのが始まり。公園内には源泉を手軽に楽しめる足湯や温泉卵が作れる「おんたまの湯」がある。

Map P.83 定山渓温泉

🏠札幌市南区定山渓温泉東3 ☎定山渓観光協会 ⏰7:00〜21:00 💰無休 🚌バス停定山渓湯の町から徒歩1分

温泉が壁を流れ落ちる

3 定山渓を代表する紅葉スポット
二見公園／二見吊橋
フタミコウエン／フタミツリバシ

定山渓散策路の豊平川沿いにある公園で、二見吊橋に上ると美しいかっぱ淵や温泉街が望める。紅葉の見頃は11月上旬〜中旬。

Map P.83 定山渓温泉

🏠札幌市南区定山渓温泉西4 ☎定山渓観光協会 💰見学自由 🚌バス停定山渓湯の町から徒歩5分

紅葉と赤い二見吊橋の絶景

 定山渓から車で5分ほどのところにある、広い露天風呂がある日帰り入浴施設、豊平峡温泉もおすすめです。（東京都・エリ）

二見吊橋からのかっぱ淵

青く澄んだ水をたたえる

かっぱ淵／かっぱ淵公園
カッパブチ／カッパブチコウエン

二見吊橋を渡って川岸に出ると、目の前にそそり立つ断崖の下に深い淵が横たわる。このかっぱ伝説が伝わるかっぱ淵は神秘的な美しさ。散策路はこの先「いこいの広場」へと続いている。

Map P.83 定山渓温泉

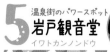
温泉街のパワースポット

5 岩戸観音堂
イワトカンノンドウ

小樽定山渓間自動車道の道路工事で亡くなった人の慰霊と、交通安全を祈願して建てられたお堂。洞窟内には33体の観音様が安置されている。

Map P.83 定山渓温泉

♠ 札幌市南区定山渓温泉西3-23　☎ 定山渓観光協会　⏰ 7:00〜20:00　🈳 無休　🉐 洞窟拝観300円　🚌 バス停定山渓湯の町から徒歩1分

洞窟内に入ることができる

橋から温泉街を眺める

温泉街を見渡せる

6 定山渓大橋
ジョウザンケイオオハシ

道道1号線に架かる橋で、豊平川と定山渓の温泉街が眺められるビュースポット。欄干にブロンズ製の「緑の女神」が設置されている。

Map P.83 定山渓温泉

♠ 札幌市南区定山渓温泉東2　⏰ 通行自由　🚌 バス停定山渓大橋下車すぐ

定山渓温泉
Jyozankei

国立公園の渓谷美あふれる　定山渓温泉

大黒屋商店のおまんじゅう

1931（昭和6）年創業の老舗。蒸したてのまんじゅうは薄皮に黒糖あんがたっぷり。9個入り730円、10個入り810円

☎ 011-598-2043　⏰ 8:00〜なくなり次第終了　🈳 水　🚌 バス停定山渓湯の町から徒歩1分

定番みやげ

地図

定山渓温泉西2
山ノ風マチ
雨ノ日と雪ノ日
エクスクラメーションベーカリー S
ハレとケ洋菓子店 S
食堂いち R
森乃百日氷 R
⑥ 定山渓大橋
定山渓温泉東2
⑦ 足のふれあい太郎の湯
⑤ 岩戸観音堂
かっぱ家族の願かけ手湯 ①
② 定山渓源泉公園
定山渓神社
③ 二見園地
二見吊橋
H 定山渓万世閣ホテルミリオーネ P.181
大黒屋商店 S
定山渓温泉東4
かっぱ淵
かっぱ淵公園 ④

0 200m
時雨橋

札幌市南区

散歩途中に足湯でゆったり

定山渓温泉を足湯で楽しむ

7 足のふれあい太郎の湯
アシノフレアイタロウノユ

定山渓に3ヵ所ある手湯・足湯のひとつ。8角形の大きめな足湯で、屋根があるので雨の日も利用できる。タオルの自販機もある。

Map P.83 定山渓温泉

♠ 札幌市南区定山渓温泉東3　☎ 定山渓観光協会　⏰ 7:00〜20:00　🚌 バス停定山渓温泉東2丁目から徒歩すぐ

定山渓においでよ！

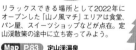
話題のグルメ＆テイクアウトショップ

山ノ風マチ

リラックスできる場所として2022年にオープンした「山ノ風マチ」エリアは食堂、パン屋、スイーツショップなどが点在。定山渓散策の途中に立ち寄ってみよう。

Map P.83 定山渓温泉

♠ 南区定山渓温泉西2-41

ウッドデッキでつながっている

雨ノ日と雪ノ日

カフェでは美瑛のジャージー牛乳と旬の食材を使い、着色料や保存料なしの14種類のジェラートと、生地から手作りのピザが楽しめる。

⏰ 10:00〜18:00（ピザ17:30L.O.）　🈳 木（祝日は除く）

エクスクラメーションベーカリー

道産小麦とバターを使って焼き上げ、さまざまな具材を合わせた見た目もかわいいパンが人気。2階にカフェスペースがあり、ランチはバーガーを提供。

⏰ 10:00〜17:00（祝日は除く）　🈳 水

ハレとケ洋菓子店

小麦、牛乳、バター、卵はすべて道産。芸術的なケーキが並ぶ。標高598mの朝日岳をモチーフにした「サブレ598」はおみやげにもぴったり。

⏰ 10:00〜17:00　🈳 無休

食堂いち

風マチビルヂング2階にある食堂。「ゆる焼き鮭定食」「炭焼きハンバー」など素材にこだわった彩りもきれいな7種類の定食を用意。

⏰ 10:00〜15:00　🈳 火

ハレとケ洋菓子店内で100日間だけオープンするかき氷の店。木苺、抹茶、くるみなど粉の定番3種と季節限定が登場。

⏰ 6月下旬から9月下旬の11:00〜17:30期間中無休

森乃百日氷

日帰りの場合は定山渓スポーツ公園無料駐車場（50台）を利用しよう。駐車場からかっぱ家族の願かけ手湯へは徒歩5分。

日本一となった水質
支笏湖 *Shikotsuko*

支笏湖への行き方
新千歳空港バスターミナルから支笏湖行きバスで55分、終点下車すぐ

Map P.193-B3

札幌から気軽に行くことのできるネイチャースポット。青い水は環境省の水質調査で日本一になったことも。アクティビティや名物グルメも楽しめる。

こんな人にオススメ!
湖と山々の風景に癒やされたい

支笏湖
しこつこ

約4万年前に起きた火山活動によってできた周囲約40kmのカルデラ湖。最大水深は363mあり、「支笏湖ブルー」と呼ばれる美しい青色の輝きが見られる。

🏠 千歳市支笏湖温泉
🅿 支笏湖駐車場利用（有料）

スワンのペダルボートもある!

モデルPlan
1 支笏湖ビジターセンター
　↓徒歩3分
2 湖畔園地
　↓徒歩すぐ
3 支笏湖観光船
　↓徒歩3分
4 御食事処 寿

支笏湖ブルーを体験 カヌー体験レポ

所要…約90分
料金…7700円
ネイチャークルージング1人（3月1日〜10月28日）
予約…当日でも空きがあれば参加可能

point
2隻のカヌーがジョイントしているため安定性がある。靴はかかとのあるサンダルか防水性のアウトドアシューズで。服装は長袖がベスト

支笏湖の美しさを体感してください

支笏湖ガイドハウス
かのあ

カヌーやトレッキングのツアーを開催。北海道出身のガイドがいろいろな角度から自然を案内してくれる。

Map P.85 支笏湖

☎予約は公式ウェブサイトより
🕗8:50〜17:30 休不定休 料ネイチャークルージング7700円

Start

ショップの前でレクチャーを受ける

支笏湖の湖畔からスタート

水中をのぞくと水草が草原のよう

千歳川の流れに乗ってゆっくり進む

カヌーから見上げる山線鉄橋

木陰でひと休み。水温が低く倒木が腐らない

風が穏やかだったら支笏湖へも

✉ 支笏湖でのアクティビティは数社が開催していて、クリアカヌーやSUPなどもあります。（札幌市・ゆみ）

水草が揺れる美しい千歳川

支笏湖をおさんぽ

1

支笏湖の情報発信基地

支笏湖ビジターセンター

シコツコビジターセンター

支笏湖のヒメマスも！

支笏湖でまず寄りたい場所。支笏湖を取り巻く火山の様子や、支笏湖周辺に生息する生き物の生態、湖の中の世界などを模型や大型写真、映像で魅力的に紹介。

Map P.85 支笏湖

🏠 千歳市支笏湖温泉番外地 ☎0123-25-2404 ◗9:00〜17:30（12〜3月は9:30〜16:30）🈺無休（12〜3月は火曜、祝日の場合は翌日）🈯入館無料 🚌バス停支笏湖から徒歩2分

湖底に広がる柱状節理

透明度が高く湖底まで見えるところも

2

湖畔から支笏湖を眺める

湖畔園地

コハンエンチ

支笏湖商店街から湖畔に降りたところが湖畔園地として整備されている。赤い山線鉄橋はかつての王子軽便鉄道の遺構。鉄橋からは支笏湖から流れ出す美しい千歳川が眺められる。

Map P.85 支笏湖

☎0123-25-2404（支笏湖ビジターセンター）◗見学自由 🚌バス停支笏湖から徒歩3分

日本一となった水質　支笏湖

支笏湖のブルーに映える赤い橋

支笏湖
Shikotsuko

支笏湖ガイドハウス
かのあ

ペンネンノルデ

スイーツショップ
パティシエ・ラボ

P.85 御食事処 寿

4

支笏湖ビジター
センター **1** **2**

支笏湖観光船 **3**

山線鉄橋　湖畔橋

N 千歳市　0 100m

3

支笏湖ブルーの世界に入れる

支笏湖観光船

シコツコカンコウセン

船底の水深2mの位置に16の窓があり、湖底を眺めることができる半潜水船。湖底の柱状節理の地形や湖を泳ぐ魚、船上からは支笏湖のパノラマを堪能できる。

Map P.85 支笏湖

☎0123-25-2031 ◗4月中旬〜11月上旬の9:00〜17:00（30分ごとに運航。季節により変動あり）🈺期間中無休 🈯乗船料2000円 🚌バス停支笏湖から徒歩3分

チップちらし 2200円

Map P.85 支笏湖

☎0123-25-2642 ◗4月中旬〜11月中旬の10:30〜15:00 🈺水 🚌バス停支笏湖から徒歩3分

4

支笏湖名物
ヒメマスを味わう

御食事処　寿

オショクジドコロ コトブキ

ヒメマスは湖で一生を過ごすベニザケ。アイヌ語由来のチップと呼ばれている。漁期は6〜8月で、脂がのった身を刺身や寿司で味わえる。

きれいなサーモンピンクのヒメマス

絶景を楽しんだら湖畔のカフェでひと休み

CAFE

1.

自家焙煎のコーヒーとマフィン

ペンネンノルデ

コーヒーの香りがただようウッディな店内。手作りマフィンはオーガニックフルーツなどを使い、乳製品や卵は不使用。季節限定品も登場。

Map P.85 支笏湖

☎0123-25-4020 ◗11:00〜17:00 🈺不定休

1. 国産レモンと自家製レモンカードのマフィン410円　2. 道産有機小麦粉のキャロットケーキ480円（季節限定）

樽前山の溶岩ドームをイメージしたシュークリーム TARUMAE 320円

支笏湖をイメージしたスイーツ

スイーツショップ

パティシエ・ラボ

北海道産の食材を最大限使用して、パティシエが手がける本格スイーツ。コーヒー300円と一緒に、外のテラスで食べることもできる。

Map P.85 支笏湖

☎0123-25-2211（しこつ湖鶴雅リゾートスパ水の謌）◗9:00〜17:00 🈺無休

厳冬期の2月に開催される「支笏湖氷濤まつり」では巨大な氷のオブジェが出現。夜はライトアップされて幻想的。

ジオパークの大自然広がる

洞爺湖 Toyako

支笏洞爺国立公園、および洞爺湖有珠山ジオパークに登録されている洞爺湖。生きている自然と変化に富んだ地形を眺めよう！

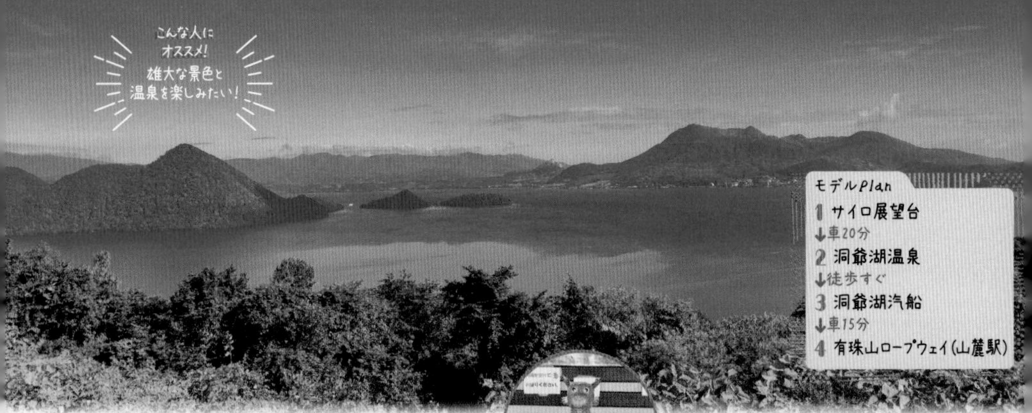

洞爺湖
とうやこ

洞爺湖は洞爺湖町と壮瞥町の間に横たわるカルデラ湖。東西約11km、南北約9kmの大きさで中央に中島が浮かぶ。観光の拠点は南湖畔にある洞爺湖温泉。

洞爺湖町洞爺湖温泉

札幌から車で2時間30分

Map P.192-C2

洞爺湖への行き方

JR札幌駅からJR特急でJR洞爺駅まで1時間56分　バスは札幌駅前から洞爺湖温泉行き（予約制）で2時間45分

こんな人にオススメ！
雄大な景色と温泉を楽しみたい！

モデルPlan
1 サイロ展望台
↓車20分
2 洞爺湖温泉
↓徒歩すぐ
3 洞爺湖汽船
↓車15分
4 有珠山ロープウェイ（山麓駅）

洞爺湖をドライブ

1 サイロ展望台
TOYAのオブジェが人気
サイロテンボウダイ

洞爺湖の北西にある展望スポット。高さ約300mのカルデラ壁の上にあり、眼下に洞爺湖と中島、有珠山や昭和新山が大パノラマで眺められる。

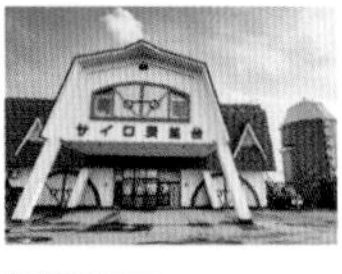

Map P.87 洞爺湖

洞爺湖町成香3-5
0142-87-2221　8:30～18:00（11～4月は～17:00。売店は10:00～）
不定休　洞爺湖温泉バスターミナルから車で約10分
50台

展望台にあるコンテナを利用したCafe balher

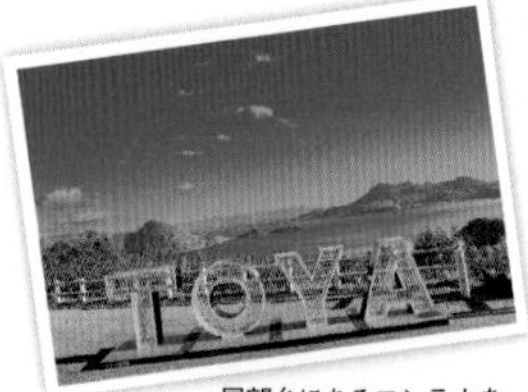

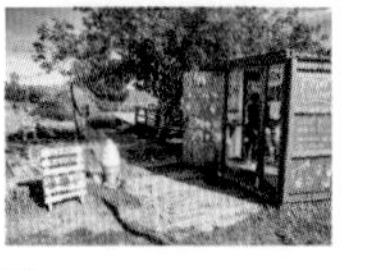

洞爺湖温泉にある岡田屋の白いお汁粉コラボのサンデー

龍の口からお湯が出る「洞龍の湯」

手湯の「薬師の湯」。温泉占いの絵馬みくじを販売

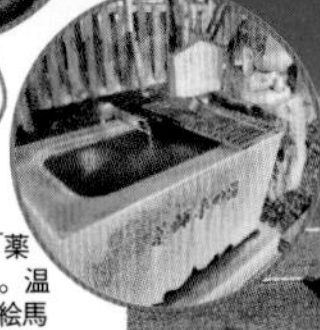

洞爺湖の湖畔にあるフォトスポット

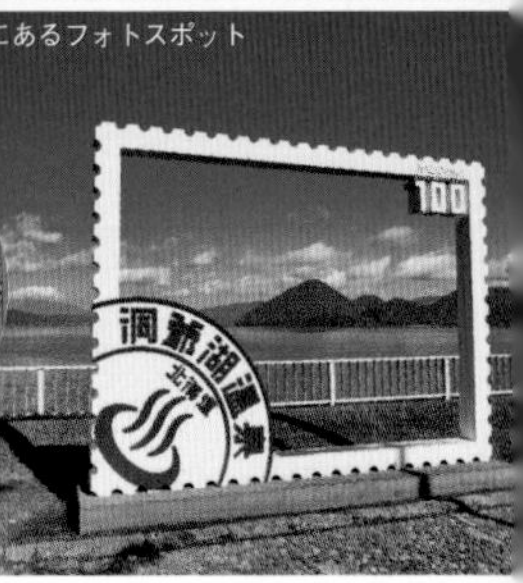

2 洞爺湖温泉
湖畔散策や手湯・足湯巡りを
トウヤコオンセン

Map P.87 洞爺湖

洞爺湖町洞爺湖温泉　0142-75-2446
（洞爺湖温泉観光協会）

洞爺湖の南側湖畔に位置する温泉地。12本の源泉井戸からくみ上げる温泉を利用した宿が建ち並ぶ。エリア内に10ヵ所の手湯、2ヵ所の足湯がある。

湖畔のアートを巡ってみよう

とうや湖ぐるっと彫刻公園

「人と自然がふれあう野外彫刻公園」として、洞爺湖の湖畔に全部で58基の彫刻を設置。石やブロンズ、鉄製など個性のある作品が点在している。

高さが3mの「月の光」（イゴール・ミトライ）

サイロ展望台から洞爺湖温泉に向かう途中にあるレークヒル・ファームでは、牧場のフレッシュミルクのジェラートが人気。（札幌市・じゅん）

3. 洞爺湖汽船

中島に向かって絶景クルーズ

トウヤコキセン

洞爺湖を遊覧する観光船。デッキから洞爺湖と有珠山、羊蹄山の展望を楽しめる。夜は花火鑑賞船も運航。お城のような「エスポアール」ほか2隻の船がある。

Map P.87　洞爺湖

🏠 洞爺湖町洞爺湖温泉
☎0142-75-2137　🕐8:30〜16:30、運航は30分ごと（冬季は〜16:00、運航は60分ごと）　休無休　料乗船1600円（4月下旬〜10月の花火鑑賞船は1700円）　交洞爺湖温泉バスターミナルから徒歩5分　P150台

スワンボートじゃなくて本物だよ！

雲をかぶった羊蹄山とエスポアール

2022年にリニューアルしたMt.USUテラス

有珠山ロープウェイ

洞爺湖のビュースポット

ウスザンロープウェイ

山麓駅から山頂駅へロープウェイで約6分。山頂のMt.USUテラスからは、目の前に洞爺湖と昭和新山の大パノラマが広がる。

Map P.87　洞爺湖

🏠 壮瞥町昭和新山184-5
☎0142-75-2401　🕐8:15〜17:30（運行は15分ごと。季節により変動）　休無休（点検運休あり）　料往復1800円　交洞爺湖温泉バスターミナルから車で15分　P有料400台

プライベートシートは3席ある

ロープウェイから昭和新山が見える

Café Mt.USUのお山のホットサンドはピザ味とあんバター味あり

うすもに牛乳ソフト

洞爺湖温泉を彩るイベント

夏 ロングラン花火大会

期間 4月28日〜10月31日
時間 20:45〜21:05（20分）

半年もの期間毎晩、湖の上に大輪の花火が打ち上がる。船の上から移動して打ち上げるので温泉街のどこからでも見られる。

冬 洞爺湖温泉 イルミネーショントンネル

期間 11〜4月
時間 18:00〜22:00

約40万球のLEDが冬の温泉街を幻想的に彩る。全長70mのイルミネーショントンネルと、直径約9mの光のドームが登場。

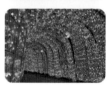

中島

洞爺湖の真ん中に浮かぶ大島と弁天島・観音島・饅頭島の4つの島の総称。上陸できる大島には中島・湖の森博物館や1周7.6kmのフットパスが整備されている。

0　3km

洞爺湖町

洞爺湖芸術館
とうや・水の駅
浮見堂
洞爺ガイドセンター
サイロ展望台 ❶
レークヒル・ファーム
仲洞爺温泉 来夢人の家
中島
ハーバルランチ
レイクトーヤランチ
とうや湖ぐるっと彫刻公園
洞爺湖万世閣ホテル レイクサイドテラス P.180
洞爺湖汽船 ❸
わかさいも 洞爺湖本店
洞爺湖温泉 ❷
虻田洞爺湖IC
洞爺湖ビジターセンター 金比羅火口災害遺構散策路
有珠山ロープウェイ ❹
洞爺駅
壮瞥滝・壮瞥公園
道の駅 そうべつ情報館（アイ）
昭和新山
有珠山
昭和新山熊牧場
入江・高砂貝塚 P.39
入江高砂貝塚館 P.39

壮瞥町
伊達市

有珠山ロープウェイ山頂駅から有珠山の火口原を眺めながら外輪遊歩道をトレッキングできる。往復約2時間。

9種類もの泉質の温泉が湧き出している、世界でも珍しい温泉地。源泉地である地獄谷には遊歩道が整備され、散策しながら温泉のエネルギーを体感できる。

🏠登別市登別温泉町
札幌から車で1時間20分 🚗

こんな人に
オススメ!
人気温泉地に
泊まって地獄谷を
歩きたい

登別温泉への行き方

🚃JR札幌駅からJR特急で約1時間10分、登別駅下車 🚌札幌駅前から「高速おんせん号」で1時間40分、登別温泉下車

地獄のような日本屈指の温泉地

登別温泉
Noboribetsuonsen

豊富な湧出量と地獄のような源泉地の風景が人気。地球のエネルギーを間近に感じられるパワースポットだ。

鬼像を探して
歩くのも
楽しいよ

モデルPlan
1 泉源公園
↓徒歩3分
2 登別地獄谷
↓徒歩25分
3 奥の湯
↓徒歩すぐ
4 大湯沼
↓徒歩10分
5 大湯沼川天然足湯
↓徒歩15分(クマ牧場ロープウエイ乗り場)
6 のぼりべつクマ牧場

登別温泉を
おさんぽ

1 間欠泉が吹き出す公園
泉源公園
センゲンコウエン

地獄谷から流れ出す川沿いにあり、約3時間ごとに温泉を吹き出す間欠泉を見に人が集まる。鬼の像や、異なる御利益があるという8本の金棒も。

Map P.89 登別温泉
🏠登別市登別温泉町 ◎見学自由 🚌バス停登別温泉から徒歩7分

ゴーゴーと音を立て温泉が噴き出す

地獄谷にちなんだ鬼達が迎えてくれる

2
地獄のような荒涼とした風景
登別地獄谷
ノボリベツジゴクダニ

地獄谷展望台から長さ約570mの地獄谷遊歩道が整備され、地獄谷巡りができる。あちこちから水蒸気が吹き出し硫黄の臭いが漂う風景はまさに地獄のよう。

Map P.89 登別温泉
🏠登別市登別温泉町 ◎散策自由 🚌バス停登別温泉から徒歩10分 🅿有料160台

登別東ICの出口にある高さ18mの赤鬼像

高さ3.5mの赤鬼立像と身長2.2mの青鬼座像

地獄谷散策

展望台から降りていくと木道が延びている

地獄
ようこそ
地獄へ!

展望台下にある薬師如来にお参り

温泉で眼病が治ったと伝わる

源泉が湧き上がっている様子を見ることができる

特に寒い日は噴気であたりが真っ白に

大湯沼へ向かう途中から山道を上ったところに大湯沼展望台があります。大湯沼と日和山が一望できる穴場です。(札幌市・ゆご)

3 奥の湯
煮えたぎる温泉の沼
オクノユ

かつては硫黄の採掘がされていた

大湯沼から駐車場を挟んだ先にある。湖底から硫黄泉が湧いていて、表面温度は75〜85℃と高温。湯気が漂い、地獄の湯釜が想起されるような風景だ。

Map P.89 登別温泉

🏠登別市登別温泉町　🚶散策自由　🚌バス停登別温泉から車で約10分　🅿有料30台（冬季閉鎖）

グッグッ　グッグッ

噴煙を上げる日和山が目の前に

地獄のような日本屈指の温泉地　登別温泉

大湯沼 オオユヌマ
噴煙を上げる日和山と温泉の沼

Map P.89 登別温泉

山肌から噴煙を上げる標高377mの日和山の麓にある周囲約1kmの沼。湖底から約130℃の硫黄泉が湧いており、泥沼がボコボコと動いている。

🏠登別市登別温泉町　🚶散策自由　🚌バス停登別温泉から車で約10分　🅿有料30台（冬季閉鎖）

地図

④ 大湯沼
★ 奥の湯 ③
★ 大湯沼川天然足湯 ⑤
★ 地獄谷遊歩道
★ 鉄泉池
★ 登別地獄谷 ②
★ からくり閻魔堂
★ 泉源公園 ①
ロープウェイ山麓駅
登別温泉ロープウェイ
Ⓡ 味の大王 登別温泉店
★ のぼりべつクマ牧場 ⑥
ユーカラの里

ヌプリサンペツ川
登別市

0　300m

泉源公園の鬼の金棒

---

5 大湯沼川天然足湯 オオユヌマガワテンネンアシユ
流れる川で足湯を楽しむ

森林浴と温泉の癒やしパワー

大湯沼から約390m、森の中を行くと川の縁に木製のベンチがあり、座って足湯が楽しめる。大湯沼の高温の温泉が冷たい川の水と混ざり、42℃前後のベストな温度に。

Map P.89 登別温泉

🏠登別市登別温泉町　🚶散策自由　🚌大湯沼駐車場から徒歩10分　🅿有料30台（冬季閉鎖）

名物グルメ

地獄ラーメン0丁目900円

味の大王の地獄ラーメン
地獄ラーメンは丁目が増えるごとにスプーン山盛り1杯分の特製唐辛子が加えられる。0丁目がマイルドな辛さでおすすめ。タマネギが味のアクセント。

☎0143-84-2415　🕚11:30〜15:00　不定休　🚌バス停登別温泉から徒歩2分

登別温泉名物！からくり閻魔

地獄行きじゃ

「地獄の審判」の時間になると怒って顔が真っ赤になり、目が光る。地獄の釜にお金を入れると願いがかなうという。

からくり閻魔堂

Map P.89 登別温泉

🏠登別市登別温泉町　🕚上演時間10:00、11:00、13:00、15:00、17:00、20:00、21:00　天候により休止あり　見学無料　🚌バス停登別温泉から徒歩5分

閻魔様の顔変をチェック！

---

6 のぼりべつクマ牧場 ノボリベツクマボクジョウ
ひと足延ばして

ロープウエイでGO！

餌やり体験ではクマの個性に触れられる

登別温泉街にある山麓駅からクマ牧場のある山頂へロープウエイで約7分。約70頭のヒグマを飼育しており、ガラス越しにクマを至近距離で観察できる"ヒトのオリ"も。

Map P.89 登別温泉

🏠登別市登別温泉町224　☎0143-84-2225　🕘9:00〜17:00（10月21日〜4月20日は9:30〜16:30）　無休（4月にロープウエイの点検休業あり）　🚌バス停登別温泉から徒歩6分　有料150台

のぼりべつクマ牧場には、明治初期のアイヌの人々の生活様式を再現した「ユーカラの里（アイヌコタン）」もある。💡

白老でアイヌ文化を体験
ウポポイ（民族共生象徴空間）*Upopoy*

ウポポイは民族共生象徴空間の愛称 国立アイヌ民族博物館と国立民族共生公園でアイヌ民族の歴史と文化に触れられる

Map P.193-C3

ボロト湖と国立民族共生公園の伝統的コタン

白老
しらおい

太平洋と山に囲まれた自然豊かな町。古くからアイヌ民族が暮らしたこの土地に2020年、ウポポイがオープンした。アイヌ文化の発信拠点にもなっている。

ウポポイ
（民族共生象徴空間）
ウポポイ（ミンゾクキョウセイショウチョウクウカン）

「ウポポイ」はアイヌ語で「（おおぜいで）歌うこと」。国立アイヌ民族博物館と、国立民族共生公園、および慰霊施設からなる。ボロト湖の湖畔に近代的な博物館と体験交流ホール、伝統的コタンなどがある。

Map P.193-C3 白老

札幌から車で1時間15分

🏠白老町若草町2-3 ☎0144-82-3914 🕐9:00〜17:00（季節により変動あり。公式ウェブサイトで要確認）⚫月（祝日または休日の場合は翌日以降の平日）💴入場1200円（博物館の特別展示や一部の体験メニューを除く）🚃JR白老駅から徒歩10分 🅿557台

1 アイヌの精神世界と出合う場所
国立アイヌ民族博物館
コクリツアイヌミンゾクハクブツカン

ウポポイの中心的施設。1階にシアターとミュージアムショップ、2階に展示室がある。展示室では「くらし」「歴史」など6つのテーマを、アイヌ民族の視点で紹介している。

1. 近代的な建物。基本展示室では約3万年前から現在までの、アイヌ民族について知ることができる
2. 2階のパノラミックロビーからはボロト湖が一望

博物館の中心にある、樺太アイヌの儀礼で使われる「クマつなぎ杭」（高さ約6m）の復元。アイヌの精神世界が伝わってくる

アイヌ民族の生活に欠かせない代表的な道具

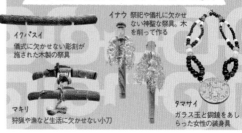

イクパスイ
儀式に欠かせない彫刻が施された木製の祭具

イナウ 祭祀や儀礼に欠かせない神聖な祭具。木を削って作る

タマサイ ガラス玉と銅鏡をあしらった女性の装飾品

マキリ 狩猟や漁など生活に欠かせない小刀

ウポポイのPRキャラクター「トゥレッぽん」はトゥレプ（オオウバユリ）がモチーフ。ショップにかわいいグッズがありますよ。（東京都・M.M.）

上演や体験を通じてアイヌ文化を知る

国立民族共生公園
コクリツミンゾクキョウセイコウエン

MAP

→ 伝統的コタン
→ 工房
→ チキサニ広場
→ チケット売り場
→ エントランス棟
→ 歓迎の広場
→ いざないの回廊

体験交流ホール
体験学習館
ポロト湖

湖畔に点在する体験交流ホール、工房、伝統的コタンなどからなる。上演や体験を通してアイヌ文化を知ることができる体験型フィールドミュージアムだ。エントランス棟にはレストランやカフェもある。

体験交流ホール

アイヌ古式舞踊や楽器演奏などの伝統芸能を上演。アイヌ民族に伝わる物語の短編映像の上映もある。

1. 伝統的な歌と踊り、ムックリ（口琴）の演奏などを見学できる
2. ポロト湖を借景にした客席

工房

工房ではコースター（無料）、あずま袋やマスク（1000円）の刺繍体験ができる。

手刺繍の模様に関する説明も受けられる

伝統的コタン

森の奥にある、かつてのアイヌ民族のチセ（家屋）の再現。チセ内では口承文芸実演や芸能体験を開催。

1. チセが集まりコタン（集落）を形成。屋外でのプログラムもある
2. さまざまな実演から自然と密着した暮らしがわかる

アイヌ料理＆グッズ

Cafe RIMSE
カフェリムセ

ウポポイの入場ゲート前にあるアイヌ料理を味わえるカフェ。ジャガイモを発酵させた伝統食ペネイモのぜんざい600円なども。

☎0144-85-2177
⏰9:00〜17:00（L.O.）、季節により変動　㊡ウポポイ閉園日

チェプオハウセット　1400円
サケの汁物のチェプオハウを中心としたアイヌ料理の定食

Museum shop

博物館1階のミュージアムショップと、エントランス棟の「ニエプイ」でさまざまなオリジナルグッズを販売。

アイヌ文様ルウンペ豆皿
900円

博物館オリジナルのステンレスボトル
300ml2700円

ウポポイの公式ウェブサイトにはペーパークラフト体験のページがある。ダウンロードしてアイヌ語かるたやトゥレッぽん、動物などが作れる。

地元っ子気分でお散歩♪

アートと花の憩いのスポット 創成川公園

札幌中心部の創成川沿い南4条から北1条まで、全長820mの公園。北海道を代表する彫刻家・安田侃の作品をはじめ、個性的な作品を眺めながら散歩を楽しもう。

北2条通

KAMOKAMO STEP

SAPPORO SOUND SOFA

創成川

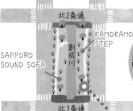

「札幌の木」のライラック

北1条通

SAPPORO SUNDIAL

創成川通り

中央バスターミナル

2nd MOIWA

KAMOKAMO STEP

川の上流にあたる鴨々川を向いている。かつてすすきの方面に果樹園あったことから階段のいちばん上にはリンゴが

時の飛び石

北大通

TAKE KURABE

大通公園（→P.50）さっぽろテレビ塔（→P.51）

スノーリング

創成川公園と大通公園が交わる「まんなか広場」にある円形の橋のオブジェ。東西南北の座標軸の0を示すシンボル

南大通

TIME CAPSULE

バスセンター

札幌建設の地碑

SANCTUARY

アートさんぽ♪

南1条通

天秘

生棒（せいぼう）

安田侃の作品で「人生を支える杖」を表しているといわれる。モニュメントとテレビ塔が撮影できる

三日月湖

創成橋

1910（明治43）年に架けられた石造りのアーチ橋。現存する市内最古の橋で欄干の擬宝珠が特徴的

天秘（てんぴ）

川の左右にあり対になっている。白い大理石を使った安田侃の代表的な作品。座ってくつろげる

SAPPORO CITY CRUISE

南2条通

二条市場

札幌中心部を南北に延びる

創成川公園 ソウセイガワコウエン

創成川は、1866（慶応2）年に開削された約4kmの用水路「大友堀」が前身。札幌始まりの場所で「札幌建設の地碑」が立つ。園内には32種類、200本ものライラックが植えられ5月中旬〜6月上旬にかけて白や紫色の花が見られる。

生誕（せいたん）

安田侃の作品で生まれたばかりの新芽を表現した巨石のモニュメント。表と裏で表情が違う

見えない架け橋

SASABUNE

南3条通

国道36号線

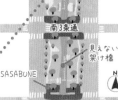

N

Map P.197-A3 札幌

🏠札幌市中央区南4〜北1・東西1
☎011-221-4100（大通公園管理事務所内創成川公園）圓散策自由 🚇地下鉄大通公園駅から徒歩5分 🅿なし

★OTARU

小　樽

歴史ある小樽はレトロな街並みそのものが見どころ。
散歩を楽しみながら、スイーツや小樽ガラスのショッピング♪
絶品ソウルフードや市場の海鮮丼も味わって。

T A R U

O T A R U

小樽タイムトリップさんぽ 歴史とガラスの トキメキの世界へ☆

歴史的建造物が数多く残る小樽。レトロな街並みを歩いて歴史にふれ、ステンドグラスの幻想的な輝きに癒やされよう。

TOTAL 2時間

小樽おさんぽ

TIME TABLE

- 10:00 JR小樽駅
  - ↓ 徒歩8分
- 10:20 旧国鉄手宮線散策路
  - ↓ 徒歩2分
- 10:40 小樽運河
  - ↓ 徒歩2分
- 11:00 小樽芸術村 ステンドグラス美術館
  - ↓ 徒歩5分
- 12:00 堺町通り →P.96

昔はこの鐘で列車の到着を知らせたそう

1 333個のランプが灯るノスタルジックな駅
JR小樽駅 10:00
ジェイアールオタルエキ

駅舎は1934（昭和9）年の竣工。アールデコ様式を取り入れたデザインで、改札の上や正面の入口、駅構内にもたくさんのランプが設置されている。4番線の通称「裕次郎ホーム」など見どころも多い。

Map P.198-B1 小樽
🏠小樽市稲穂2-22
🕐始発から最終列車まで入場可能

1. 駅のホームにもランプが灯る 2.1934（昭和9）年に完成した駅舎。コンコース内の天井の幾何学模様がきれい

History

北海道最大のビジネス街だった小樽の歴史

小樽は江戸時代後期からニシン漁で栄え、明治から昭和初期にかけて北海道の経済の中心を担ってきた。今も大手銀行や商社、倉庫などの歴史的建造物が残り、小樽の魅力となっている。

西洋風の建築物が並ぶ

手宮線跡地 from 1880 to 1985

線路の上を歩いたり写真撮影もOK！

2 線路の上で写真が撮れる！ 10:20
旧国鉄手宮線散策路
キュウコクテツテミヤセンサンサクロ

函館本線の支線として南小樽〜手宮間の2.8kmを結んでいた手宮線。1985（昭和60）年に廃止となった。線路跡のうち約1.6kmが遊歩道として整備され、小樽中心部から小樽市総合博物館へと続いている。

Map P.198-B1 小樽
🏠小樽市手宮〜色内 📞0134-33-1661（小樽国際インフォメーションセンター）🕐散策自由 🚃JR小樽駅から徒歩10分 🅿なし

3 小樽を代表する観光スポット
小樽運河 10:40
オタルウンガ

商業の中心として栄えた小樽で大正時代、物資運搬のために造られた埋立て式の運河。現在は石畳の散策路が整備され、建ち並ぶ倉庫などの歴史的建造物を眺めながら散策が楽しめる。

Map P.198-B2 小樽
🏠小樽市色内 📞0134-33-1661（小樽国際インフォメーションセンター）🕐散策自由 🚃JR小樽駅から徒歩15分 🅿なし

1.浅草橋は橋の上に広場がある記念撮影スポット 2.倉庫群のライトアップは日没〜22:30。ガス灯の点灯は18:00〜24:00（9〜5月は日没〜） 3.2月中旬に開催される冬のイベント。ろうそくが灯るのは17:00〜21:00

小樽運河のベストショットは浅草橋から

夜はライトアップ！

小樽雪あかりの路の舞台にも！

クルーズで運河を巡る

小樽運河に架かる中央橋のたもとを出発し、浅草橋から北運河までをクルーズ。船長の説明を聞きながら、運河沿いの倉庫群を下から眺めることができる。ナイトクルーズも開催。

小樽運河クルーズ

Map P.198-B2 小樽
📞0134-31-1733 🕐運航時間はホームページで要確認 🗓メンテナンスによる運休日あり 💰デイクルーズ1800円、ナイトクルーズ2000円 🚃JR小樽駅から徒歩15分 🅿なし

4 小樽芸術村 ステンドグラス美術館 11:00

カラフルな光に包まれる幻想的な空間

オタルゲイジュツムラ ステンドグラスビジュツカン

実際にイギリスの教会の窓を飾っていた約100点のステンドグラスを展示。木骨石造倉庫の天井いっぱいまで幻想的な光が広がる。19世紀後半〜20世紀初頭のステンドグラスで貴重な作品も多い。

細かい手仕事を近くでじっくり見られます

芸術性の高さに感動

小樽芸術村

大正〜昭和初期に建てられた5つの歴史的建造物を活用。ステンドグラス、国内外の絵画、彫刻、ガラスなど貴重な美術作品に触れられる。

Map P.198-B2 小樽

🏠小樽市色内1-3-1（似鳥美術館）　📞0134-31-1033　⏰9:30〜17:00（11〜4月は10:00〜16:00、最終入館30分前）　🚫第4水（11〜4月は水、祝の場合は翌日）臨時休館あり　💴4館共通券2900円（ステンドグラス美術館1200円、旧三井銀行小樽支店500円、似鳥美術館・西洋美術館各1200円）　🚃JR小樽駅から徒歩8〜15分　🅿契約利用

必見コレクション3

最後の晩餐
制作：1901年頃

イエス・キリストが弟子たちと最後の晩餐を取る有名な題材をステンドグラスで鮮やかに

神とイギリスの栄光
制作：1919年頃

第1次世界大戦の戦勝記念と犠牲者の追悼のために制作。守護聖人が描かれている

種まく人
制作：19世紀末〜20世紀初め

イエスのたとえ話をステンドグラスに描いており「種まく人」はいちばん左の作品

5 堺町通り 12:00

小樽のメインストリートへ

サカイマチドオリ

小樽芸術村から堺町通りまでは徒歩すぐ。入口にある小樽運河ターミナルが通りの出発点だ。

→ P.96

古い建物が並ぶ堺町通りを散策しましょう

小樽おさんぽMAP

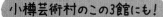

中央通り

JR小樽駅

日銀通り

小樽を歩こう！

旧三井銀行小樽支店

西洋美術館

小樽運河

小樽運河ターミナル

似鳥美術館

＼時間があったら／

小樽芸術村のこの3館にも！

小樽芸術村は上記のステンドグラス美術館と、以下の3館で構成される。いずれも充実の展示内容。

国内外の貴重なコレクション

似鳥美術館
ニトリビジュツカン

円柱の柱に支えられた2階までの吹き抜けにはステンドグラスのコレクションを展示。地下1階から地上4階まで展示室が広がっている。

Map P.198-B2 小樽

🏠小樽市色内1-3-1

1923（大正12）年に建てられた旧北海道拓殖銀行小樽支店を利用

かつての銀行の趣を味わう

旧三井銀行小樽支店
キュウミツイギンコウオタルシテン

外観は石積みの古典的な様式、内部はいたるところに繊細な装飾が施されている。金庫室や応接室などが建設当時のまま残され見学ができる。

Map P.198-B2 小樽

🏠小樽市色内1-3-10

1927（昭和2）年に建てられ、2022年に重要文化財に指定

ガラス工芸品のコレクション

西洋美術館
セイヨウビジュツカン

小樽運河に面した倉庫を改装した館内にはアール・ヌーボー、アール・デコのガラス工芸品や家具、彫刻作品などを展示。ショップもある。

Map P.198-B2 小樽

🏠小樽市色内2-2-14

1925（大正14）年に建てられた旧浪華倉庫が美術館に

小樽芸術村には音声ガイドが用意されている。細かい説明が聞けるので利用するのがおすすめ。

おいしい誘惑に右へ左へ

堺町通り

日銀通りから堺町交差点までの約900mが小樽堺町通り商店街、通称・堺町通り。昭和初期は問屋街だったため、今も木骨石造りの倉庫が並びノスタルジックな雰囲気。通り沿いに約90店舗が並ぶ。

Map P.198-C2

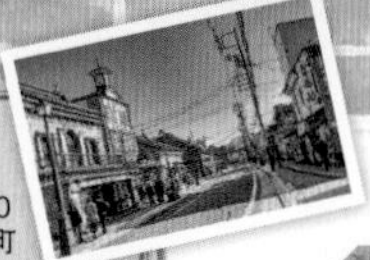

JR
小樽駅
A
創作
硝子工房nico
→P.109
大正硝子館 本店
→P.109
おたる瑠璃
工房運河店
→P.108
大正硝子うつわ屋
→P.108
B
出世前
広場
柳月オタルト店
堺町通り
C
D
北一硝子
三号館
六花亭
小樽運河店
北菓楼
小樽本館
E
堺町
交差点
JR
南小樽駅

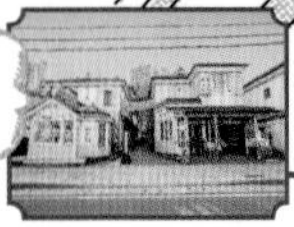

100年超えの建物に商店が集まる

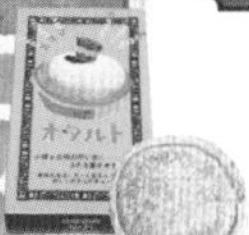

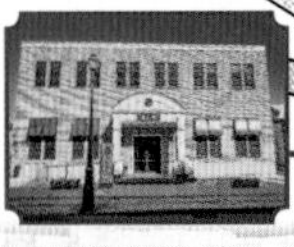

十勝・帯広市発祥の、バウムクーヘン「三方六」で有名な柳月のショップ&カフェ。オタルト2個入り440円は限定商品。

A ひとくちサイズのぱんじゅう 桑田屋本店 クワタヤホンテン

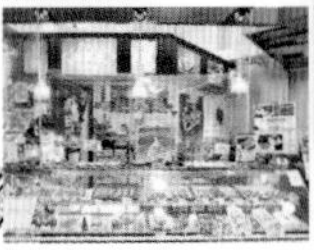

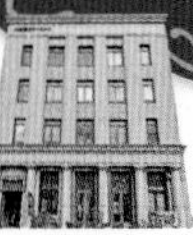

建物は旧三菱銀行小樽支店として1922（大正11）年に竣工。バス乗り場がある

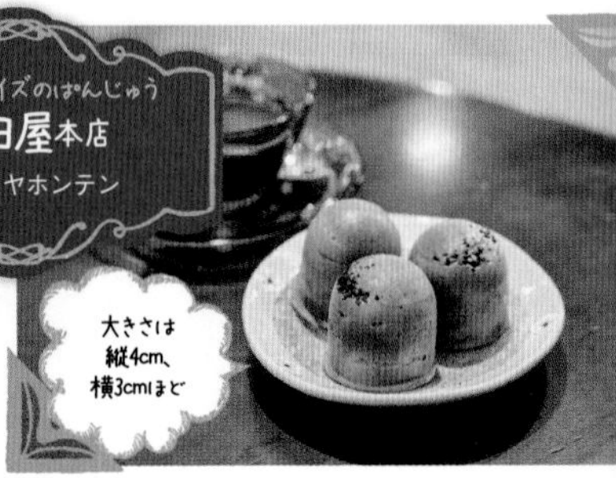

大きさは縦4cm、横3cmほど

ひと口サイズの小樽名物ぱんじゅうの店。定番と季節限定商品を含め8種類以上ある。こし餡、つぶ餡ほかクリームやチーズなど1個120円〜。

Map P.198-B2 小樽

住所 小樽市色内1-1-12 小樽運河ターミナル1F　電話 0134-34-3840　時間 10:00〜18:00（11〜4月は〜17:00）　休 火　交 JR小樽駅から徒歩10分　P なし

B パンロールが名物 かま栄工場直売店 カマエイコウジョウチョクバイテン

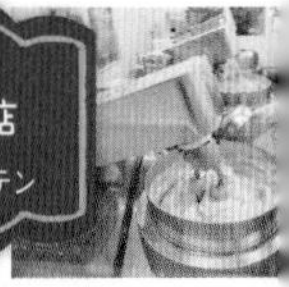

1905（明治38）年創業の老舗かまぼこ店。豊富なラインアップのほか、イートインできるカフェスペースも。ガラス越しに工場見学もできる。

Map P.198-B2 小樽

住所 小樽市堺町3-7
電話 0134-25-5802
時間 9:00〜18:00
休 無休　交 JR小樽駅から徒歩8分　P あり

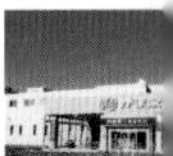

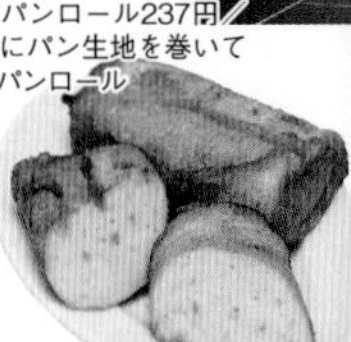

人気のパンロール237円 すり身にパン生地を巻いて揚げたパンロール

C 堺町通りで海鮮丼なら 小樽海鮮丼 あか・あお・きいろ オタルカイセンドンアカ・アオ・キイロ

色鮮やかな魚介類をリーズナブルに楽しめる海鮮丼専門店。注目は全長30cmの海鮮棒寿司。近隣にある兄弟店、「タケダのザンギ」のザンギも提供している。

Map P.198-C2 小樽

住所 小樽市堺町5-25　電話 0134-68-9080
時間 11:00〜16:00（L.O.）　休 不定休
交 JR小樽駅から徒歩15分　P なし

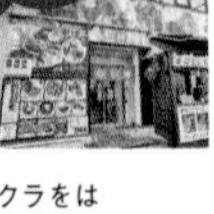

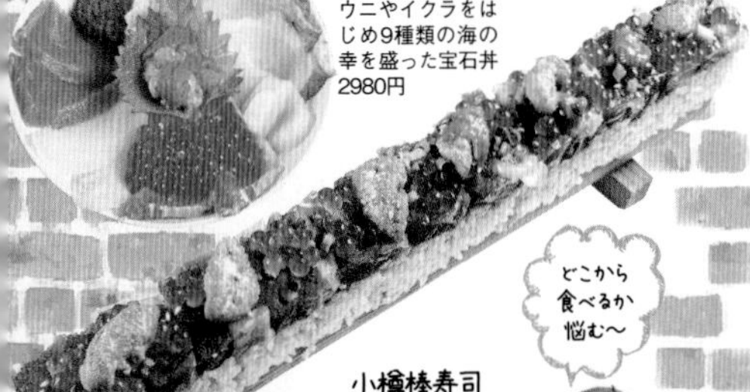

これもオススメ

ウニやイクラをはじめ9種類の海の幸を盛った宝石丼2980円

小樽棒寿司 3980円

ウニ、イクラ、カニ、マグロ、ホタテなどのネタがのった押し寿司。1日5食限定

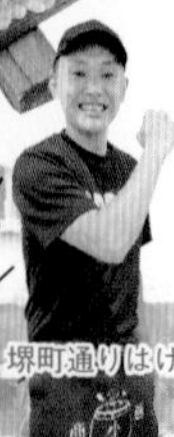

店長は堺町商店街のアイドル「一方通行」のりょうじです

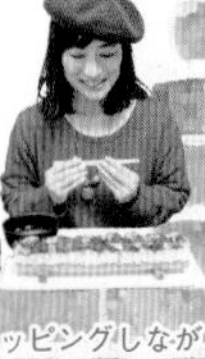

どこから食べるか悩む〜

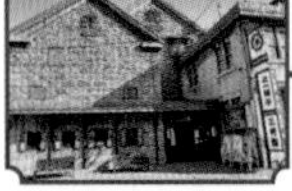

小樽を代表するガラス店。和・洋食器を扱うフロアとランプなどがあるカントリーフロアがある。カフェの北一ホールもここに。

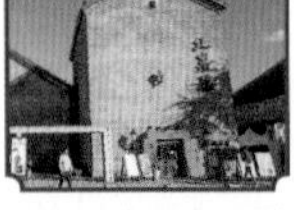

バウムクーヘンと、函館イカや増毛甘エビなどいろいろな味がある「北海道開拓おかき」各490円〜が看板商品。

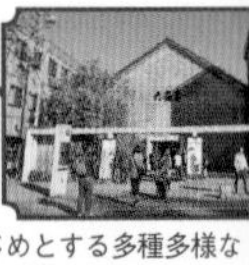

1階では看板商品マルセイバターサンドをはじめとする多種多様な商品を販売。2階はカフェスペースでシュークリーム112円が人気。

堺町通りはけっこう長くて、ショッピングしながら歩いていたら、あっという間に時間が経ってしまい焦りました。（東京都・リン）

堺町通りてくてく食べ歩き♪

小樽のメインストリート、堺町通りはスイーツショップやガラスの店、みやげもの店などが並ぶ商店街。歩くのが楽しい。

完成！
いただきます♡

ルタオのスイーツをカフェで
ルタオパトス

1階はショップ、2階は広々としたカフェになっていてオリジナルのスイーツが楽しめる。体験型スイーツのふわとろフロマージュスフレは3種類から選べる。

Map P.198-C2　小樽

- 🏠 小樽市堺町5-22　☎0120-31-4521
- 🕐 9:00〜18:00（L.O.17:30）　🈳無休
- 🚃 JR南小樽駅から徒歩10分　🅿契約利用

自分で作る体験型スイーツに挑戦！

- ここからスタート！
- たっぷりの生クリームをかける
- 色の濃いソースからかけていく
- フィルムを上に引っ張って取る
- 外からくるくる模様をつける
- 最後は色の薄いトロピカルソース

**ふわとろフロマージュ
スフレ〜パトス〜（ドリンク付き）1870円**

エアリーなフロマージュスフレに北海道産チーズを使用した生クリーム、カシス、ストリベリー、トロピカル、フランボワーズのソースをトッピング

堺町交差点のシンボル

堺町通りの南の端は、通称メルヘン交差点と呼ばれる五叉路。ルタオ本店のほかにこんな目印がある。

常夜灯
明治時代の木製灯台を再現したもの

蒸気時計
高さ5.5ｍ、世界最大の蒸気時計。15分おきに汽笛がメロディーを奏でる

小樽オルゴール堂
大正時代の石造りの建物を利用した日本最大級の品揃えがあるオルゴールショップ

堺町交差点のシンボル的な建物
小樽洋菓子舗ルタオ本店
オタルヨウガシホルタオホンテン

小樽を代表するスイーツショップ、ルタオの本店。1階はショップとテイクアウトコーナー、2階はカフェ、塔の部分は展望台になっている。カフェでは本店限定のセットメニューが人気。

Map P.198-C2　小樽

- 🏠 小樽市堺町7-16　☎0120-31-4521
- 🕐 9:00〜18:00（L.O.17:30）　🈳無休
- 🚃 JR南小樽駅から徒歩5分　🅿契約利用

ルタオって？
LeTAO

チーズケーキのドゥーブルフロマージュが看板商品の、小樽を代表するスイーツショップ。堺町通りに5店舗があり、それぞれテーマごとのオリジナル商品を販売。

**奇跡の口どけ
セット1500円
（ドリンク付き）**

北海道限定ドゥーブルフロマージュと、マスカルボーネチーズを使ったヴェネチア・ランデヴーのセット

CAFE

昭和の面影が残る
インテリアの店内で
雰囲気も一緒に楽しむ

時代の流れを見つめ
てきたシャンデリア **C**

茶紅麗糖 伯福栄

サクランボが懐
かしいいちばん
人気のパフェ

780円 **A**

大正ロマンアイスクリーム

330円 **A**

卵のコクが感じられる、懐かし
いパッケージのカップアイス

顔パフ

モデルは小樽ゆかりの
昭和の大スター

500円 **B**

愛嬌たっぷりのケーキ。
ドリンクセットは900円

100周年記念アイスハーフ&ハーフ

600円

アイスとソフトの両方が食べら
れるお得なセット **A**

館モンブラン

480円

小樽でモンブランといえばチョ
コケーキのこと **C**

マロンコロン

230円

3枚重ねのサクサクサブ
レ。本店には10種類あり

チョコレート

2150円

ていねいに作られたオリジ
ナルのチョコ。10個入り **C**

クリームぜんざい M

780円

米粉のぎゅう肥と十勝小豆の
餡、ソフトクリームが絶妙 **B**

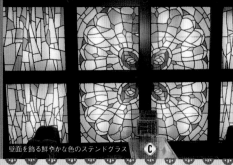

壁面を飾る鮮やかな色のステンドグラス **C**

A ◇ **アイスクリームパーラー美園**
アイスクリームパーラーミソノ

創業1919（大正8）年のパーラー

北海道で最初にアイスクリームを作ったといわれる店。
赤井川村の牛乳に道産ハチミツを加えて作るアイスを
パフェやフロートなどで。

Map P.198-B1 小樽
🏠小樽市稲穂2-12-15
☎0134-22-9043
🕐11:00～17:00（L.O.）
🚫火・水　🚉JR小樽駅から徒歩4分　🅿2台（11
～4月は駐車不可）

B ◇ **小樽あまとう本店**
オタルアマトウホンテン

創業1929（昭和04）年で1960年には洋菓子店に

丸い形の小樽名物の焼き菓子ばんじゅうの販売と食堂
を経て洋菓子店へ。名物のマロンコロンや、喫茶のク
リームぜんざいが名物。

Map P.198-B1 小樽
🏠小樽市稲穂2-16-18
☎0134-22-3942
🕐10:00～18:30（喫茶
12:00～17:00）　🚫木（喫茶は水・木）、ほかに年5回土
曜休みあり　🚉JR小樽駅から徒歩6分　🅿6台

C ◇ **館ブランシェ**
ヤカタブランシェ

1936（昭和11）年創業の老舗洋菓子店

昭和初期から生クリームを使ったケーキを製造してい
た先駆的な存在。チョコケーキのモンブランや昔なが
らのショートケーキが人気。

Map P.198-C1 小樽
🏠小樽市花園1-3-2
☎0134-23-2211
🕐11:00～20:00
🚫水　🚉JR小樽駅から徒歩11分　🅿なし

「館」は2013年に惜しまれつつ一度閉店しましたが、職人たちが建物と味を引き継ぎ館ブランシェとしてリスタート。（小樽市・ミク）

レトロスイーツ♡

かつて商業の中心地として栄えた小樽には、和菓子や洋菓子の老舗が多い。昔懐かしいお菓子や、新しいキュートなスイーツも。

小樽の懐かしレトロスイーツ♡

TAKE OUT

旅のおみやげにするのも、イートインして味わうのも!

りんご飴
見た目もリンゴのような甘酸っぱい味
1袋330円 **D**

シマエナガ練り切り
練り切りのシマエナガだよ
正面と横向きのどちらも食べられないかわいさ
各270円 **F**

どら焼きソフト
人気のどら焼きにソフトをサンド!
430円 **E**

運がっぱねりきり
浮き玉に乗って小樽運河に来たよ
小樽のゆるキャラ「おたる運がっぱ」がモチーフ
270円

だんご各種
黒あん、白あん、抹茶あん、胡麻、正油(イートインは150円)
各120円 **E**

手まり飴
ザラメの付いた大きめサイズの懐かしい飴
1袋330円 **D**

シマエナガ最中
専用の型で作られた最中
中に上品な甘さのつぶ餡と餅が入っている
170円 **F**

シマエナガの和三盆
四国産の和三盆を使用した干菓子。上品で自然な甘さと口溶け
1箱1000円 **F**

ゴマフ大福
おたる水族館の人気者が大福に似ていることから誕生
160円 **E**

ドリンク用セットだんご2本
胡麻と醤油の名コンビ 煎茶(ポット)500円
250円 **E**

D 1918(大正7)年創業の飴屋さん
飴屋六兵衛 本舗
アメヤロクベエ ホンポ

8代目がのれんを守り、北海道のてんさい糖と小樽の水で手作りする飴。りんご飴やバター飴など10種類ほどがあり、色も形も懐かしい。

Map P.198-B1 小樽
🏠小樽市色内2-4-23
📞0134-22-8690 ⏰9:00～17:00(土は～16:00)
休日・祝 JR小樽駅から徒歩10分 Pなし

E 昭和初期に誕生した花園だんご
小樽新倉屋 花園本店
オタルニイクラヤ ハナゾノホンテン

小樽名物の花園だんごの老舗店。5種類ある花園だんごのほかに、どら焼きや餅菓子などさまざまな和菓子があり、イートインできる。

Map P.198-C1 小樽
🏠小樽市花園1-3-1
📞0134-27-2122
⏰9:30～18:00(カフェスペース利用は9:30～17:00、メニューの注文は11:00～16:00)休無休 JR小樽駅から徒歩10分 P3台

F キュートな練り切りが人気
つくし牧田
ツクシマキタ

美しい上生菓子、干菓子が評判の和菓子店。「シマエナガ」をモチーフにした練り切りや最中があり、SNSでかわいいと話題に。

シマエナガが待ってますよ

Map P.192-A2 小樽
🏠小樽市花園5-7-2
📞0134-27-0813
⏰9:00～17:00
休日・月 JR小樽駅から徒歩20分 P2台

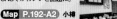

花園だんごの正油は一見みたらし団子のようだが、焼かずに生醤油のたれにつけ込み、さらにゼリー状の醤油だれを付けている。

あんかけ焼きそば

昭和30年代に生まれたという小樽のソウルフード。焼そばの上に、野菜と海鮮のあんがたっぷりかかっている。

リズミカルに鍋を振る店主の太田友樹さん

これもオススメ！

デカ盛りのあんかけ焼きそば専門店

中華食堂 龍鳳
チュウカショクドウ ホウリュウ

1977（昭和52）年に創業し、現在はロック好きの太田友樹さん親子がのれんを守る。普通盛りがそば2玉というボリュームだが、ハーフの1玉でも注文でき50円引き。

ブラックサバス焼きそば
ハーフ（1玉）1200円
中国の黒いたまり醤油老抽王（ラオチョウワン）と山椒で味付け

五目あんかけ焼きそば
1人前（2玉）
1300円
鶏肉と豚肉にエビ、ウズラ卵、野菜など16種類もの具材が入ったあんがたっぷり

野菜がたっぷり取れますよ

Map P.198-A1 小樽

🏠小樽市稲穂4-4-9
☎0134-23-9918
🕚11:00～スープ切れ次第終了 🈹木 🚉JR小樽駅から徒歩8分 🅿6台

OTAR

地元の愛され
小樽ご当地

金融街として発展
港町ならではの
麺や肉料理まで

北海道の地酒も揃う

築120年の古民家を活用

握りのメニュー名は北海道の地名になってるんだよ

大将の宇野賢一さん

小樽寿司

港町小樽は海産物の宝庫。そのため寿司屋が多く、寿司店が集まる「寿司屋通り」があるほど。小樽名物はウニとシャコ、ニシン。

白身
赤身
ボタンエビ
中トロ
サーモン
アワビ
ホタテ
カズノコ
ツブ貝
イクラ
イカ
ウニ

小樽にぎり
12カン3750円
長く一列に盛り付けられどこから食べるか悩んでしまう。ネタの内容は季節により変わる

堺町通りにある古民家の寿司屋

小樽たけの寿司
オタルタケノスシ

人気の海鮮丼は約20種類あり、3種のネタが選べるあいのり丼2700円、13種類のネタがのる海鮮丼特上3550円などが人気。握りも帯広にぎり6カン2300円、札幌にぎり9カンの2550円などから選べる。

Map P.198-C2 小樽

🏠小樽市堺町2-22 ☎0134-25-1505
🕚11:00～21:00
🈹木 🚉JR小樽駅から徒歩15分
🅿なし

✉ 龍鳳にはG.B.H.ことグレイト・ブラボー・ハッピーという辛い調味料がきいた焼そばも。店主の好きなバンドの名前が由来。（大阪府・J.K.）

揚げたての半身揚げは無敵!

若鶏時代なると 本店
ワカドリジダイナルト ホンテン

たれに漬け込んだ若鶏の半身を、時間をかけてカラリとフライに。1957（昭和32）年の創業以来60年以上、伝統の味を守り続けている。ほかにも寿司や洋食までメニューが豊富。

Map P.198-B1 小樽

🏠小樽市稲穂3-16-13 ☎0134-32-3280 🕐11:00～20:30 (L.O.) 🈡無休 🚉JR小樽駅から徒歩5分 🅿21台

半身揚げ

名前のとおり、若鶏の半身をフライにした小樽名物で若鶏時代なるとが発祥。揚げたてのあつあつで皮はパリッ、肉はジューシー。

若鶏定食 1380円

名物の若鶏半身揚げとご飯や味噌汁などが付いた、いちばん人気の定食。半身揚げ単品は1080円

ソウルフード グルメ決定版

した小樽の食文化は、寿司はもちろん、バラエティ豊かだ。

GOURMET

昆布だしでつけだれを割って飲んでみて!

ぷるんとした食感のホルモン

小樽焼肉

小樽の焼肉はホルモンが人気で、さらに食べ終わったあとのつけだれに、だしを加えて飲む"〆スープ"が定番になっている。

ホルモン 440円

手作業でていねいに下処理しているホルモン

くるんと丸まったら食べ頃

さがり 847円

ハラミと同じ牛の横隔膜の部位で、肉質上位ランクの生肉を使用

人気のさがりはまず注文を!

ご当地ワイン&日本酒も!

おたるブランドを展開する
北海道ワイン「おたるワインギャラリー」

国産原料100%の「日本ワイン」を醸造するワイナリー。ブドウを受け入れてからワインになるまでを見学し、受賞ワインをテイスティングできる体験型ツアーが人気。

Map P.192-A2 小樽

🏠小樽市朝里川温泉1-130 ☎0134-34-2187 🕐9:00～17:00 🈡無休 🚉JR小樽築港駅から車で20分 🅿あり

歴史的な木骨石造の建物も必見
田中酒造亀甲蔵
タナカシュゾウ キッコウグラ

1899（明治32）年から酒造りを行ってきた老舗の酒蔵。明治期の石造倉庫を利用した亀甲蔵では代表銘柄「宝川」などのお酒の購入や、通年、酒造りの見学ができる。

Map P.192-A2 小樽

🏠小樽市信香町2-2 ☎0134-21-2390 🕐9:05～17:55 🈡無休 🚉JR南小樽駅から徒歩5分 🅿あり

〆スープ発祥の店として有名
焼肉 三四郎 本店
ヤキニク サンシロウホンテン

1960（昭和35）年に創業した際、女将の一色照子さんが残ったたれをお湯で割ったのが〆スープの始まり。選び抜かれた肉は豚・鶏・牛・羊・馬の各部位があり、サイドメニューも充実。

Map P.198-C1 小樽

🏠小樽市花園1-9-2 ☎0134-32-3991 🕐17:00～翌0:00 🈡JR小樽駅から徒歩11分 🅿商店街提携利用

道内各地で見かける「小樽なると屋」は若鶏時代なるとの3代目がのれん分けした店舗で、半身揚げの味は同じ。小樽駅にもテイクアウトの店がある。

旬を狙って味わおう！ 小樽の魚介

シャコ
5・11月
小樽のシャコは大きくて味が濃い。春と秋の2回、旬がある

ニシン
1〜3月
寒いほど脂がのる。3月のニシンは春告魚（はるつげうお）と呼ばれる風物詩

ウニ
6〜7月
5月中旬から解禁だが、夏が旬。エゾバフンウニとキタムラサキウニが取れる

朝から贅沢な丼に満たされる

朝市食堂
アサイチショクドウ

鱗友朝市の開店とともに朝4時にのれんを上げる。写真付きのメニューには丼がずらり約20種類。定食もあり、新鮮魚介を市場価格で味わえる。

☎0134-24-0668
⏰4:00〜13:30（L.O.・なくなり次第終了。冬季は5:00〜）
🈲不定休

早朝4時から営業！

小樽鱗友朝市
オタルリンユウアサイチ

かつてガンガン部隊と呼ばれた行商人の仕入れ拠点だった市場。その時代の名残で今も早朝4時に開店。海産物の店が中心の約10店舗と2軒の食堂がある。

Map P.192-A1 小樽

🏠小樽市色内3-10-15 ☎0134-22-0257 ⏰4:00〜14:00（頃） 🈲水 🚃JR小樽駅からバスで約10分、手宮下車、徒歩2分 🅿13台

小樽丼
2400円
ウニやイクラ、ホタテの定番にカニや甘エビなど4種類ほどのネタがのる

市民が通うディープなスポット
ローカル市場で海鮮丼！

港町小樽には市民の台所、市場が点在。趣の異なる各市場には食事処や寿司屋があるので、市場直送の海鮮丼をぜひ！

地元ユースの人気の市場

南樽市場
ナンタルイチバ

地元の人が買い物に訪れる市場。特に特売日は大にぎわいだ。鮮魚店9店舗、水産加工品店3店舗のほか精肉店や食料品店などと、飲食店3店舗がある。

Map P.192-A2 小樽

🏠小樽市新富町12-1 ☎0134-23-0722 ⏰9:00〜18:30（店舗により異なる） 🈲日 🚃JR小樽駅からバスで約9分、間宮寺前下車、徒歩2分 🅿90台

海鮮おまかせ丼
2700円
イクラやウニ、甘エビなど魚がてんこ盛り。ダイコンやニンジンで作る飾りがワンポイント

野菜の飾りがイキな計らい

寿司処わさび
スシドコロワサビ

魚屋が並ぶ一角にある。シャリは備長炭で炊き上げたふっくらとした酢飯。握りは上盛合せ1000円から店主おまかせ握り3500円まで5種類。海鮮丼は1700円〜。

☎090-1389-6296
⏰10:00〜17:30（L.O.）
🈲日

🔽 小樽鱗友朝市は早朝4時から営業しているので、新潟からのフェリーで小樽に到着したらまず海鮮丼を食べに行きます。（新潟県・ケイ）

商店街のような長い市場
小樽中央市場
オタルチュウオウイチバ

1955年前後に建てられた小樽で最も古い市場。細長い3棟からなり、いわゆる市場的な店舗は少ないが、リノベーションしてオープンしたカフェやバーがある。

Map P.198-B1 小樽

🏠小樽市稲穂3-11-2
☎0134-22-5384
⏰9:00〜18:00（店により異なる）
🚃JR小樽駅から徒歩3分

小樽海鮮丼ガンガン亭
オタルカイセンドンガンガンテイ

昭和の時代に行商人を「ガンガン部隊」と呼んでいたことが店名の由来。通路の両側に店がある。好きなネタが4品選べるお好み丼3000円も人気。

☎080-8012-4876
⏰11:00〜15:00（早じまいあり）
🗓月

縦書き：ローカル市場で海鮮丼！

ガンガン丼 2700円
いちばん人気の丼でボタンエビやウニ、イクラなど旬のネタ満載のオールスター

目移りする豊富なメニュー
おたる佐藤食堂
オタルサトウショクドウ

刺身用と寿司用の醤油があります

新鮮なネタの海鮮丼はもちろん、カレーやトンカツまで50種類以上のメニューがあり、いずれも良心的な価格で地元客に人気。本日のメニューも要チェック。

☎090-1308-2385
⏰11:00〜14:00（土・日・祝10:00〜15:00）
🗓水

店長おすすめ散らし 2600円
ヒラメ、中トロ、トロ、イクラ、ウニ、ボタンエビなどがのる

小樽三角市場
オタルサンカクイチバ

JR小樽駅から徒歩2分の場所にある小さな市場。名前の由来は土地と屋根が三角形だから。長さ200mの通路の両側に16店舗と食事処6軒があり、観光客に人気。

Map P.198-B1 小樽

🏠小樽市稲穂3-10-16
☎0134-23-2446 🗓JR小樽駅から徒歩3分 🗓無休

日曜も営業していて便利
新南樽市場
シンナンタルイチバ

南樽市場から派生して1999年に新築したビルで開業。整備されていて買い物がしやすい。鮮魚店・海産加工品店10店舗のほか総菜や衣料品店まで多彩。

Map P.192-A2 小樽

🏠小樽市築港8-11
☎0134-27-5068 ⏰9:00〜（店舗により異なる）
🗓火 🚃JR南小樽駅から徒歩15分 🅿120台

北のどんぶり屋 滝波食堂
キタノドンブリヤ タキナミショクドウ

海産物を扱う滝波商店が経営する海鮮丼がメインの食堂。10種類の魚介から3〜4種類が選べる「わがまま丼」のほか、定番のカニやイクラ丼、焼き魚定食なども。

☎0134-23-1426
⏰8:00〜17:00
🗓無休

元祖わがまま丼 2200円〜
丼の大きさ、白米か酢飯、ネタは10種類のなかから3〜4種類を選べる

小樽の市場には鮮魚か海産加工品だけでなく野菜、肉、総菜などあらゆるものが売っている。おすすめは揚げたての小樽名物かまぼこ。

神秘的なブルーのパワスポ
話題の青の洞窟クルーズレポ

道内唯一の海域公園地区に指定されているエリアで、海岸線ではダイナミックな
景観が見られる。断崖に開いたトンネルは神秘的な青の世界だ。

所要 ………… 約60分
料金 … 乗船5500円
予約 ………… 要予約

Point
特に用意するものはないが、
船上は風があって寒い場合
もあるのでウインドブレー
カーなどを用意しよう。

振り返ると
ゴジラの顔が
浮かび上がる！

青の洞窟
断崖が続くオタモイ
海岸にあるトンネル
状の洞窟で入口は幅
8m、高さ10m、出
口は幅6m、高さ5m
ほど。

GAOoo-!

船でゆっくり見られるので
スマホでの撮影もOK

透明度の高い海水が太陽の
光を受けてエメラルドグ
リーンに輝く ④

透明な海をのぞける
グラスボート

船の底の部分がガラスで
できていて、水槽をのぞ
き込むように海底を眺め
られるグラスボート。透
明度の高い青い海の中の
世界を楽しめる。青の洞
窟へのクルーズは何社か
が運航しているが、グラ
スボートはここだけ。

グラスボートで青の洞窟へ！
Otaru Glass Boat
オタルグラスボート

生まれ育った
小樽の海を
案内します
（船長）

青の洞窟クルーズのなかで唯一のグラ
スボート。祝津マリーナの乗り場から
出航。オタモイ海岸までの距離が小樽
港発より近いので、途中で水中をのぞ
いたり、ゆっくりクルーズが楽しめる。

Map P.192-A2 小樽

🏠小樽市祝津3-197　📞090-7621-1092
（営業は8:30～17:30）　◆4月下旬～10月上
旬の9:00～17:30（1時間30分おきに運航）
🈺期間中無休　🚌JR小樽駅からおたる水族館
行きバスで25分、終点下車、徒歩2分　🅿️あり

青の洞窟クルーズMAP

山中海岸　祝津

② ①
⑧ ⑨
④ ⑤ ⑥ ⑦
③

祝津マリーナにはマリーナ食堂があり海鮮丼や鰊蕎麦などが食べられますよ。(小樽市・U.Y.)

話題の青の洞窟クルーズレポ

青の洞窟クルーズに乗船！

どんな風景が見られるかお楽しみに

START!

高島岬の灯台と鰊御殿が見える♪

① 祝津岬 高島岬の灯台と、赤い屋根が小樽市鰊御殿

子供の頃はこのあたりでよく泳いだんですよ

② トド岩 500m沖にある高さ22mの岩。冬はトドの群れが上陸するそう

光が水中に差し込んで幻想的な青さになります

④ 青の洞窟 いよいよ青の洞窟へ。入口がふたつあり通り抜けることができる

窓から向こう側がのぞけますよ

③ 窓岩 浸食された海岸線にあるトンネル状の穴

海と奇岩の絶景が続きます

⑤ オタモイ海岸 一帯は北海道で唯一、海域公園地区「ニセコ積丹小樽海岸国定公園」に指定

⑦ 熊岩 いろいろな形の奇岩があり、これは熊のように見える岩

竜宮閣の入口でした

1952（昭和27）年に火災により焼失しました

⑥ オタモイ遊園地跡 かつてここに「竜宮閣」という建物があり、周辺は遊園地や海水浴場としてにぎわったそう

⑧ 赤岩 岩の上には小樽海岸自然探勝路があり、とがった岩でクライミングをする人の姿も

GOAL! 祝津マリーナに到着

時間があったら立ち寄りたい 祝津エリアの見どころ

日本海を望む絶景ポイント
祝津パノラマ展望台 シュクツパノラマテンボウダイ

パノラミックな眺めが楽しめる展望台。海岸に連なる赤岩の険しい断崖、見下ろすとおたる水族館、高島岬の灯台や鰊御殿、遠くに小樽の市街地までもが望める。

Map P.192-A2 小樽
🏠小樽市祝津3 ☎0134-32-4111（小樽市観光振興室）⏰見学自由 🚌バス停おたる水族館から徒歩10分 Ｐあり

ショーが充実、珍しい海獣ショーも
おたる水族館 オタルスイゾクカン

本館1階の大型の回遊水槽、隣接するイルカスタジアムでのショーが人気。海沿いに自然の地形を生かした海獣公園があり、トド、アザラシ、セイウチなどを飼育。

Map P.192-A2 小樽
🏠小樽市祝津3-303 ☎0134-33-1400 ⏰9:00〜17:00（冬季は10:00〜16:00。最終入館30分前。海獣公園は冬期閉鎖）🗓無休（11月下旬〜12月中旬、2月下旬〜3月中旬は休館あり）💴入館1800円 🚌バス停おたる水族館から徒歩5分 Ｐ有料1000台

かつての暮らしがよくわかる
小樽市鰊御殿 オタルシニシンゴデン

江戸時代後期に始まり昭和20年代まで続いたニシン漁。漁の拠点として建てられたのが鰊御殿と呼ばれる豪華な建物だ。小樽市鰊御殿は明治時代に建てられたものを移築。

Map P.192-A2 小樽
🏠小樽市祝津3-228 ☎0134-22-1038 ⏰4月9日〜11月23日の9:00〜17:00（10月17日以降は〜16:00）💴入館300円 🚌バス停おたる水族館から徒歩5分 ※2024年3月現在、工事中のため閉館

青の洞窟へは岸壁に向かって右側から入る。入口付近の水深は9m、湾曲した洞窟の全長は50m、出口付近の水深は6m。カヤックのツアーもある。

小樽天狗山
オタルテングヤマ
気軽に行ける絶景スポット

小樽市街の背後にそびえる標高532.4mの天狗山。山頂からの展望は市街地と海はもとより、増毛連峰の山々や積丹半島の絶景が広がる。夏は展望スポット巡りやアクティビティ、冬はスキーが楽しめる。

Map P.192-A2　小樽

🏠小樽市天狗山1　🕐見学自由　🚃JR小樽駅から天狗山ロープウエイ行きバスで約20分、終点下車（山頂へはロープウエイ利用）。車はJR小樽駅から35分、山頂駐車場から徒歩5分　🅿200台

小樽市民に親しまれている小樽天
気軽に山頂へ行くことができ、オー

天狗山ロープウエイ
テングヤマロープウエイ
山麓から山頂まで全長735mを約5分で結ぶロープウエイ。6〜12分おきに運行。ゴンドラの窓からの眺めもよい。

☎0134-33-7381　🕘9:00〜20:00（季節により変動）　🎫往復1600円（片道960円）

圧倒的なパノラマ絶景！夜景も見てみたいな

TENGUUテラス
幅3.6m、奥行き2mのウッドテラスがあり、空中に浮いているようなインフィニティな絶景を満喫！

step 1
天狗山のハイライト
絶景スポット巡り

天狗山山頂には展望スポットが多数あり、いろいろな角度から眺めをとことん堪能できる。お気に入りの展望台を見つけよう！

フォトスポットも！

第一展望台
ロープウエイが眼下に眺められる展望台。前方にスキーゲレンデも見渡せる（冬は閉鎖）

第二展望台
小樽の町並みと石狩湾がパノラミックに広がる絶景ポイント

屋上展望台
ロープウエイ山頂駅舎の屋上。いちばん高い場所からの展望を楽しめる

奥沢水源地が眼下に見えます

満天ステージ
岩山にせり出したようなデッキから森や高速道路が眺められる。冬は閉鎖

絶景カフェも！

TENGUU CAFE
ロープウエイ山頂駅内のカフェ。展望を楽しみながらドリンクや軽食を楽しめる。テイクアウトしてTENGUUテラス（右上）でゆっくりするのも。

step 2
かわいいシマリス
に癒やされる♡

山頂駅を出てすぐのところにあるケージにシマリスが飼育されている。餌200円を餌場に置くと、食べに来てくれるかも。

シマリス公園
📅5月25日〜10月14日の10:00〜日没30分前（悪天候時は閉園）　🗓期間中無休　🎫入園無料

TENGUUテラスの名前は「天狗」と「天空」から付けられたそう。Uがひとつ多いスペルに納得。(小樽市・sae)

アクティビティを遊びつくす！

狗山。ロープウエイや徒歩、車でルシーズン、昼も夜も楽しめる。

鼻を触るといいことあるかも

MT.OTARU TENGU

北海道三大夜景のひとつ！
天狗山からは夜景もすばらしく、きらめく街灯りと海のコントラストが美しい

step 3
天狗を見て触ってパワーをもらう！

小樽天狗神社には天狗の由来とされる「猿田彦大神」が祀られている。伊勢の猿田彦神社から分霊を賜った。物事がよい方向に向かうよう祈ろう。

鼻なで天狗さん
鼻を触ると魔よけになったり、願い事がかなうといわれる。

奉拝
令和五年九月参日

小樽天狗山神社

小樽天狗山神社
1984（昭和59）年に猿田彦大神を御祭神として創建。交通安全、商売繁盛、学業成就、海上安全、五穀豊穣に御利益があるという。

天狗の館

日本各地に伝わる天狗のお面をエリア別に約700点展示している。特色を見つけるのも楽しい。

北海道・東北のコーナーじゃ

4Stepで小樽天狗山を遊びつくす！

step 4
夏はダイナミックなアクティビティも

4月下旬から夏季営業が始まると、天狗山山頂で絶景を眺めながらのジップラインや熱気球などのアクティビティが開催。

屋上展望台から滑り降りる！

TENGUUジップライン
山頂駅舎から128mのジップラインに吊り下げられて滑空。眼下に広がる街並みの上を滑空するスリル満点のアクティビティ。
- 4月13日〜11月4日の10:00〜17:00
- 期間中無休
- 1回1500円

TENGUU熱気球

ロープウエイ山頂駅付近に係留された熱気球で約30mの高さまで上昇。空中を漂いながら市街地や港を大パノラマで眺められる。
- 5月11日〜10月31日の18:00〜19:00（強風時は運休。当日の運行は17時の天候を考慮し判断）
- 期間中無休
- 1回3200円（飛行時間約5分）

天狗山スライダー
全長約400mのコースをソリに乗って滑り降りる。最高時速40kmと、スピード感がクセになりそう。
- 5月11日〜10月14日の10:00〜17:00（雨天中止）
- 期間中無休
- 1回600円

山頂には小樽スキー資料館があり、日本に初めてスキーを伝えたオーストリア陸軍武官レルヒ少佐の写真やスキーの展示がある。

堺町通りで旅のお宝発掘！小樽ガラスをお持ち帰り♪

歴史的建造物が並ぶ堺町通りにはガラス商品を扱うショップが多数ある。色とりどりの器やアクセサリーを見て歩こう。

ガラスアクセや小物がいろいろ

おたる瑠璃工房 運河店
オタルルリコウボウ ウンガテン

北の国ガラスのヘアゴム
各-715円
北海道の花や生き物をモチーフにしたガラス製品

四葉の小物入れ
5500円
小物を入れても、そのまま飾って置くだけでもステキ

ディアナ
4950円
作家さんこだわりの、さまざまな配色のペンダント

すべて色や大きさが違う一点物！

シマエナガマグネット
各-385円 全12色ある。違うデザインもあって種類豊富

ダルペンダント
3740円
ダルガラスを使用した作家作品のペンダント

ステンドペンダント
各-2970円
作家による世界にひとつだけのペンダント

六角皿 各-3080円
ステンドグラス風の、インテリアにもかわいい小物入れ

小樽のガラス工房の作品をセレクトして販売。アクセサリーや小物などセンスの光るものが見つかる。建物は1887（明治20）年に建てられた小樽市歴史的建造物を活用。

Map P.198-B2 小樽
🏠小樽市堺町1-22 ☎0134-31-5101 🕐9:00～18:00 無休 🚃JR小樽駅から徒歩13分 Ｐ2台

実用的でステキなガラスの器たち

大正硝子うつわ屋
タイショウガラスウツワヤ

ひと皿ひと皿色が違います

小鳥醤油差し
各-3300円
置いておくだけでテーブルが華やぎそう

銀彩器 各-3630円
銀と色ガラスを使った美しい彩りの小皿

豆鉢 各-1320円
ニンジン、ダイコン、ナスをモチーフにした豆鉢

耐熱窯変ガラスマグカップ
各-5500円
耐熱なのでレンジもOKのガラスマグカップ

豆薬味 トリオセット
3850円
豆のさやに小鉢が入ったユニークな薬味皿

大正硝子の数ある店舗のなかで、生活に密着した器をテーマに品揃え。料理を盛り付ける器や調味料入れ、酒器などバラエティに富んでいる。

Map P.198-B2 小樽
🏠小樽市堺町2-10 ☎0134-32-3003 🕐9:00～19:00 無休 🚃JR小樽駅から徒歩10分 なし

✉ 大正硝子館 本店では毎年、干支の置物を販売しています。小さな物で550円～。十二支あるので自分の干支を購入できます。（小樽市・ポン）

小樽ガラスをお持ち帰り♪

小樽ガラスの歴史

小樽では明治時代から漁業用浮き玉やランプなどの製造でガラス産業が盛んに。小樽ガラスの元祖である1903（明治36）年創業の浅原硝子製造所は、現在はカラフルなガラスの浮き玉などを制作・販売。

浅原硝子製造所 アサハラガラスセイゾウジョ

Map P.198-A2 小樽

🏠小樽市天神1-13-20 ☎0134-25-1415
🕙10:00～18:00（体験は～16:00）🈲土・日・祝 🚗JR南小樽駅から車で約5分 Ｐ5台

浮き玉ひび
一輪各2420円

歴史ある建物の小樽ガラス老舗店
大正硝子館 本店
タイショウガラスカン ホンテン

雪だるまぐいのみ
各4070円
耐熱なので熱燗も大丈夫。置物としてもかわいい

氷刻ロックグラス 各2750円
デコボコした形にヒビ入れ加工をしたロックグラス

おとぼけふくろう
大1個4180円
ユニークな表情のフクロウ。飾ってもペーパーウェイトにも

小樽の海のような美しいブルー

雪の器グラス
3850円
創作硝子工房nico（右記）の作品。細かいひび割れが美しい

小樽マリンロックグラス
各4840円
小樽の海を思わせる美しいブルーと気泡が特徴

大正硝子館の本店は1906（明治39）年に建てられた歴史的建造物。小樽市内で製作されたガラス作品を販売しており、店内の雰囲気を楽しみながら商品選びができる。

Map P.198-B2 小樽

🏠小樽市色内1-1-8 ☎0134-32-5101 🕘9:00～17:00 🈲無休 🚃JR小樽駅から徒歩10分 Ｐなし

ガラス体験にチャレンジ！

ガラスの作品作りに挑戦してみるのも。自分だけのオリジナルを作ろう。

吹きガラス体験

溶けたガラスに息を吹き込んでふくらませ、成形する吹きガラス。吹き込む瞬間のワクワクを体験できる。

1

まずはどのぐらいの息を吹き込めばいいか練習

2

炉からどろどろに溶けたガラスを巻いて取り出す

回しながらすーっと息を吹く

3

息を吹き込むとガラスがふくらんでいく

＼完成！／

吹きガラス体験	
グラス	4180円
所要	約20分（1人）
完成品の受け取り	翌々日以降（送料別で発送可）

色や柄はサンプルから選べる

創作硝子工房nico ソウサクガラスコウボウニコ

Map P.198-B2 小樽

🏠小樽市色内1-1-8 ☎0134-32-5101（大正硝子館 本店） 🕙10:00～17:00 🈲要確認 🚃JR小樽駅から徒歩13分 Ｐなし

浅原硝子製造所では吹きガラス体験ができる。浮き玉、浮き玉キャンドル、グラス作りなど。

積丹ブルーの絶景が大渋滞！
積丹半島の神威岬をウオーキング

積丹半島を代表する海と奇岩の絶景スポット。
岬の先端から見える神秘の景色を目指して歩こう！

積丹
ブルーの海！

積丹半島のハイライト
神威岬 カムイミサキ

積丹半島の先端に位置する神威岬は積丹ブルーの海に挟まれた絶景スポット。入口にある女人禁制の門から全長770mの遊歩道「チャレンカの小道」を歩くこと約20分。先端からはさえぎるもののない大展望と、海からそそり立つ神威岩が望める。

Map P.192-A1 　積丹半島

🏠積丹町神岬町／⏰通行8:00～17:30（季節・天候により変動）／🈳無休（冬季閉鎖あり）／💰清掃協力金100円／🚃JR余市駅から車で約1時間／🅿300台

展望広場
神威岬と神威岩が眺められる穴場スポット ⓐ

岩盤
風で削り取られたオブジェのよう ⓑ

自然の
オブジェだ

POINT

日影がないので夏の暑い日は帽子や飲料水を忘れず持っていこう。

POINT

尾根の上に付けられた遊歩道「チャレンカの小道」は起伏があり、階段や鉄柵の滑りやすい所があるので、ウオーキングシューズを履いていくのがおすすめ。

岬の先端まで
歩けます！

✉神威岬の遊歩道の周りには6月、オレンジ色のエゾカンゾウがたくさん咲いてきれいです。（札幌市・うーたん）

神威岬を歩いてみた！▶

所要：往復約40分

S **t** **a** **r** **t!**

1 駐車場にある案内看板からウオーキング開始

2 徒歩7分でかつての名残の女人禁制の門。青い海が望める

遊歩道をてくてく

3 最初は歩きやすい歩道を下っていく。初夏はエゾカンゾウがきれい

積丹半島の神威岬をウオーキング

神威岩

神威岬MAP

⑥ ⑤ ⓑ
④
③
②
ⓐ
①

積丹ブルーソフト480円

カムイ番屋
神威岬の駐車場にあるみやげもの店とレストラン
🕐売店は4月下旬〜10月の10:00〜17:00　🈺期間中無休

積丹牛乳を使用したミント味

右を見ると美しい海に癒される

4 下が見える鉄柵の通路は足がすくむ

エゾバフンウニ　キタムラサキウニ

わざわざ行く価値あり！
6〜8月限定の積丹の ウニ

積丹は夏のウニが有名で、漁期はウニ丼店に朝から大行列ができるほど。天候により取れない日もあり、また漁獲量により値段は変動する。

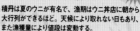

5 白黒の灯台を過ぎると先端はもうすぐ

ウニの食べ比べができる人気店
お食事処 積丹の幸 みさき
オショクジドコロ シャコタンノサチ ミサキ

ウニ漁師が経営する店。ウニの漁期中は店主がその日に取ったウニを提供。生うに丼のほか、活ウニが付いたウニ丼セット5000円（変動あり）もある

左：赤ばふん生ウニ丼7800円〜
右：キタムラサキウニの生うに丼3950円

Map P.192-A1 積丹半島

🏠積丹町日司町236　☎0135-45-6547　🈳4月下旬〜10月の9:00〜15:00（L.O.）　🈺期間中第2・4水曜（臨時休業あり）　🚉JR余市駅から車で50分　🅿25台

神威岩の伝説
積丹にはいくつもの伝説が残る。義経伝説では、義経に思いを寄せたチャレンカが義経を追って神威岬から身を投げ、それが神威岩に化したとされる。

G **o** **a** **l**

6 先端からは海にそそり立つ神威岩が望める

積丹ブルーを間近に見られるスポット

ココもおすすめ！

「日本の渚百選」の美しい海岸
島武意海岸 シマムイカイガン

駐車場からトンネルを抜けると目の前に広がる絶景海岸。階段で海岸まで降りることができ、透明な海とそそり立つ屏風岩の景観が広がる。

ニシンを運ぶために掘られた島武意トンネル

Map P.192-A1 積丹半島

🏠積丹町入舸入舸町　🈳見学自由　🚉JR余市駅から車で約50分　🅿70台

船から絶景と海中を眺める
積丹水中展望船ニューしゃこたん号

美国港を出発し、黄金岬を回り込んでゴメ島や宝島の周囲をクルーズ。船上からは絶景、船内の水中展望室からは青い水の中の世界を眺められる。

Map P.192-A2 積丹半島

🏠積丹町美国町美国漁港内　☎0135-44-2455　🈳4月中旬〜10月下旬の9:00〜16:30（季節により変動）　🈺期間中無休（荒天時運休）　🈯乗船1900円（所要約40分）　🚉JR余市駅から車で約30分　🅿100台

伝説によると酋長の娘・チャレンカが神威岩になってから女性を乗せた船が近づくと転覆したため女人禁制に。女人禁制の門はその名残。

余市 Yoichi

美食家から注目を浴びる
北海道のワイナリー
余市には19のワイナリーがあり
プレミアムな銘柄も余市でなら味わえる

Map P.192-A2 余市

余市 よいち

明治初頭に会津藩氏族が集団入植しリンゴ栽培に着手。以来、温暖な気候を生かした果樹栽培が盛ん。北海道を代表するワイン醸造用ブドウの生産地でもあり、ワイナリーが点在する。

JR小樽駅から電車で約25分 バスで約50分 車で30分

ワイナリーを訪問

キャメルファームワイナリーのブドウ畑。ピノ・ノワールやケルナーなどを栽培

畑を見てワインのテイスティングも

キャメルファーム ワイナリーツアー

所要:約1時間40分
(予定。状況による)

Map P.192-A2 余市

ブドウ畑
広々とした斜面に広がる一枚畑をカートで上り、ブドウ畑でガイドの話を聞く

樹齢約30～40年のブドウの木もあるんですよ

ワイナリーツアーは広大な畑をゴルフカートで巡り、標高80mのヒルトップからはブドウ畑と日本海を一望。ワイナリーではワイン樽やタンクを見学、ツアーのあとはワインのテイスティングができる。

どのワインがお好みですか

エチケットもかわいい

キャメルファームのスパークリング、赤、白

4 テイスティング
ショップ&カフェに戻りテイスティング

2 醸造所
タンクが並ぶ近代的な醸造所

3 ワイン樽 貯蔵庫
樽発酵は白ワインで行われる。年度と品種が書かれた樽が並ぶ

キャメルファームワイナリー

●ワイナリーツアー
🏠余市町登町1408 ●ツアーは公式ウェブサイトから要予約。営業日、料金についてもウェブサイト参照 🚃JR余市駅から車で5分 🅿6台

●ショップ&カフェ
●営業時間、定休日は公式ウェブサイトで要確認

余市最古のワイナリー

余市ワイナリー

余市の契約農家が栽培するブドウで1974年から余市ワインの醸造を始めた歴史あるワイナリー。敷地内にレストランやカフェ、ワインショップがある。

Map P.192-A2

🏠余市町黒川町1318 ☎0135-21-6161 ●ショップ10:00～16:30、工場見学(自由見学)10:00～16:30、レストラン11:30～14:30 (L.O.)、カフェ10:00～16:00 ●火 (1～4月は火・水) 🚃JR余市駅から車で5分 🅿50台

1. ナイヤガラソフトクリーム440円 2. 余市のりんごパイ1個480円 3. ガラス越しに醸造棟と瓶詰貯蔵棟の見学ができる 4. レストランでは余市の食材を使ったピザが人気 5. マルゲリータ1700円

ブドウ畑は四季折々にきれいなので、春と秋など、違う季節に行ってみるのがおすすめです。(小樽市・モカ)

飲めるワイン
余市のドメーヌ・タカヒコ、ドメーヌ・イチ、ヤマダブドウなど

駅チカ ワインを楽しむ

余市や仁木のワインは日本のみならず世界から注目を集めている。入手困難なワインも余市駅周辺で気軽に飲むことができる。

飲めるワイン
登醸造、北海道ワイン、平川ワイナリー、キャメルファーム、ドメーヌ・ブレス

ハーフでいろいろ飲んで

道産仔牛のあっさりテリーヌ（小）750円

余市ブドウを岩見沢で醸造した、余市の豊丘ヴィンヤードのロゼ

おつまみと一緒にどうぞ

週末は昼飲みもできる

Qunpue wine & cafe
クンプウ ワイン アンド カフェ

店名は初夏の風を意味する薫風から。ぬくもりある店内にはカウンターとテーブル席があり、余市ワインや国産ワイン、海外のワインまでグラスで700円〜、プレミアムは1400円〜飲める。ワインに合うおつまみも。

Map P.192-A2 余市

🏠余市町黒川町8-11 1F ☎050-3176-6486 🕐18:00〜21:00（L.O.）、木〜日は13:00〜17:00、19:00〜21:00（L.O.）🈺不定休 🚉JR余市駅から徒歩3分 🅿なし

駅からすぐのワインバー

Y'n ワイン

窒素ガス充てん式専用サーバーで8種類のワインをグラスで飲める。ワインは余市産と仁木産のブドウを使ったもので、千歳や函館のワイナリーのワインも。グラスで550円〜、全種類ハーフサイズも用意。

Map P.192-A2 余市

🏠余市町黒川町8-7 ☎050-8883-8684 🕐14:00〜21:00 🈺月〜木 🚉JR余市駅から徒歩1分 🅿なし

余市駅で余市ワインを有料試飲！

余市駅直結のエルラプラザには観光物産センターと観光案内所があり、試飲コーナーで余市のワインを飲むことができる。専用サーバーには300円と500円のワインがある。

Elra Plaza エルラプラザ

Map P.192-A2 余市

🏠余市町黒川町5-43 ☎0135-22-1515 🕐9:00〜18:00（11月上旬〜4月中旬は9:30〜17:30）🈺11月上旬〜4月中旬は月（祝日の場合は翌月）🚉JR余市駅からすぐ 🅿あり

コインを入れてボタンを押す

300円のワインはレジで専用コインを購入。自分でサーバーから注ぐ

気に入った余市のワインを購入することも

気軽に飲めるので飲み過ぎ注意

余市の名産品を販売。奥にワインのコーナーが

オススメのおつまみ

くるみ燻製 486円

甘えびの燻製 648円

余市産リンゴのアップルパイ 390円

おみやげに人気のYoichiタータングッズ

おいしさがギュッと詰まった
北海道の野菜図鑑

北海道は生産量日本一の野菜の数が国内トップ。広大な土地と朝晩の寒暖差がおいしい野菜を育てる。

全国1位や上位を占める野菜がたくさんある北海道。種類も豊富だ。

野菜

旬 10〜2月

ユリ根
甘味があって大きく、身の締まった北海道産のユリ根は高級品。栽培は4〜9月で旬は10〜2月の冬。

旬 8〜9月

トウモロコシ
北海道では「とうきび」と呼ばれ、糖度が高いのが特徴。さまざまな種類があり、白いピュアホワイトも。

旬 6月

アスパラガス
北海道に春の訪れを告げる野菜。名産地トップ3は名寄、中富良野、美瑛。ホワイトアスパラガスも出回る。

旬 11月

ナガイモ
北海道産ナガイモは全国シェアの約50%を占め、十勝の「川西ながいも」と夕張産が主流。

旬 8〜10月

カボチャ
国産カボチャの約50%以上が北海道産。九重栗南瓜や坊ちゃん、白っぽい雪化粧など種類が豊富。

旬 6〜10月

ブロッコリー
全国シェアの16%以上を占める全国1位の生産量。北海道各地で栽培されるが、釧路や根室などの道東が名産地。

旬 8〜10月

ニンジン
ニセコや富良野地方が名産地。生産量は全国シェア30%以上を占め、ダントツ1位。ジュースなどにも加工される。

旬 9〜4月

タマネギ
北見は日本一のタマネギの産地。代表的な北もみじ、北はやて、札幌黄や赤タマネギなども。

旬 9月

枝豆
大豆を未熟果の青いうちに収穫したもの。栄養価が高く畑の肉といわれる。茶豆や黒豆の枝豆も。

旬 4月

ギョウジャニンニク
アイヌ語で「キトビロ」と呼ばれる、ニンニクやタマネギと同じユリ科ネギ属の多年草。ニンニクのような風味が特徴。

男爵イモから始まったジャガイモは全国の生産量の80%を占める。

旬 8〜10月

ジャガイモ

インカのめざめ
代表的な品種で小ぶりで中は濃い黄色。クリやナッツ、サツマイモのような甘味と味わい。

レッドムーン
メークイン系で紅メークインや紅ジャガイモとも。皮が赤く中は黄色。肉じゃがやシチュー向き。

北あかり
男爵系の品種で芽がほんのり赤い。ホクホクしていてジャガバターやポテトフライ向き。

アンデスレッド
南米アンデス原産の2種を交配。丸型で表皮は薄くて赤く、中は黄色でβカロテンが豊富。

シャドークイーン
楕円形で皮は黒っぽく、果肉は紫色。アントシアニンを多く含む。加熱しても紫色が残る。

和菓子の餡に欠かせない小豆は北海道産が全国の90%以上とトップ。

旬 9〜10月

豆

えりも小豆
小豆の品種で寒さに強く小粒、香りもよく全国の菓子店で使用されている。名前は襟裳岬から。

大豆
豆腐、納豆、煮豆など食卓に欠かせない豆。とよまさりやタマフクラが代表品種。長沼、音更、岩見沢が名産地。

大正金時
大粒のインゲン豆。金時から見つかった大粒の株を大正村(現・帯広市)で増殖したのが名前の由来。

光黒大豆(黒豆)
北海道で栽培されている黒豆で光沢がある。煮ても煮崩れが少なく、蒸しても皮浮きしない。

大手亡(おおてぼう)
白インゲン豆とも呼ばれる。粒の大きさで大手亡、中手亡、小手亡があり、大手亡が主流。

★BIEI
★FURANO

美瑛・富良野

丘風景が広がる美瑛と、花畑で有名な富良野。
どちらも絶景スポットだらけの北海道観光のハイライト！
ファーム体験やクラフト体験も楽しめちゃう♪

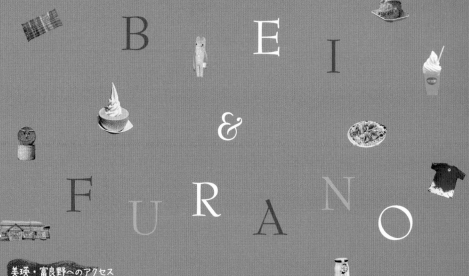

B I E I

&

F U R A N O

美瑛・富良野へのアクセス

🚗 車：旭川空港から美瑛まで約12km（約20分）、美瑛から富良野まで約33km（約45分）

🚃 鉄道：JR旭川駅からJR美瑛駅まで約34分　🚄640円　JR美瑛駅からJR富良野駅まで約43分　🚄750円（JR旭川駅からは🚄1290円）

🚌 バス：旭川空港からラベンダー号でJR美瑛駅まで約15分　🚌380円／JR美瑛駅からJR富良野駅まで約46分　🚌650円
　　（旭川空港からは🚌790円）

115

パッチワークの丘から
虹色のガーデンへ
美瑛の丘で絶景サイクリング

田園風景が広がる美瑛の丘を、風を感じながらサイクリング。
起伏があるので電動アシスト自転車を借りて絶景スポットを目指そう!

丘を上って下りて
爽快に
走り抜けよう!

TOTAL
4時間

美瑛の丘
サイクリング
TIME TABLE

🚃 JR美瑛駅
↓ 徒歩3分
10:00 Rental Cycle Station BIEI HILLSでレンタル
↓ 自転車12分 (約2.5km)
10:30 北西の丘展望公園
↓ 自転車10分 (約1.5km)
10:40 ノンノの小屋
↓ 自転車40分 (約6.5km)
11:40 新栄の丘展望公園
↓ 自転車25分 (約4km)
12:20 展望花畑 四季彩の丘
↓ 自転車40分 (約8km)
14:00 Rental Cycle Station BIEI HILLSで返却

美瑛サイクリングの Point

● 起伏があるので
電動アシスト自転車がおすすめ!
● 畑には絶対入らないように
● 舗装されている道路を走ろう
● 並んで走らないこと
● 交差点では
停止して左右の確認を

---

1 駅チカのレンタサイクルショップ 10:00
Rental Cycle Station BIEI HILLS
レンタサイクルステーションビエイヒルズ

JR美瑛駅からすぐのところにあり、電動アシスト自転車も用意。車で来た場合は駅前の公共駐車場に停めて自転車でスタート。

Map P.199-A3

🏠美瑛町本町1-4 ☎080-3268-1141 ⏰8:00
～日没 休不定休(雨天時、積雪期は利用不可)
料電動アシスト自転車1時間600円～ 🚃JR美瑛駅
から徒歩3分 Ｐ駅前公共駐車場利用

この道は
細いので
気をつけて

1.自転車を借りたらサドルの位置を合わせて
2.注意事項とおすすめコースを教えてくれる

十勝岳と
美瑛の丘の
大展望!

2 パノラマロードの絶景スポット 10:30
北西の丘展望公園
ホクセイノオカテンボウコウエン

駅前から坂道を上り、三角形のピラミッドが見えたら到着。大雪山や十勝岳連峰を望む展望台で観光案内所や写真ギャラリーもある。夏は周囲にラベンダーが咲く。

Map P.199-A3

🏠美瑛町大村大久保協生 ☎0166-92-4378 (美瑛
町観光協会) 見学自由 🚃JR美瑛駅から車で5分
Ｐ30台

東西南北
見られます

1.美瑛岳、十勝岳、富良野岳などが見渡せる
2.ピラミッド型の展望台は2階建て

立ち寄りSpot

イエティのいえ

北西の丘展望公園の道を挟んだ向かいに立つかわいい小屋。ジャージー牛乳のアイスに、自社農場の「100日とうきび」ソースがかかった優しい甘さ。

Map P.199-A3

🏠美瑛町大村大久保協生 ☎0166-
74-8307 (きっちん・ひとさじ) ⏰4
月下旬～10月末の11:00～15:00
休月～木 🚃JR美瑛駅から車で5
分 Ｐあり

1.絵本に出てきそうなアイスクリームの店 2.「ひとさじ農場の100日とうきび」500円

レンタサイクルのBIEI HILLS内のCAFE (11:00オープン) にある北海道牛乳のソフトクリーム450円はイチオシ! (旭川市・vivi)

緑の丘と青い空が気持ちいい♪

美瑛の丘で絶景サイクリング

3 ノンノの小屋 10:40

妖精がすんでいそうな家と大展望

ノンノノコヤ

カフェレストランを併設する洋菓子店、フェルム ラ・テール美瑛の敷地内にオープン。北欧風のかわいらしい建物は、ソフトクリームやパフェのテイクアウト専門店。

Map P.199-A3

🏠美瑛町大村村山 ☎0166-74-4417（フェルム ラ・テール 美瑛）🕐5～9月の10:00～17:00（時季により変動）🈭不定休 🚉JR美瑛駅から車で8分 🅿36台

グラスロールに座ることができます

4 新栄の丘展望公園 11:40

美瑛の丘と赤い屋根の家を望める

シンエイノオカテンボウコウエン

グラスロールの人形が迎えてくれる展望台。丘陵と山岳風景の大展望が楽しめる。駐車場から道を渡った所からは、十勝岳連峰をバックにポツンと立つ赤い屋根の家が見られる。

Map P.199-A3

🏠美瑛町美馬牛新栄 ☎0166-92-4378（美瑛町観光協会）🕐見学自由 🚉JR美瑛駅から車で8分 🅿30台

有名な赤い屋根の家

パッチワークは四季折々に色が変わる

1.美瑛産の木材で造られたぬくもりを感じる小屋
2.美瑛の丘を一望できるロケーション
3.ヤギと触れ合うこともできる

5 展望花畑 四季彩の丘 12:20

丘を染めるカラフルなストライプ

テンボウハナバタケ シキサイノオカ

14ヘクタールという敷地を、帯状に植えられた花が彩る圧巻の花畑。5月上旬～10月上旬にかけてさまざまな花が咲き、最盛期は7～8月。トラクターバスやカートも利用できる。

Map P.199-B3

🏠美瑛町新星第3 ☎0166-95-2758 🕐8:40～17:30（季節により変動）🈭無休 🈷7～9月500円 🚉JR美瑛駅から車で15分 🅿有料300台

ハートがふたつも！

1.カラフルな花のストライプが美しい 2.花畑を巡るトラクターバス 3.アルパカ牧場も併設している（入場500円、餌100円）

美瑛サイクリング MAP

JR北美瑛駅

イエティのいえ

JR美瑛駅

237

JR美馬牛駅

パッチワークの路
美瑛駅の西側は田園風景の中に印象的な木が点在。どこを切り取っても絵画のような風景が広がる

パノラマロード
国道237号の東側は起伏のある丘陵地帯が続き、丘の上の展望スポットからは雄大な景色が見渡せる

モフモフのアルパカ

見たこともない神秘的なブルー
青い池とブルースイーツ♡

太陽の光を受けて青く輝く不思議な池。
青い水と立ち枯れした木々の、絵のような景色にひたろう

美瑛川はその青さからブルーリバーと呼ばれている

どうして神秘的な青色になるの？

青い池は堰き止められた美瑛川の水が溜まったもの。美瑛川にはコロイドという細かい粒子が含まれていて、それが太陽光を散乱させることで青く見えるのだそう。

おすすめの時期と時間帯

太陽の光でより青く見えるため、晴れていて太陽が高い位置にある時間帯がベストタイム。したがって夏がオススメ。ただし混雑するので、午前中の早めの時間を狙おう！

美瑛観光のハイライト
白金 青い池
シロガネ アオイイケ

青い池は、十勝岳の火砕流を防ぐために造られた堰堤に、美瑛川の水がたまってできた池。美瑛川に流れ落ちる「白ひげの滝」（右ページ）の成分によるもので、太陽光が反射すると青く見える。冬はライトアップされ幻想的。

Map P.199-B4 美瑛

🏠美瑛町白金　👁見学自由　🚌JR美瑛駅から車で20分（または白金温泉行きバスで約20分、白金青い池下車、徒歩1分）
🅿有料283台

開催は11〜4月の以下の時間から21:00まで（年末年始は時間延長）11・1月17:00〜、12月16:30〜、2月17:30〜、3月18:00〜、4月18:30〜

感動的なブルー！

ブルースイーツはココで！

11月〜4月

冬は幻想的な
ライトアップイベントを開催

青い池が凍りつく冬はライトアップイベントを開催。色や模様が雪に映し出される照明が約10分でひとつのストーリーを表現。時期によりライトアップのプログラムも変更になる。

冬限定のイベント

青い池の入口
青いグルメにおみやげも
青い池売店
アオイイケバイテン

駐車場と青い池の間にある売店で、青をテーマにしたテイクアウトフードがいろいろ。3種類ある青い池ソフトが人気。

Map P.199-B4 美瑛

☎0166-73-5970　🕐4月下旬〜11月下旬の9:00〜17:00
🈺期間中無休

📩 夏の青い池は観光バスも来て混雑します。太陽が高い昼頃がベストなので団体が去った12時頃がおすすめ。（札幌市・ミミ）

いろんな角度からブルーを楽しむ！ 池のまわりをお散歩♪

1 駐車場から池沿いの散策路に入る

3 柵がないところは池に近づき過ぎないよう

4 終点にあるスロープは小高い展望スポット

2 シラカバの木立の間から見るブルーの世界

4 進むにつれ風景が変わる。美瑛岳も眺められる

青い池と美瑛川の両方が眺められる！

🚗 車で5分

青い池の拠点となる道の駅
道の駅びえい「白金ビルケ」
ミチノエキビエイ「シロガネビルケ」

青い池の手前、車で2分ほどの場所。教会のような建物の中にはインフォメーション、ショップ、アウトドアショップ、ハンバーガーショップなどがある。

Map P.199-B4 美瑛

🏠美瑛町白金 ☎0166-85-6988 ⏰9:00〜18:00（9〜5月は〜17:00）🈁無休 🚃JR美瑛駅から車で20分（または白金温泉行きバスで約18分、道の駅白金ビルケ下車すぐ）🅿229台

サクッとしたサブレに青いチョコレートをコーティング

青い池サブレ 3枚入り 580円

青い池煎餅 5枚入り 300円

青い砂糖をまぶした見た目もインパクト大の煎餅

ご当地モケケ 880円

美瑛限定の青い池モチーフのモケケ

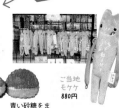

道の駅の隣
小屋のようなかわいい店
BIEI CAFE 小麦畑と青い池
ビエイカフェ コムギバタケトアオイイケ

道の駅の駐車場に面して立つ小さなショップ。サイダーフロートは夕焼け、小麦畑バージョンもあり。

ジャガイモ、小麦、牛乳のいずれも美瑛産を使ったチュロス

びえいじゃが畑のチュロス 380円

元祖 青い池サイダーフロート 480円

美瑛リーダー＜青い池＞にびえい牛乳ソフトクリームをオン！

Map P.199-B4 美瑛

🏠美瑛町白金 ☎0166-94-3131 ⏰5月下旬〜10月下旬の11:00〜15:00（土・日は〜17:00）🈁期間中無休 🅿道の駅びえい「白金ビルケ」と同じ

ひと足延ばして行ってみたい
青い池の始まりの滝

岩の間から染み出て美瑛川に流れ落ちる落差約30mの滝。温泉成分を含み、冬は湯けむりが上がり幻想的。11〜4月は青い池と同じ時間帯、5〜10月は18:00〜21:00の間ライトアップ。

白ひげの滝 シラヒゲノタキ
Map P.199-B4 美瑛

🏠美瑛町白金 👁見学自由 🚃JR美瑛駅から車で25分（または白金温泉行きバスで30分、終点下車、徒歩1分）🅿白金観光センター前

ブルーリバー橋からの美瑛川

白い滝とコバルトブルーの美瑛川が美しい

白ひげの滝がある白金温泉には温泉自慢の宿が数軒ある。美瑛で温泉浴を楽しむならここで宿泊するのも。

旅の思い出に自分だけの宝物
美瑛でクラフト体験に挑戦！

初心者でもOK！

パッチワークの畑が広がる美瑛で手織物と藍染め体験。
美しい風景からインスピレーションを得て、世界にひとつだけの作品を作ろう。

好きな色を使って自由に織る
手織物

たて糸の間によこ糸を通して織っていきます

好きな色や太さの糸を使って織っていく、足踏み式織り機の体験。事前にたて糸が張ってあるので、よこ糸を通して織っていく。窓の外に広がる雄大な風景を眺めながら、手織りの楽しさを体感しよう。

所要時間	約2時間
料金	1500円（手織りちょっと体験）
予約	要予約

POINT
手ぶらで体験できる。材料費は別途1000円前後。個人差があるが、所要時間の2時間で長さ30cmぐらいの敷物を制作できる。

材料
おもに綿素材の手織り糸を使用。ストレート、ループ、段染めなど、さまざまな糸から好きなものを選べる。

1 よこ糸を巻く
糸巻きからスタート！

よこ糸用の糸を選んだら、適度な長さを、管巻き器を使ってボビンに巻き取る

2 織り機の仕組みを学ぶ

足元のペダルを踏み、巻き取ったボビンを入れた舟形シャトルをたて糸の間に通していく

3 よこ糸を通す
ペダルを踏みながら

足元の2本のペダルを右、左と踏みながら、たて糸の間にシャトルを通し織り進める

4 筬（おさ）を寄せる

シャトルを通す→足を踏み替える→筬を手前に寄せるを繰り返し一段ずつ織っていく

5 模様を考える

よこ糸は自由に変えられるので、原毛などを一緒に織り込むとアクセントになる

手織りが気軽に楽しめる
手織屋 雪蟲工房
テオリヤ ユキムシコウボウ

小さな手織りのギャラリー兼工房。手織り体験のほか、タペストリーなどの展示やストール、ランチマット、帽子やアクセサリーなど作品の展示販売もしている。見学だけでもOK。

Map P.199-A3　美瑛

🏠 美瑛町美馬牛北3　☎ 0166-85-7583
🕐 10:00〜16:00　🚫 不定休
🚃 JR美馬牛駅から徒歩5分　🅿 あり

楽しくカッタンコットンしませんか♪

完成！

織り上がったら、両端のたて糸をくくるなど仕上げをしてできあがり！

染織のマジックを楽しむ
藍染め

イメージどおりにできましたね

本格的な藍染め体験ができる工房。柄をイメージしながら準備をするが、染め上がるまでどんな柄になるのか見えないのでより楽しみが増す。Tシャツのほかにも、巾着袋2200円、手ぬぐい3300円、ストール6600円などが染められる。

所要時間	約1時間
料金	6600円 Tシャツ(半袖)(体験料込み)
予約	2日前までに要予約

POINT
染織アイテムはいろいろあり、予約時にフォームから好きなアイテムを選べる。エプロンや手袋は貸してもらえるが、念のため汚れてもいい服装で参加しよう。

材料
染めに使ういろいろな道具

染まる部分と染まらない部分を考えて、ビー玉や輪ゴムなどを使ってデザインする

1 レクチャー

染織の仕組みや方法について説明を聞く

2 染織の準備

準備完了

どのような模様に染めるか考えて準備

3 染液に投入

そっと液に浸して全体に染み込ませる

4 酸化させる

時間をおいて液から引き上げる

最初は緑色だった生地が空気に触れることでだんだんと濃い青に変わっていく

5 縛りを取る

縛っていたゴムを取ると、染まっていない部分が白く浮き上がる

6 待ち時間

水洗い、色止め、脱水をしている間、建物の裏にある「青の丘」へ。美瑛の丘を眺めてひと息

完成！

裾の部分はゴムでぐるぐる巻きに、肩と背中はビー玉を使ってワンポイント

BACK

美瑛の丘にある工房
藍染結の杜
アイゾメユイノモリ

歴史ある染め物屋、水野染工場が営む藍染めの体験工房。藍染め作品を扱うショップと、2階にはカフェも。また裏手の道を行くと「青の丘」に出て、藍染めのベンチに座って美瑛の丘風景を楽しめる。

想像力が刺激される体験ですよ

Map P.199-B3 美瑛

🏠 美瑛町字拓進 ☎ 0166-74-8855 🕐 10:00～16:00の毎時スタート(ショップは10:00～17:00、カフェは～16:30L.O.) 休 水
🚃 JR美瑛駅から車で15分 🅿 30台

SHOP & CAFE

オリジナルの藍染め製品を販売

ショップでは藍染めのストールやTシャツ、小物類などオリジナルの作品を販売。カフェでは藍茶や藍を使ったスイーツも。

おみやげ探しも！

ログハウスで味わう美瑛小麦の自家製麺

自家製パスタ専門店
だぐらすふぁ〜。

ジカセイパスタセンモンテンダグラスファ〜。

\美瑛小麦の/
パスタ

ログハウスのパスタ専門店。美瑛産小麦と卵、オリーブオイルで作るスパゲティ、フィットチーネなどの自家製パスタが味わえる。定番のカルボナーラ1030円や期間限定メニューも。

Map P.199-A3 美瑛

🏠美瑛町美沢美瑛共和
☎0166-92-1806 ⏰4月下旬〜10月下旬の11:30〜14:30（L.O.）
🈺期間中木 🚃JR美瑛駅から車で5分 🅿8台

新じゃが男爵とたらこの
生クリーム1180円
フィットチーネに自家農園の男爵イモ、タラコや生クリームを加えた期間限定パスタ

1. 美瑛産小麦を使って5種類もの生パスタを製造　2. 青い池に向かう途中にあり、店内はウッディな雰囲気

丘を彩る美瑛小麦

7月下旬に収穫する「秋蒔き小麦（きたほなみ、ゆめちから）」と、8月上旬に収穫する「春蒔き小麦（春よ恋）」がある。美瑛小麦の推進委員会があり、そこで認証されると認証店となる。

丘で育った小麦をダイレクトに味わう
"美瑛小麦認証店"の麺&パン

パッチワークの丘風景を構成する農作物のひとつが小麦。
美瑛産小麦を使ったいろいろなメニューを味わってみて。

目の前に丘風景が広がる
かわいいカフェ
あるうのぱいん

Map P.199-A3 美瑛

🏠美瑛町大村村山 ☎0166-92-3229
⏰4月下旬〜10月の11:00〜17:00（なくなり次第終了）🈺期間中木・金
🚃JR美瑛駅から車で7分 🅿10台

美瑛小麦と天然酵母を使って焼き上げる自家製パンが人気のカフェ。手作り感のある店内で、美瑛の丘風景を眺めてゆっくりできる。パンは売り切れ必至なので早めの来店がおすすめ。

\美瑛小麦の/
パン

チーズフォンデュ
セット1600円
くりぬいたパンにチーズがたっぷり。セットのドリンクはベリージュースなどが選べる

📩 美瑛がベストシーズンの7・8月のランチ時はどの店も行列ができます。オープン直後に行くなどピーク時を避けるのが◎。（札幌市・saya）

ふわふわシフォンとコーヒーでひと息
あさひ町珈琲
アサヒマチコーヒー

旭町にある大きな窓が印象的なカフェ。ハンドドリップで入れるコーヒーや天然酵母のパンのほか、牛肉100%ハンバーグ、美瑛ポークなどフードも充実。

Map P.199-A3 美瑛

🏠美瑛町旭町1-1-37 ☎0166-92-5660
🕙10:00～18:00 🈱水・日 🚃JR美瑛駅から徒歩7分 🅿4台

『美瑛小麦の』シフォンケーキ

本日のシフォンケーキ 400円
天然酵母で焼き上げたふわもちのシフォンケーキ。あさひ町ブレンド400円と一緒に

1. 卵を使っていない豆乳と練乳で作った豆乳クリームパン200円 2. シナモンロールや揚げないカレーパンなど

美瑛カレーうどん〈つけ麺〉980円
いちばん人気の美瑛カレーうどんは美瑛のご当地グルメ。うどんをカレーに浸けて食べる。びえい牛乳付き

『美瑛小麦の』うどん

自家製麺が自慢の美瑛ご当地グルメ
ファミリーレストラン だいまる

美瑛のご当地グルメ、美瑛カレーうどんが食べられる店。うどんは美瑛小麦の「きたほなみ」と「春よ恋」をブレンドした自家製。びえい豚の肉に野菜も基本的に美瑛産と美瑛尽くし。

Map P.199-A3 美瑛

🏠美瑛町中町1-7-2 ☎0166-92-3114 🕙11:00～15:00 (L.O.) 🈱水 🚃JR美瑛駅から徒歩5分 🅿15台

新・美瑛カレーうどん〈焼き麺〉1180円
美瑛カレーうどんの焼き麺タイプ。デザートにびえい牛乳の白いプリン付き

美瑛みやげ&テイクアウト
美瑛ブランドが集まる美瑛選果へGO!

美瑛の農産物や、美瑛の食材を使ったオリジナル商品を販売する選果市場、ソフトクリームなどのテイクアウト商品を扱う選果工房、ベーカリーの美瑛小麦工房がある。レストランも併設。

とうきびアイスモナカ

美瑛ブランドの野菜や米が並ぶ

Map P.199-A3 美瑛

🏠美瑛町大町2 ☎0166-92-4400（選果市場）🕙10:00～17:00（時季により変動あり、公式ウェブサイトで要確認）🈱無休 🚃JR美瑛駅から徒歩7分 🅿66台

美瑛の丘風景を構成する農作物は美瑛小麦のほか、ジャガイモ、豆、ビート（甜菜）。毎年違う畑に植えるので、風景も毎年変わる。

カラフルな
フラワーカーペットが広がる
富良野の絶景ガーデン

「花人街道」として親しまれている国道237号線の
上富良野、中富良野、富良野のエリアには花畑が点在し、
特に7月のラベンダーシーズンは観光客でにぎわう。

北海道で最も有名な花畑

ファーム富田　ファームトミタ　所要時間 2時間

北海道を代表する花畑。斜面に広がる13もの花畑からなり、春から秋まで色とりどりの花が咲く。ファーム富田の代名詞ともいえるのがラベンダーで、まるで紫の絨毯のよう。

Map P.199-B3 富良野

🏠 中富良野町基線北15号　☎ 0167-39-3939　🕘 9:00～17:00（施設、季節により変動）　🈳 無休（施設により異なる）　🚃 JRラベンダー畑駅（6月上旬～9月下旬予定）から徒歩7分。またはJR中富良野駅から車で7分　🅿 500台

ラベンダーの絨毯が広がる
倖の畑
さきわいのはたけ

数種類のラベンダーによる紫のグラデーションが広がる。

Best Season
6月下旬～8月上旬
花の数 約100種類

ラベンダーの香りで家でもリラックス

農園のラベンダーは刈り取られ、ドライフラワーやオイルなどに加工される。ショップではオリジナルの製品を多数販売。

シロクマ
ラベンダーサシェを首に下げたシロクマモチーフのぬいぐるみ。2742円

ベアーポプリホルダー
ラベンダーポプリのキーホルダー。1045円

ラベンダーエッセンシャルオイル
ラベンダーから抽出した100％ピュアなオイル。5種類がある。各3ml、990円～

ラベンダー透明石鹸
香りのいい保湿成分入りのソープ。808円

下からも上からも眺めがいい

かんのファーム　所要時間 30分
カンノファーム

美瑛町との境界にあり、国道から畑の彩りが見られる。ラベンダー、サルビア、キンギョソウなどのほか農作物を栽培。雑貨や農産物のショップも。

Map P.199-A3 富良野

🏠 上富良野町西12線北36号　☎ 0167-45-9528　🕘 6月上旬～10月中旬の9:00～17:00（気候や天候により変動）　🈳 期間中無休　🈯 入園無料　🚃 JR美瑛駅から車で10分　🅿 50台

サルビアのハート

空に向かって広がるカラフルな花たち
国道沿いから丘の上に向かって花畑が広がる。丘の上には休憩小屋も

Best Season
7月中旬～8月下旬
花の数 約30種類

▼ ラベンダーには濃紫早咲、おかむらさき、ようてい、白いラベンダーまでいろいろな種類があり、ファーム富田で見ることができました。（中札内村・T.T）

斜面を虹色に染める
ハイライトの花畑！

彩りの畑
いろどりのはたけ

花や麦などの植物がストライプ状に丘を覆う人気の花畑。配列は毎年変わる。

Best Season
7月中旬～下旬
花の数 約7種類

絶景ガーデンMAP

かんのファーム
美馬牛駅
フラワーランドかみふらの
日の出公園ラベンダー園
上富良野駅
西中駅
ラベンダーイースト
ファーム富田
鹿討駅
ラベンダー畑駅（臨時）
中富良野駅
学田駅

花畑と十勝岳連峰の絶景！

眺めのいい
丘の上の花畑

坂を上った先にあり、入口からいきなり花畑と山が！

Best Season
7月中旬～8月下旬
花の数 約15種類

所要時間 1時間

フラワーランドかみふらの
フラワーランドカミフラノ

十勝岳連峰から旭岳までを一望できる広大な花畑。キンギョソウやサルビア、ラベンダーなどさまざまな花が咲き誇る。トラクターバスも運行。

Map P.199-B3 富良野

- 🏠 上富良野町西5線北27号
- ☎ 0167-45-9480 ● 3～11月の9:00～17:00（季節により変動）
- 期間中無休 入園無料
- 🚃 JR上富良野駅から車で10分
- 🅿 100台

見渡す限り続くラベンダー畑

LAVENDER EAST

道や展望台からラベンダーのカーペットを眺められる。
道の両脇に広がるラベンダー畑

Best Season
7月
花の数 約2種類

ラベンダーイースト
ラベンダーイースト

所要時間 30分

7月のみ見ることができる、ファーム富田の香料用のラベンダーを栽培する日本最大級のラベンダー畑。畑内を走るラベンダーバスも運行。

Map P.199-B3 富良野

- 🏠 上富良野町東6線北16号
- ☎ 0167-39-3939 ● 9:30～16:30（開園は7月のみ） 期間中無休
- 入園無料 🚃 JR上富良野駅から車で10分
- 🅿 70台

ラベンダー畑の向こうに街並みが広がる

ラベンダーのなかを散策しよう

山の斜面に広がるラベンダー園で畑の間に散策路がある。

Best Season
7月上旬～下旬
花の数 約20種類

日の出公園ラベンダー園
ヒノデコウエンラベンダーエン

所要時間 1時間

展望台を中心にラベンダー畑が広がり、キャンプ場が隣接している。展望台まで車で行くことができ、7月にはラベンダーの香りを感じながらドライブできる。

Map P.199-B3 富良野

- 🏠 上富良野町東1線北27号
- ☎ 0167-39-4200（上富良野町日の出公園オートキャンプ場） 入園自由 🚃 JR上富良野駅から徒歩15分 🅿 650台

上富良野の絶景や美しいスポットの「かみふらの八景」には、日の出公園ラベンダー園や深山峠などが選出されている。

MO!

豊かな大地を体感する
富良野ファーム体験にチャレンジ！

体験を通して富良野の大地の豊かさを感じてみるのはどう？
バター作りや、ワイナリーの訪問をしてみよう。

筋肉痛になるまで振りまくる！

バター作り＆
チーズ製造見学

所要時間
約40分
料金
バター作り体験 1000円
予約
空きがあれば当日参加可
Point
特に用意して行くものはないので気軽に参加できる。使うのは腕だけ。エプロンは借りられる。

バター作り

黄色い塊がバター

3
さらに振り続けるとバタバタという音に変わり、黄色いバターの姿が見えてくる

バター作りのプロセスは簡単。瓶に入った生クリームを、上下にただ振るだけ。とはいえ、感触や音でバターの塊ができてきたのを見極めて、タイミングよく取り出さなければならない。自分で作ったバターの味は最高だ。

いざ

チャレンジ！

材料
材料は脂肪分47%という濃厚な生クリーム120gと水200ccを合わせたもの

チーズ製造室見学

1階ではチーズ製造の様子をガラス越しに見学できる。この日はモッツァレラチーズを製造

乳搾り体験

2階の直販コーナーにある牛の模型を使った乳搾り体験（1回100円）もできる

自作バターの完成！約60gある。無添加なので早めに食べよう

完成！

BUTTER

1
作り方はカンタン。とにかく力強くビンを上下に振るだけ

2
5分ほどするとだんだん音が変わってきて、乳脂肪分の固まりが見えてくる

4
ガーゼを敷いたボウルにビンの中身を出し、バターを取り出す

7
自分で文字やイラストを描いたラベルを容器に貼ったら終了

6
このままだと無塩バター。塩を少々入れて混ぜると市販のもののようなバターに

5
板の上に置き、木べらで軽くおさえて含まれている水分を押し出す

完成！

おいしいバターができますよ

富良野チーズ工房
フラノチーズコウボウ

チーズ工房、手作り体験工房、アイスミルク工房、ピッツァ工房（→P.128）からなる施設。買い物や食事、敷地内の散策も。

Map P.199-C3 富良野

🏠 富良野市中五区　📞0167-23-1156　🕘9:15～15:15
（午前・午後各3回。11～3月は15:15は休止）　無休
🚃JR富良野駅から車で10分　🅿100台

SHOP

直売店
2階にある直販コーナーではチーズ工房で製造したチーズやバター、お菓子などを販売。ノンホモ低温殺菌のふらの牛乳180ml 140円、800ml 496円

アイスミルク工房
ふらの牛乳から作られるジェラートはホワイト（ミルク）、チーズや季節の果物など約20種類。

できたてチーズソフトクリーム400円

126 ✉ ふらのチーズ工房のチーズ「セピア」は、いかすみパウダー入りの白カビ熟成チーズ。いつもおみやげに買います。（富良野市・ともみ）

\ヤギが暮らすワイナリー/
ワイナリー見学＆ヤギのミルクやり

ワイナリーツアーでは圃場、ヤギの放牧場、仕込み場、醸造所、樽貯蔵庫をガイドの案内で見学できる。申し込みは公式ウェブサイトから。ヤギ牧場が眺められるレストランもあり、ゆっくりできる。

ワイナリー見学

所要時間	
ガイド付きワイナリー見学約30分	
料金	無料
予約	前日まで（当日の場合は電話で）
Point	

ワイナリーツアーはブドウ畑を歩くので、歩きやすい靴で。ガイドが案内する「ヤギの放牧地ツアー」1100円も開催。

ワイン用のブドウ畑の中をお散歩♪

ヤギのミルクやり

ボクもボクも！こっちにもちょうだい

ベルトコンベアーでどんどんブドウが流れてくる

1.ヤギのミルクやり550円。ミルクを持って鈴を鳴らすとヤギが集まってくる。2.ミルクを吸い込む力はけっこう強い 3.ワイン畑の雑草を食べる役割も担っているヤギたち

1.北海道のブドウ栽培は棚ではなくて垣根式なので開放的。下のほうにブドウが実っている 2.運ばれてきたブドウを選別して仕込みタンクへ 3.貯蔵庫で眠るワイン

SHOP & CAFE

ブティック
ショップでは試飲機やカウンターで、ドメーヌレゾンで醸造しているワインを試飲できる。

中富良野ヴィンヤードのブドウを使ったワイン。左からソーヴィニヨンブラン（白）、ツヴァイゲルトレーベ（赤）、ケルナー（白）各3300円

グリル＆農家レストランやぎカフェ
ヤギミルクのスイーツや道産牛肉100％のハンバーグなどを味わえる。

ヤギのミルクを使ったソフトクリーム450円

ヤギミルクのプリン各480円

DOMAINE RAISON
ドメーヌレゾン

中富良野の自社農園や国産のブドウを使ったワインを醸造。カフェ＆レストランとショップを併設。

Map P.199-C3 富良野
🏠中富良野町東1線北4号　☎0167-44-3035
🕐10:00～17:00、ワイナリー見学は公式ウェブサイトで確認、カフェは4月下旬～11月下旬の11:00～16:30（L.O.）
🈺火（11月下旬～4月下旬は火・水）　🚃JR富良野駅から車で5分　Ⓟ20台

ドメーヌレゾンには赤ワイン用のブドウを搾るバスケットプレス機というものがある。希少な機械なので見学時にチェックしよう。

CURRY

地元産の
フレッシュ
野菜

中富良野の契約農家
栽培のお米を使用

お店で手作りしている
ソーセージ

富良野産卵の
ふわふわオムレツは
チーズ入り

富良野の恵みを
召し上がれ！

カレー

富良野の豊かな大地か
チーズなどを使った名
デザートは富良野特産

専用の窯で
焼き上げます

A

オム＋ソーセージカレー
1700円
富良野の食材を余すところな
く使用した自慢のカレーはい
ろいろな組み合わせができ
る。ルーのおかわり無料

B

ピッツァマルゲリータ
1650円
富良野産小麦をブレンド
したピザ生地に、富良野チー
ズ工房のモッツァレラチー
ズをたっぷりオン！

行列：★★★☆☆
オープン前から行列ができる
人気店。午後遅めが狙い目

ルーは富良野産
小麦粉使用、
タマネギほか野菜は
すべて富良野産

BOWL

味もボリュームも大満足

大地の恵みが豊富な富良野はカレーが名物。
ほかにもチーズや肉など、おいしいものがいっぱい！

ピザ

行列：★☆☆☆☆
店内が混んでいたらテイク
アウトして、ガーデン
のテーブルで食べるのも

C

和牛ロースト
ビーフ丼2200円
脂ののったふらの和
牛のサーロインは口
の中でとろける軟ら
かさ。わさび醤油で
いただこう

富良野チーズ工房の
モッツァレラチーズ

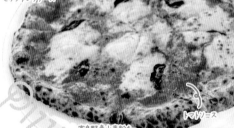

富良野ブランドの
「ふらの和牛」の
サーロイン

行列：★★★☆☆
ランチと夕食時間は予約がおすすめ。
ただし6月中旬〜8月下旬は予約不可

和牛ローストビーフ丼

富良野産小麦粉を
ブレンドした生地

トマトソース

PIZZA

ほとんどが富良野産でできているカレー

唯我独尊
ユイガドクソン

富良野カレーの名店。絶妙なバランスのルー
は、たっぷり使うタマネギの甘みが決め手。
野菜やお米までほとんどが富良野産だ。

Map P.199-C3 富良野

🏠富良野市日の出町11-8　☎0167-23-4784
🕐11:00〜20:30(L.O.)　休月(祝の場合は翌日)
🚃JR富良野駅から徒歩5分　🅿10台

自家製のチーズがたっぷりかかった窯焼きピザ

富良野チーズ工房
フラノチーズコウボウ

富良野チーズ工房併設のピッツァ工房では、
自家製チーズを使った3種類のピザを提供。
1/4サイズ450円から購入できる。

Map P.199-C3 富良野

🏠富良野市中五区　☎0167-23-1156
🕐10:30〜16:00　休無休 (臨時休業あり)
🚃JR富良野駅から車で10分　🅿100台

料理から建物まで話題の富良野名物店

お食事とご宴会の店 くまげら
オショクジトゴエンカイノミセ クマゲラ

十勝岳噴火時の泥流で埋まった木や石などを
使った独特な造りの食事処。富良野産の肉、
牛乳、野菜などの地産地消メニューが揃う。

Map P.199-C3 富良野

🏠富良野市日の出町3-22　☎0167-39-2345
🕐11:30〜22:00 (L.O.21:00)　休水　🚃JR
富良野駅から徒歩5分　🅿40台

 くまげらはテレビドラマ「北の国から」のロケ地になったことで有名です。日本酒やワインのラインアップも充実。(富良野市・ペコ)

物を食べ歩こう
おきグルメはコレ！

ら生まれる野菜や肉、
物グルメを味わって。
のメロンで決まり！

MELON CREAM PUFF

メロンシュー D

メロンシュークリーム
シュー生地の中に北海道生クリーム
を詰め、メロン果肉をトッピング

甘味の強い
富良野産の赤肉メロン

行列：★★☆☆☆
夏は行列が絶えない。
スイーツとソフトクリーム
の店がそれぞれある

スムージースペシャル
メロンスムージーとメロン果
肉、ソフトクリームが一度に
食べられる人気商品　D

オリジナル
ソフトクリーム

ダイスカットの
メロン果肉

完熟赤肉
メロンの
スムージー

SOFT CREAM WITH MELON

SMOOTHIE

富良野に行ったら
メロンでしょ
富良野はメロンの名産地。7〜8月には赤肉・青
肉メロンが出回り、メロンスイーツで味わえる。

メロンスムージー

メロンに合うように
バニラ感を
生かしたソフト

追熟して甘味を
引き出した
ハーフカットメロン

サンタのヒゲ® 1900円〜　E
富良野産の赤肉メロンは7
月下旬がベスト。サイズも
大きく甘味も強い。ソフト
はメロンソフトも選べる

行列：★★★☆☆
ハイシーズンは行列覚
悟だが回転が速いので
それほど待たない

メロンソフト

富良野の食が集まる
フラノマルシェ
道を挟んでフラノマルシェ1と2からなり、さ
まざまなジャンルの17店舗が集まる。

富良野スープカレー
各800円
チキン、ポークなど
全6種類（農産直売
所オーガールで販売）

富良野市場
ドレッシング
270〜324円
富良野産・道産の原
料使用（物産センター
アルジャンで販売）

まぜアイス
500円〜
鉄板で混ぜ合わせ
たアイス（ばすす
とっぷで販売）

じゃがいもドーナツ
中富良野産じゃが
いもが練り込まれ
ている（ドメーヌ
レゾンで販売）

D

富良野メロンをいろいろなスイーツで
とみたメロンハウス
トミタメロンハウス

糖度15度以上の富良野メロンを使ったさまざ
まなオリジナルスイーツが楽しめる。スイー
ツショップとメロン直売所もある。

Map P.199-B3 富良野
🏠中富良野町宮町3-32　☎0167-39-3333
🕐6〜9月の9:00〜17:00　⬜期間中無休
🚃JR中富良野駅から車で5分　🅿300台

E

メロンとソフトの名コンビ
ポプラファーム中富良野本店
ポプラファームナカフラノホンテン

1/4カットサイズもある。見た目にもかわいい
カラフルなボトルドリンクが登場。テイクア
ウトして一緒に写真を撮るのもおすすめ。

Map P.199-B3 富良野
🏠中富良野町東1線北18号　☎0167-44-2033
🕐4月中旬〜10月末の9:00〜17:00（L.O.）　⬜期
間中無休　🚃JR西中駅から徒歩5分　🅿100台

Map P.199-C3 富良野
🏠富良野市幸町13-1　☎0167-22-1001
🕐10:00〜18:00（夏季は〜19:00）　⬜11月11
〜15日　🚃JR富良野駅から徒歩7分　🅿131台

富良野メロンの旬は7月中旬〜8月上旬。赤肉メロンが人気だが、青肉メロンもあり、糖度が高くておいしいと評判。💡

富良野から"なんぷ"を通ってトマムへ
南富良野の注目スポット

Svalbard Café

"なんぷ"の愛称で親しまれている南富良野は、富良野と十勝エリアやトマムを結ぶ中継地。道の駅やおしゃれなカフェが続々とオープンしている話題のエリアだ。

ピザ窯はイタリア製の薪窯です

ほしざわや故郷味
かつさい
おもちカフェ もちはもち
モンベル南富良野店

CAFE seizan
道の駅南ふらの

幾寅駅(幌舞駅)
2024年3月廃線

幌舞駅
HORUMAI STATION

薪窯で焼き上げる本格ピザ

CAFE seizan
カフェ セイザン

道産小麦をブレンドしたナポリピザが自慢の店。白糠産のモッツァレラチーズと寿都産バジル、トマトソースのマルゲリータ1290円をはじめ道産や自家製素材のピザが味わえる。

風力発電で栽培した寿都(すっつ)産の「風のバジル」

映画の中では幌舞駅として登場

レトロでかわいい映画のロケ地「幾寅駅」

1999年に公開された、高倉健が駅長を演じた映画「鉄道員(ぽっぽや)」の舞台。劇中では「幌舞駅」として登場した。駅名標は映画のセットを再現していて在の駅のよう。駅舎には映画の資料を展示している

幾寅駅 イクトラエキ

Map P.190-B2
南富良野

台風の被害で列車の運行のないまま2024年3月末に廃線に。駅舎は残る

Map P.190-B2
南富良野
🏠南富良野町幾寅617-21
☎0167-52-3339
🕐11:00〜15:00、17:00〜21:00
🚫水・木
🚃道の駅南ふらのから徒歩7分 Ⓟ10台

・ジェノベーゼ　1590円
自家製バジルソースにサルシッチャとモッツァレラチーズ。1日10枚限定

駅前広場にはロケセットが保存されている車両も映画に登場している

鶏スープで炊いたご飯に鶏もも肉をオン!

2023年4月にオープンのビューカフェ

Svalbard Café
スヴァールバル カフェ

スタイリッシュな北欧風カフェ。モーニングの時間には餌台にやってくるエゾリスや野鳥を窓越しに観察できる。薪ストーブが置かれた店内からの眺めもいい。メニューは自家焙煎コーヒー付き。

Map P.190-B2
南富良野
🏠南富良野町幾寅260-2
☎0167-56-7810
🕐モーニング6:00〜9:00(L.O.)、ランチ11:00〜14:00(L.O.)
🚫月・火(冬季は月・火・木休)🚃道の駅南ふらのから徒歩10分 Ⓟ10台

タイ風カオマンガイ(スープ&ドリンク付)1350円

窓の外に南富良野の田園風景が広がる

ローストビーフ&ライス(スープ&ドリンク付)1350円
オージービーフのジューシーなローストビーフに卵を絡めて。スープ、コーヒー付き

✉ 幾寅駅に向かって右手に南ふらの情報プラザがあり、鉄道関連のグッズやイラストのポストカードなど販売。(帯広市・non)

南富良野の注目スポット

マストで寄りたい
道の駅を超えた複合商業施設

道の駅南ふらの

道の駅のメイン施設、南ふらの物産センターの隣に2022年、レストランやモンベルストア、6つの店舗の入るフードコートが誕生。建物は南富良野産の木材で建てられている。

Map P.190-B2 南富良野

🏠南富良野町幾寅687 ☎0167-52-2100（南ふらの物産センター）
🕘9:00〜19:00（10〜5月は〜17:00）
🈲無休 🚃JR富良野駅から車で50分
🅿74台

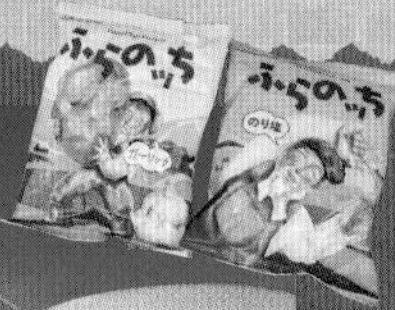

富良野産ジャガイモのポテトチップス「ふらのっち」各170円

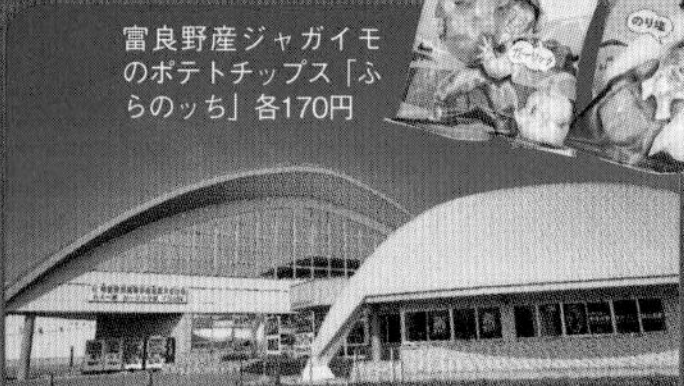

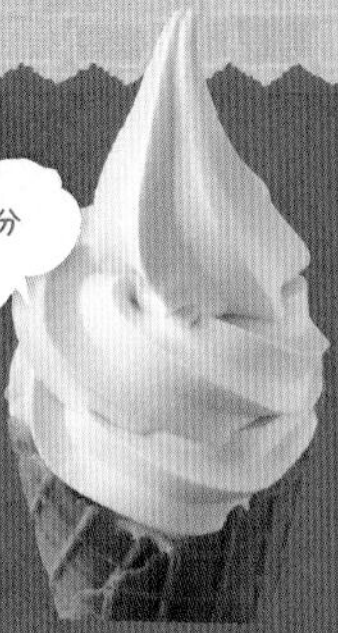

広い駐車場に面して道の駅、モンベルとフードコートのある建物が隣接してある

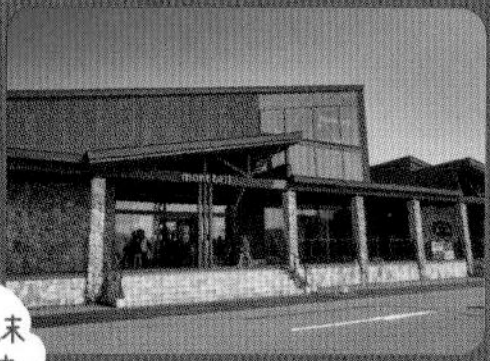

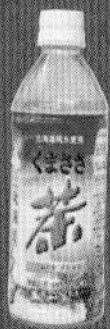

乳脂肪分8.5%！

濃厚なソフトクリーム450円。カップソフトは400円で各種トッピングあり

オリジナルのビンに入った、にわとり牧場のプリン324円

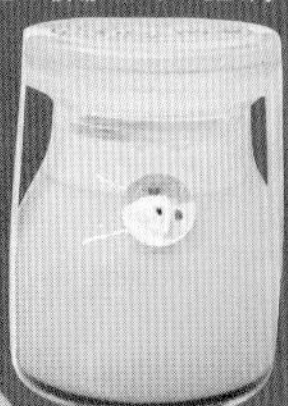

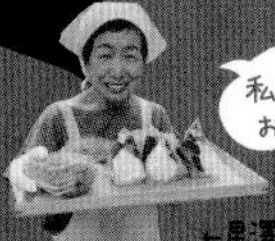

南富良野町の特産品、くまささ茶155円

料理研究家
星澤幸子先生の店

ほしざわや 故郷店
ホシザワヤフルサトテン

私はほぼ週末お店にいます

←星澤幸子先生

☎0167-56-8010 ◔4月中旬〜10月下旬の9:00〜17:00
🈲期間中月・火

料理研究家でテレビの料理コーナーを長年務める星澤先生が、故郷の南富良野にオープンしたお結びと味噌汁の店。玄米より食べやすい五分搗（づ）き米使用。

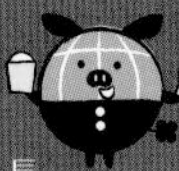

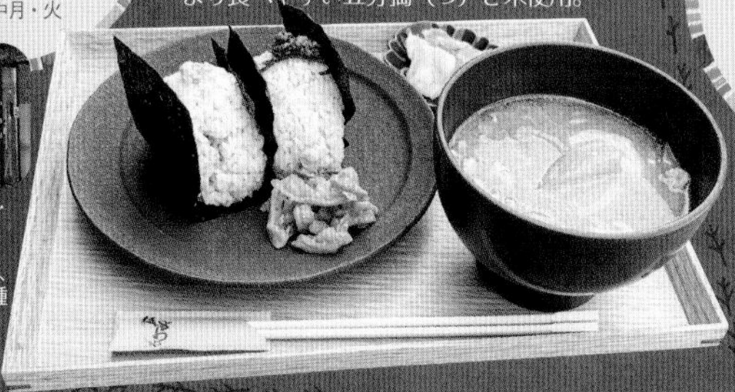

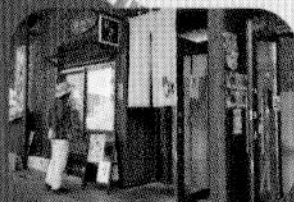

お味噌汁とお結び 2個 1050円
お結びは人参味噌、鹿肉の佃煮など種類ほどから選べる

ビッグでジューシーな三元豚のカツ

かつさい

☎0167-52-2886
◔11:00〜17:30（L.O.）、月・火は〜16:30（L.O.）
🈲木・第1・3火

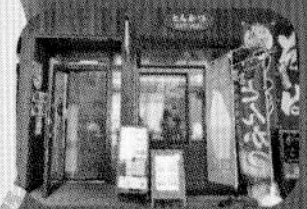

トンカツ定食やカツカレー、カツ丼など、カツを中心にラーメンやソフトクリームまで提供。三元豚の厚切りカツはサクサクでボリュームも満点。

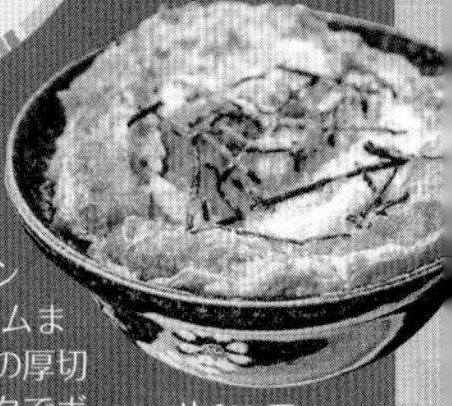

カツ丼 900円
揚げたてのカツを卵でとじたボリューム満点のカツ丼

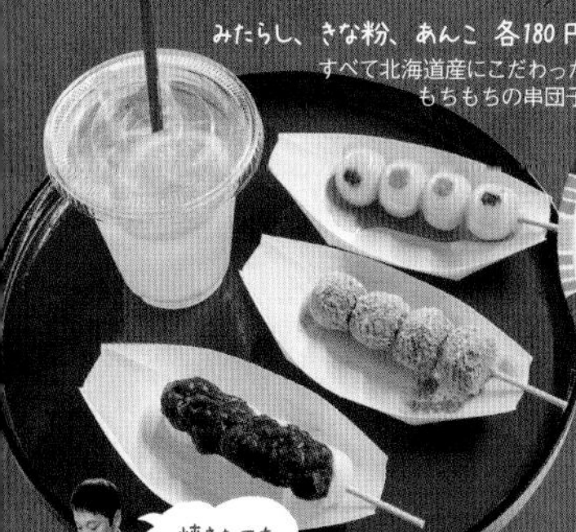

みたらし、きな粉、あんこ 各180円
すべて北海道産にこだわったもちもちの串団子

南富良野産の餅米を使った餅

おもちカフェ もちはもち屋

☎なし ◔11:00〜17:00（月により変動）
🈲不定休

焼きたてを召し上がれ

南富良野町産の餅米「はくちょう米」と北海道産のうるち米を独自に配合したお団子を提供。手作りの梅やハチミツレモンジュースも人気。

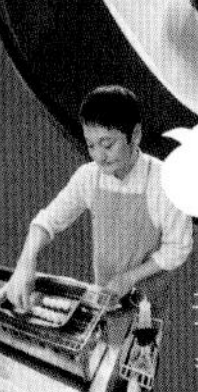

土・日、祝限定でお赤飯300円も販売

クライミング体験も！

店内には約8mのクライミングピナクルがあり、クライミング体験ができる。開催は土・日曜、祝日の10:00〜18:00（各回20分）、1回1500円

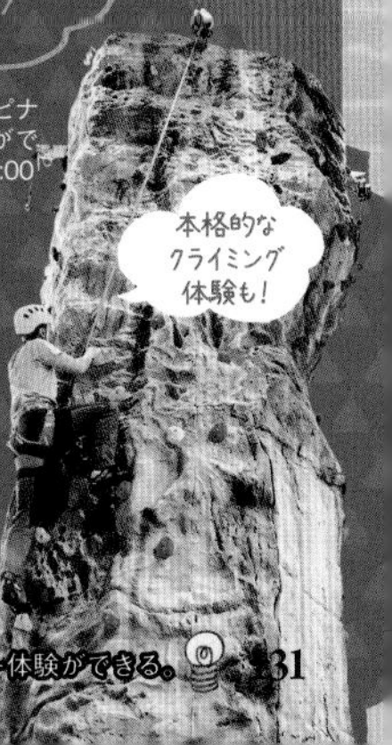

限定グッズもある！

モンベル南富良野店

道内最大級のモンベルストア。広い店内には登山やキャンプ用品はもちろん、普段使いにもいいウェアやバッグ、グッズなど充実の品揃え。限定Tシャツもある。

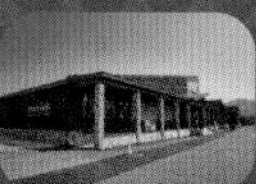

☎0167-56-7126 ◔10:00〜19:00 🈲無休

本格的なクライミング体験も！

星野リゾート トマム 雲海テラス

雲海ゴンドラに乗って約13分で山頂駅に到着。メインデッキは屋内と屋外があり、先端に立つとまるで雲の上に浮かんでいるような気分を味わえる。周辺の展望スポットを巡り、いろいろな角度から展望を楽しめる。

Map P.190-B2　トマム

🏠占冠村中トマム　☎0167-58-1111（代表番号）　🕐5月上旬〜10月中旬の5:00〜7:00（下り最終8:00。時期により変動）　🈺期間中無休（荒天時運休）　🈯ゴンドラ往復1900円　🚗JRトマム駅から車で5分　🅿1500台

雲海テラスでふわふわ雲の上の絶景ビュー!

雲海ゴンドラに乗って♪

fuwa

信州長野からひと足延ばして

fuwa fuwa

白銀の世界を楽しむ

雲 Cafe
雲スイーツがかわいい!

雲海テラスのデッキにある眺めのいいカフェ。雲をテーマにしたかわいいドリンクがたくさん。
もこもこの雲ソフトと、わたあめがのった雲海ソーダ700円。下はふわふわの雲マシュマロ1個500円

広いテラスのあるメインデッキや、山頂駅周辺の展望スポットから自然の壮大なドラマを眺めよう!

霧氷テラス
雲海テラスは冬季は霧氷テラスとなり、氷点下のなか、木々の枝先に付いた霧氷と雪景色の展望を楽しめる。
🕐12〜3月の9:00〜15:00（予定。時期により変動）　🈺期間中無休　🈯ゴンドラ往復2200円

6つの展望スポット

早起きして写真を撮りたい!

Cloud Bar クラウドバー
バーカウンターをイメージ。地上約3mに位置し、階段をよじ上って座る

Cloud Walk クラウドウォーク
雲の形をした歩道は57mの長さ。歩くとふわふわ揺れる

Sky Wedge スカイウェッジ
船の舳先のような形。浮いているような写真が撮れる

Cloud Bed クラウドベッド
弾力のある大きなボールに寄りかかり、楽な姿勢で雲海を眺める

Contour Bench コンターベンチ
全長約117mのベンチが等高線のように並んだスポット

Cloud Pool クラウドプール
ハンモックのような遊び心たっぷりの展望スポット

HAKODATE
★

函 館

教会や洋館のある函館の元町は、まるで外国に来た気分☆
函館山からのロマンティックな夜景でパワーチャージしたら
市場の海鮮丼や名物グルメを食べ歩いて！

H A K D A T E

函館へのアクセス

🚗 車：函館空港からJR函館駅まで約9km（約20分）
🚌 バス：函館空港からJR函館駅まで約20分　🈯500円

TOTAL
3.5時間

函館おさんぽ
TIME TABLE

10:00 電停十字街
↓ 徒歩2分
10:05 函館市地域交流
まちづくりセンター
↓ 徒歩10分
10:30 カトリック元町教会
↓ 徒歩すぐ
10:45 函館ハリストス正教会
↓ 徒歩2分
11:00 八幡坂
↓ 徒歩3分
11:10 旧函館区公会堂
↓ 徒歩5分
12:00 函館市旧イギリス領事館
(開港記念館)
↓ 徒歩10分
12:40 金森赤レンガ倉庫
↓ 徒歩6分
13:30 電停十字街

異国情緒漂う坂の町
函館の教会と洋館をてくてく

函館山の麓に広がる元町は、何本もの坂と、教会や洋館が函館らしさを感じさせてくれるエリア。歴史を味わいながら散策しよう。

1 函館の情報発信基地 10:05
函館市地域交流
まちづくりセンター

ハコダテシチイキコウリュウ
マチヅクリセンター

電停十字街の前に立つ洋風の建物は、1923 (大正12) 年築の旧丸井今井百貨店函館支店。1階の情報センターで観光情報を収集できる。

1934 (昭和9) 年に設置された手動式エレベーターが現役で活躍!

Map P.201-B3

🏠函館市末広町4-19 ☎0138-22-9700 🕘9:00〜21:00 🈚無休 (臨時休館あり) 🚃電停十字街から徒歩2分 🅿30台

みどころ
青い
大鐘楼
大鐘楼の高さは33m。てっぺんには雄鶏がのっている

ドアノブもチェック!

2 国内で最も歴史のあるカトリック教会 10:30
カトリック元町教会

カトリックモトマチキョウカイ

日本最古の起源をもつ青い大鐘楼が印象的なカトリック教会。現在の聖堂は1923 (大正12) 年に再建された4代目。聖堂内にはローマ法王ベネディクト15世から贈られた日本で唯一の祭壇が設置されている。神聖な場所なのでマナーに気を付けて見学を。

Map P.200-B2

🏠函館市元町15-30 ☎0138-22-6877 🕘10:00〜16:00 (日は12:00〜、礼拝時を除く) 🈚無休 (聖堂使用時は閉館) 🉐拝観無料 🚃電停十字街から徒歩10分 🅿なし

アーチ型の青い天井の下に浮かび上がる貴重な祭壇

3 美しくよみがえった日本初のロシア正教会聖堂 10:45
函館ハリストス正教会

ハコダテハリストスセイキョウカイ

大三坂の突き当たりにある、ロシアビサンチン様式の正教会。1858 (安政5) 年にロシア領事館が設置される際に付属聖堂として建てられ、現在の建物は1916 (大正5) 年築。鐘の音は「日本の音風景100選」に選ばれており、別名「ガンガン寺」の呼び名もある。

Map P.200-B2

🏠函館市元町3-13 ☎0138-23-7387 🕘10:00〜17:00 (土は〜16:00、日は13:00〜16:00)、12月26日〜3月中旬は礼拝以外の聖堂拝観休止 🈚無休 (教会行事で閉館あり) 🉐拝観献金200円 🚃電停十字街から徒歩10分 🅿なし

みどころ
屋根の6つの
クーボル
ドーム形のクーボルとその上の十字架が特徴的

函館
おさんぽ
MAP

見どころがいっぱいだよ

電停
末広町

函館市電

電停
十字街

函館山
ロープウエイ
→P.137

函館の元町エリアには名前が付いているだけでも19の坂があります。坂巡りをするのも楽しいですよ。(函館市・みよこ)

坂の先に函館湾に浮かぶ摩周丸が見える

4 函館を代表する眺めのいい坂

八幡坂 11:00
ハチマンザカ

坂の上に八幡宮があったことが名前の由来。さまざまなロケ地になっている有名な坂だ。坂の上からは、函館湾と摩周丸が眺められる。

Map P.200-B2

まるで明治の貴婦人！

館内のハイカラ衣裳館ではアンティークな雰囲気の洋装、和装、男性用タキシードなどのレンタルをしている。着用して館内で写真を撮れば、明治時代にタイムトリップ！

9:00～17:00（衣裳受付終了16:00、冬季時間短縮）（1～2月は火・水休み）無休 洋装コース2500円（アクセサリーなどの小物別途1000円）・和装コース4000円

函館の教会と洋館をてくてく

5 モダンなデザインが随所に見られる

旧函館区公会堂 11:10
キュウハコダテクコウカイドウ

1910（明治43）年に建てられた明治期を代表する、ブルーグレイとイエローのペイントが鮮やかな建物。館内は1階に当時の大食堂や会議所事務室、2階に天井の高さ6m、130坪の大広間や、皇族が滞在した部屋などが復元されている。

Map P.200-B2

函館市元町11-13 0138-22-1001 9:00～18:00（一ル～月は～19:00。11～3月は～17:00）無休（臨時休館あり）入館300円 電停末広町から徒歩7分 なし

左右対称の洋風木造建築
中央のバルコニーから、元町の街並みと函館湾を一望！

1.2階の大広間は130坪の広さ 2.歴代の天皇が休憩や宿泊した場所。家具類は当時のまま

ヴィクトリアンローズ

英国のアンティーク家具に囲まれて優雅な時間が過ごせるカフェ。自家製のスコーン2個と紅茶（ポット）のクリームティーセット1200円などでティータイムを。アフタヌーンティーセットは1人2800円。

ガーデンのバラ園
洋式庭園には約60種類のバラが植えられている。見頃は6月下旬

英国らしさが随所にある！

6 漆喰の白い壁に青い窓枠が際立つ

函館市旧イギリス 12:00
領事館（開港記念館）
ハコダテシキュウイギリスリョウジカン（カイコウキネンカン）

1934（昭和9）年までイギリス領事館として使用されていた建物を利用した記念館。当時の領事執務室を再現した展示室や、函館開港の歴史・文化を紹介する開港ミュージアムとカフェ、ショップがある。

Map P.200-B2

函館市元町33-14 0138-83-1800 9:00～19:00（11月～3月は～17:00）無休 開港記念館入館300円 電停末広町から徒歩5分 なし

7 ベイエリアの赤レンガ倉庫群

金森赤レンガ倉庫 12:40
カネモリヨウブツカン

函館湾に面したレンガ造りの倉庫群。1909（明治42）年に建築された倉庫で、金森洋物館を中心にBAYはこだてや函館ヒストリープラザなど数棟の倉庫がある。館内には雑貨を中心としたショップが並び、おみやげ探しが楽しめる。

Map P.201-B3

函館市末広町14-12 0138-27-5530 9:30～19:00 無休 電停十字街から徒歩5分 あり

赤レンガ倉庫から見る函館山と山頂展望台

このプレートを探してみて

伝統的建造物 西暦市政支店会

函館の歴史的建造物
元町を含む西部地区は「都市景観形成地域」に指定され、なかでも伝統的な歴史的建造物が残る一帯は「伝統的建造物群保存地区」になっている。伝統的建造物の外壁にはプレートがあるのでチェックしてみて。

北海道3大夜景のひとつ
函館夜景の楽しみ方★

函館の夜の楽しみといえば
函館山からの夜景。
ふたつの海に挟まれて
キラキラ輝く町を眺めよう!

五稜郭タワー

JR函館駅

摩周丸

花火はここから
打ち上がる

緑の島

函館湾

ベイエリア

赤レンガ倉庫群

元町の教会群

函館山の夜景は
必見だよ!

刻々と変わる夜景のドラマを楽しむ

函館山山頂展望台
ハコダテヤマサンチョウテンボウダイ

津軽海峡と函館湾に挟まれた標高334mの函館山。約3000年
前に亀田半島とつながった陸繋島で、牛が寝ているような形
から臥牛山(がぎゅうざん)とも呼ばれる。山頂からの夜景は、
世界からも認められる美しさだ。

Map P.200-C1・2 函館

函館市函館山 ☎0138-23-3105(総合案内) 函館山ロープウエ
イに準ずる

美しい夜景を撮るポイント

1. 日没が近くになるにつれ混雑するので、なるべく早めに展望台に行って前列をキープするのがまず大事!

2. 暗くなるほどシャッタースピードが低下し手ぶれする。夜景モードなどを活用しよう。

3. メインの屋上展望台が混んでいる場合は、1階の漁火公園や2階の山頂広場がおすすめ。

年に数回ある花火
大会の日を狙って行けば
いい写真が撮れること
間違いなし!

楽しみ方2

夜景の特等席
展望台併設の
レストランへ

2階にあるレストランでは、
大きな窓から夜景を眺めな
がら、函館の海の幸を取り
入れた食事も味わえる。窓
側席は予約制で1日3組限定、
ロープウエイ付きコース料
理も要予約(繁忙期を除く)。

レストラン・ジェノバ

Map P.200-C2 函館

☎0138-27-3127 11:30~21:30
(10月1日~4月19日は~20:30) 無
休(詳細は公式ウェブサイトで要確認)

光輝く夜景が見られるポイントは、家やビルの明かりがついていること。土・日曜より平日のほうがキレイといわれます。(札幌市・あき)

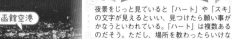
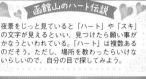

函館山のハート伝説

夜景をじっと見ていると「ハート」や「スキ」の文字が見えるといい、見つけたら願い事がかなうといわれている。「ハート」は複数あるのだそう。ただし、場所を教わったらいけないらしいので、自分の目で探してみよう。

夜 Night Time

空が暗くなると、街灯や窓明かりがよりオレンジに輝いて見える

昼 Day Time

昼の展望もすばらしいので、夜景が見られなくてもおすすめ♪

函館空港

湯の川温泉

津軽海峡

楽しみ方 1
撮影のベストタイムを狙う!

7月	16:10頃
2月	16:50頃
3月	17:30頃
4月	18:00頃
5月	18:30頃
6月	19:00頃
7月	19:00頃
8月	19:00頃
9月	18:10頃
10月	17:10頃
11月	16:30頃
12月	16:00頃

日没時刻の目安

日没から約15分後のトワイライトタイムは、マジックアワーとも呼ばれる美しい瞬間。オレンジから青へと変わる空に山並みのシルエットが浮かび上がり、暗くなるにつれて街明かりが輝き出す。

トワイライトタイム

Twilight Time

楽しみ方 3
元町&ベイエリアのロマンティックなライトアップ巡り

函館山の夜景のあとに元町やベイエリアを歩いてみるのも。教会や歴史的建造物がライトアップされて幻想的。時間は夕暮れ〜22:00。12〜2月は「はこだて冬フェスティバル」が開催され、坂の街路樹のイルミネーションが光り輝く。

旧函館区公会堂
→ P.135

金森赤レンガ倉庫
→ P.135

函館ハリストス正教会
→ P.134

函館山へのアクセス

函館山へはロープウェイ、バス、タクシー、マイカー、レンタカー、定期観光バス、徒歩で行くことができる。ここでは一般的なロープウェイでの行き方を紹介。

市電 — 電停十字街 — 徒歩
5分 — 10分

函館駅前

函館山登山バス
(4月15日〜11月上旬)

バス❶
元町・ベイエリア周遊号
(9:15〜16:35)
15分

バス❷
函館山ロープウェイ接続シャトルバス
(16:40〜20:30)
11分

ロープウェイ山麓駅 — ロープウェイ 3分 — ロープウェイ山頂駅

函館山ロープウェイ

Map P.200-C2 函館

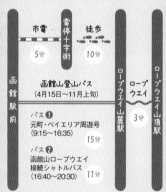

⊙ 10:00〜22:00(10月〜4月19日は〜21:00)　⊛ 10月中旬に2週間程度整備点検のため運休　⊕ 乗車往復1800円(片道1200円)　Ⓟ 山頂駅に有料あり

⚠ ロープウェイ運休期間中の行き方

ロープウェイ運休期間中は上記の函館山登山バスのほか、タクシー利用が便利。函館山と周辺スポットを巡る観光タクシーもある。ただし、いずれも登山道開通期間のみ(4月第2週〜11月第2平曜)。マイカー・レンタカーはマイカー規制があるので事前に要確認。

パノラマビューと歴史スポット
五稜郭タワーから星形の城塞へ

函館山と並ぶ函館のビュースポットが五稜郭タワー。外側にせり出したガラス窓からは、鳥になった気分で星形の五稜郭公園全体が見渡せる。

五稜郭の星形が
見られるのはここだけ！

五稜郭タワー
ゴリョウカクタワー

高さ107mの白い塔の上に星形の展望室があり、展望1階、展望2階ともに五稜郭公園はもとより函館市街や函館山まで360度の大展望が楽しめる。2階にはレストラン、1階にはショップとアトリウムがある。

Map P.203-C3 函館

🏠 函館市五稜郭町43-9　☎0138-51-4785　🕘9:00〜18:00
🈳無休　💰展望台900円（1・2階は無料）　🚌電停五稜郭公園前より徒歩15分、またはバス停五稜郭公園入口から徒歩7分　🅿なし

避雷針 107m

90m 展望2階
四季折々の五稜郭公園が眺められる展望台。五稜郭の歴史を詳細に再現したジオラマもある。

椅子に座った
土方歳三の
ブロンズ像

歴史
ジオラマ

エレベーター
30人乗り
（所要約30秒）

86m 展望1階

シー
スルー
フロア

展望2階から階段で下りられる。ガラス張りになったシースルーフロアはスリル満点！ ショップもある。

スリル
満点！

約220cmの
土方歳三の
立像

アトリウム 1階
1階にある全天候型ガラス張りの広場。冬でも暖かい温室のような場所でくつろげる。

売店 1階
入ってすぐの所にあるショップには五稜郭タワーや土方歳三グッズ、函館みやげがいろいろ。

土方ファン
必見！

五稜郭HISTORY

誰が何のために造ったのか
外国との交渉や防衛を担当する箱館奉行の移転先として、徳川幕府が要塞都市をモデルとして五稜郭を建設した。

箱館戦争はどんな戦い？
大政奉還後、明治新政府に移転された五稜郭に旧幕府軍が進軍して占領。箱館戦争が勃発する。旧幕府軍が敗北して終結した。

土方歳三はどんな人物？
新選組の副長として活躍し、無類の強さを発揮。五稜郭における戦争で陸軍の副司令官として戦いを指揮した。

五稜郭タワーから星形の城塞へ

橋を渡った所に大きな藤棚があるよ

箱館戦争の舞台となった城塞
五稜郭公園
ゴリョウカクコウエン

蘭学者の武田斐三郎により、西洋式陵堡を参考に設計された五稜郭は1864（元治元）年に完成。箱館奉行所が設置されるが、のちに箱館戦争の舞台となる。1914（大正3）年から一般開放されており、四季折々に美しい園内は市民の憩いの場だ。

Map P.203-C3 函館
- 🏠 函館市五稜郭町44
- ☎ 0138-31-5505（五稜郭公園管理事務所）
- ⏰ 園内は5:00〜19:00（11〜3月は〜18:00）
- 休 無休 料 無料
- 🚃 電停五稜郭公園前から徒歩15分、またはバス停五稜郭公園入口から徒歩7分
- Ｐ なし

五稜郭の四季

紅葉は10月中旬〜11月上旬。緑と赤が目に鮮やか

秋

春　4月下旬、約1500本もの桜が園内をピンク色に染める

冬　1月上旬〜3月上旬は真っ白な星となった五稜郭が見られる

まずは奉行所内部へ

140年の時を経てよみがえる

A 箱館奉行所
ハコダテブギョウショ

1871（明治4）年に解体された箱館奉行所を、当時の写真や文献をもとに江戸時代と同じ産地の材料を使い復元。屋根には約3万8000枚の瓦を使用している。当時の宮大工の技術や幕末の歴史を学べる。

Map P.203-C3 函館
- ☎ 0138-51-2864
- ⏰ 9:00〜18:00（11〜3月は〜17:00）、最終入館は閉館15分前
- 休 無休
- 料 入館500円

公園内の歴史スポットへ

B 武者返し
ムシャガエシ

張り出している！

敵兵が石垣を登れないよう、稜角の上が張り出している

C 武田斐三郎顕彰碑
タケダアヤサブロウケンショウヒ

五稜郭を設計した蘭学者。航海術や築城術に優れていた

D 秣置場跡と御備厩跡
マグサオキバアトトオソナエウマヤアト

かつて厩があった場所。榎本武揚らの写真が置かれている

E 土蔵（兵糧庫）と大砲
ドゾウ（ヒョウロウコ）とタイホウ

箱館戦争で使われた大砲と、食料などを収納した土蔵

函館発のソウル＆ファストフード
ラッキーピエロの人気メニューランキング！

函館のファストフード店として有名なラッキーピエロは、インパクトのあるハンバーガーのほかにボリュームのあるメニューが揃うグルメレストランだ。

ラッキーピエロ大調査！

Lucky Pierrot

バーガーが人気のワケ

バーガーのパティは冷凍肉を使わない手ごねで1個120g。チャイニーズチキンやカツは揚げたて、レタスはシャキシャキと満足度が高い。

個性あふれる17店舗がある

道南に17店舗あり、ファストフードではなくテーマレストランというだけあって、どの店もテーマに沿った個性あふれる内装となっている。

いつから函館にある？

1987年にベイエリア本店がオープン。世界中のハンバーガーを食べ歩いた社長の王さんが、日本人向けにアレンジしたハンバーガーを開発。店名は自身のサーカス好きから。

味もボリュームも大満足
バーガーランキング ベスト5

"デカウマ"をテーマにしたバーガーは、ご当地名物のチャイニーズチキンバーガーほか約15種類。イカ踊りバーガーなどユニークなネーミングのメニューも！

no.4

THEフトッチョバーガー
1155円
下からミートパティ、北海道コロッケ、ミートパティ、トマト、目玉焼き、レタスが積み重なった挑戦的な話題のバーガー。1日限定20食

高さ
15cm！

no.3

トンカツバーガー
495円
カットされたトンカツはダブル！ 肉は軟らか、衣はサクサク

大きな鶏カラが3つも入っている！

no.1

チャイニーズチキンバーガー
462円
年間50万食売れるという大きな唐揚げの入ったダントツ人気の通称チャイチキ。通常の梅、目玉焼き入りの竹、チーズ入りの松、両方入った特上がある

no.5

ラッキーチーズバーガー
539円
ハンバーグの上に2種類のとろけるチーズとトマトの絶妙コンビ

no.2

ラッキーエッグバーガー
539円
手ごねのパティの上に厚切りトマトと七飯産卵の半熟の目玉焼きをオン！

チャイチキは食べるときに唐揚げが飛び出してしまうことがあるので、しっかり持って食べて。(函館市・モモ)

hi!

函館 Hakodate

ラッキーピエロの人気メニューランキング！

世界で2番目においしいカレー（1番は家庭の味）

チャイニーズチキンカレー
836円
ちょっと懐かしくてほどよい辛さと深みのある味。トンカツカレーやチーズカレーなど8種類ある。店内限定メニュー

Lサイズの卵を4個も使用。ライスは330gとボリューム満点。

チャイニーズチキンオムライス
913円
オムライスにチャイチキが3つ付いた人気メニュー。ふわとろ卵の中にはケチャップライスがずっしり。店内限定メニュー

食後のスイーツはコレ！
シルクソフト
ソフトの中にシルク
アミノ酸が入って体にもいいというシルクソフト。コーンのバニラソフトやパフェなど約10種類。

バナナチョコシルク
495円

キャラメルナッツシルク
473円

コーヒーゼリーシルク
495円

no.1
no.2
no.3

実はバーガー以外のフードも充実
イチオシフードメニュー

何を隠そうラッキーピエロにはオムライスやカレーなどの洋食や、焼きそばや、かつ丼など食べ応え満点のフードメニューが充実。大勢でいろいろ頼んでシェアするのも。

観光で利用しやすいおもな店舗

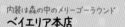

カレー
各324円
左は北海道産生クリーム使用の甘口一生懸命バターチキンカレー、右は北海道産ガゴメ昆布使用の中辛一生懸命カレー。レトルト各1人分

ラーメン
各238円
左からしょうゆ・しお・みそラーメン。イチオシはしょうゆ。ラーメンらしからぬパッケージ

ラッピをお持ち帰り♪
オリジナルみやげ

ドリンクやレトルト商品からマグカップ、エコバッグ、Tシャツなどのグッズまで、店内のショップにはオリジナル商品がいっぱい。バラマキみやげにもぴったり。

バーガーのお供に欠かせないラキポテ

ラッキーピエロミルクまんじゅう
1箱12個入り810円
まんじゅうの中につぶ餡、さらにその中に練乳が入っている

ラッキーガラナ
173円
北海道民のソウルドリンクでもあるガラナの実を使った炭酸飲料

ラッキーバナナクッキー
1箱12枚入り929円
バナナ風味のクッキーでミルクチョコをサンド

オリジナルラッキーポテト
単品440円
太めカットのフライドポテトにミートソースをかけた人気サイド。チャイニーズチキンバーガーとラキポテ、ドリンクの人気セットは968円

内装は森の中のメリーゴーラウンド
ベイエリア本店
Map P.201-B3 函館
🏠函館市末広町23-18 ☎0138-26-2099
⏰10:00〜21:00 無休 電停十字街から徒歩5分

赤レンガ倉庫群前のベイサイド
マリーナ末広店
Map P.201-B3 函館
🏠函館市末広町14-17 ☎0138-27-5000
⏰9:30〜22:00 無休 電停末広町から徒歩5分

マティスの赤がテーマ
函館駅前店
Map P.201-A3 函館
🏠函館市若松町8-8 ☎0138-26-8801
⏰8:00〜22:00 無休 JR函館駅から徒歩2分

17店舗あるラッキーピエロは、それぞれテーマに沿った内装。七飯町の峠下総本店は「バードウォッチング館」と称して世界の鳥たちがテーマ。

目覚めたら直行！ 函館朝市で市場メシ

カニやサケなど北海道の旬の魚介や野菜が並ぶ函館朝市は、眺めて歩くだけでも楽しいスポット。海鮮丼自慢の店が並ぶ横丁も！

自慢のイクラと海鮮丼を食べに来て！

① 海鮮丼の店がズラリ！ 函館朝市 どんぶり横丁

通路の両側に海鮮丼の店や食堂など20店舗近くが並ぶ。商品サンプルのディスプレイを見て、好みの丼を選ぼう！

添えられる小鉢がうれしい 朝市の味処 茶夢 Ⓑ
アサイチノアジドコロ チャム

海鮮丼に添えられるたくさんの小鉢がうれしい。極細イカソーメン1200円も人気。
☎0138-27-1749
🕖7:00〜14:00 ㊗不定休

特製漁火丼 2800円
カニのほぐし身とイカ、自慢のイクラ、そして塩水ウニがたっぷり

自家製イクラが自慢 いくら亭 Ⓐ
イクラテイ

名物は店名にも冠された自家製イクラ。海鮮丼以外に定食やラーメンなども提供している。
☎0138-23-3422
🕕6:00〜14:00（冬季は7:00〜）㊗不定休

五色丼 1850円
サーモン、ホタテ、イクラ、甘エビにウニがのった贅沢な五色丼

朝市五色丼 2100円
肉厚なホタテ、厚切りサーモン、イクラ、甘エビ、ウニの共演

活イカを丼にドーン！ 一花亭 たびじ Ⓒ
イッカテイ タビジ

丼の真ん中に動くイカをのせた、活イカ踊り丼が名物。その場でさばくイカは鮮度抜群！
☎0138-27-6171
🕕6:00〜14:00 ㊗無休

活イカ踊り丼 2300円〜
写真はヤリイカ。6〜12月は大きなマイカとなりよりインパクト大

見た目も美しい丼の数々 朝市食堂 馬子とやすべ Ⓓ
アサイチショクドウ マコトヤスベ

1985年創業。丼は具が1種類の一種ノ丼から四種以上ノ丼まであり、どれもボリューミー。
☎0138-26-4404
🕕6:00〜15:00 ㊗水

写真を撮ったあとは足をさっと焼いてくれるのでつまみに

どんぶり横丁は海鮮丼の食品サンプルのディスプレイがすごいんです。ぜひそれもチェックしてみて。（函館市・みよこ）

歴史ある函館の台所
函館朝市 ハコダテアサイチ

1956（昭和31）年からこの場所で営業する歴史ある市場。鮮魚、海産加工品、青果を中心に約250店舗が集まる。どんぶり横丁のほかにも飲食店は多く、朝食やランチにも利用できる。

Map P.201-A3 函館

📍 函館市若松町9-19
☎ 0138-22-7981（函館朝市協同組合連合会）
⏰ 店舗により異なる（6:00～15:00頃）
休 店舗により異なる
🚶 JR函館駅から徒歩1分

函館朝市攻略法

早起きして行こう！
市の営業は早朝6時頃から昼過ぎまで。15:00にはほとんどの店が閉まってしまうので注意。

買い物は加盟店で
買い物は連合会推奨店マークのある加盟店舗でしよう。また、購入店の名刺などをもらっておけば何かあったときにも連絡ができる。

観察してお気に入りを
たくさんの店があり、似たような商品が売られているので、いろいろな店を回って納得のいくものを探すのがコツ。

市大通り／朝市仲通り／朝市大通り／JR函館駅

③
②
F
E
D C
① B A

---

②
函館朝市 駅二市場

鮮魚から珍味まで

海産物みやげをゲットするならここで。鮮魚や干物を扱う販売店が集うほか、2階には500円丼が名物の食堂もある。

えんべらにひっかけるのがコツだそう

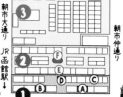

イカ釣りに挑戦！

1. イカの身を加工したイカ徳利。お酒を飲んだあとはそのまま食べられる。　2. いか塩辛、松前漬、たこわさびのセット「兄弟船」

イカがたくさんいたらラッキー。早い時間がおすすめ

専用の針が付いた釣り竿でイカを引っかける！

墨をかけられないよう注意。立派なイカをゲット！

釣ったイカはその場でイカ刺しにしてもらえる

函館ブリ塩ラーメン 850円

魚介の風味漂うスープにブリチャーシュー、ブリのパウダーをトッピング

北海道ブリたれカツ 250円

函館産ブリをサクッとフライに。ブリ特有のクセがなくふんわり

元祖活いか釣堀 ガンソカツイカツリボリ F

専用の釣り竿で水槽に泳ぐイカを釣る。1～5月はヤリイカ、6～12月はマイカとなり、値段は時価。

☎ 0138-22-5330
⏰ 7:00～14:00（季節により変動）
休 1～6月、10～11月の第3水曜

ブリのおいしさを発信
函館朝市 地ブリショップ ジブリショップ E

函館で漁獲量が急増しているブリを活用したメニューが揃う。おみやげも販売。

☎ 080-4502-5836
⏰ 8:00～13:30　休 水

左は函館産の真昆布だし486円、右は海藻を使った極！UMAMI美人648円

1. 函館産の海藻の銀葉草は汁物などに
2. 水に戻して食べるさしみ昆布　3. タコ、ホッケ、真ダラのトバの詰め合わせ　4. 函館名物のいかめし
5. 真イカの沖漬け

---

③
函館朝市 ひろば

野菜や果物の店が並ぶ産直市

地元農家の野菜や果物、昆布などを販売する産直市のほか、飲食店やテイクアウトショップが集まるフードコートも。

函館では6～12月がマイカ（スルメイカ）、1～5月はヤリイカが水揚げされる。新鮮なマイカのゴロは刺身でも食べられる。

ひとりでも地元気分でわきあいあい
名物つまみでちょい飲み

女子ひとりでも入りやすく、地元の人と混ざってワイワイ楽しめて、名物のおつまみがあるお店をピックアップ。函館ナイトを満喫して♪

1杯飲むだけでもいいですよ

酒屋を改装した地元密着人気店

酒の丸善

瀧澤商店
サケノマルゼン タキザワショウテン

いつの間にか地元客と盛り上がる！

人気の
立ち飲みで
サクッと気軽に

ヒロシさん、真理子さん夫妻が営む角打ちの店。隣り合った人と自然に会話が生まれるのがこの店の魅力。つまみもいろいろあり、ニラ卵や、店先で干して作った鮭トバはお酒との相性◎。

Map P.201-A4 函館
🏠函館市若松町19-7 ☎0138-22-3623 🕙10:00～22:00 🈶日
🚃JR函館駅から徒歩2分
🅿なし

1 あげ焼、トバ、アスパラピクルスをつまみに一杯
2 お母さん手作りのアツアツのニラ卵とじ400円
3 棚に並ぶ缶詰を購入してつまみに

昭和の商店みたいな懐かしい雰囲気

CAFEと昼飲み

葛城商店
カフェトヒルノミ カツラギショウテン

女性ひとりでも気軽にどうぞ

五稜郭近くの創業100年を超える酒屋が、立ち飲み屋＆カフェとして2020年にオープン。お母さんが作るつまみはどれも懐かしい味わい。まずはビールから、〆には地酒を1杯いかが。

Map P.203-C3 函館
🏠函館市五稜郭町33-4
☎0138-53-1656 🕙10:00～20:00 🈶日 🚃電停五稜郭公園前から徒歩5分 🅿なし

優しい女将につい話し

1 おつまみセット500円とちゃんちゃん焼き500円、生ビール600円
2 伝説のホップ「SORACHI 1984」
3 オリジナルのワンカップ酒500円

📧 瀧澤商店と葛城商店ともにキャッシュオン式でした。現金を多めに持っていきましょう。（栃木県・みっちゃん）

大門横丁

昭和レトロな屋台街

ダイモンヨコチョウ

昭和の路地裏を再現したような空間に、居酒屋、洋食店、ラーメン店までさまざまなジャンルの26店舗が集まる屋台村。店の人や地元の人との楽しい時間が過ごせる。

さまざまな
ジャンルの店が集まる
屋台村

Map P.201-A4 函館

🏠 函館市松風町7-5 ☎ 0138-24-0033 （はこだてティーエムオー）
🕐 店舗により異なる 🚃 JR函館駅から徒歩5分 🅿 なし

箱館バル ハコダテバル

自慢の串焼きをワンコインで

SPF豚を炭火でふっくら焼き上げた串が名物。生ビールをはじめお酒の種類が豊富で、柑橘香るフルーティな自家製サングリア500円が人気。

☎ 0138-23-3203
🕐 17:00～23:00
🈺 火

1. ジューシーな鶏つくね2個500円 2. 厚切りバラ肉2本500円／函館近郊の森町のSPF豚を使った名物焼きとん 3. 自家製のSPF豚の生ベーコン500円はつまみにぴったり

つまみは基本500円均一です

人気！

いっしょに楽しく飲みましょう！

炉ばた 大謀 ロバタ ダイボウ

狭い店内はまるで我が家

南茅部の網元直営の居酒屋で、店名は定置網の一種の大謀網から。6～1月頃なら活〆真イカがおすすめ。刺身や焼き物のメニューは本日のおすすめをチェック。

☎ 0138-22-3313
🕐 17:00～23:00
🈺 不定休

函館ブリ塩ラーメン850円／スープにはブリの濃縮エキスをプラス。麺は道産小麦を100%使った特注の細麺

ブリのチャーシューをトッピング☆

人気！

函館ブリ塩ラーメンと酒と肴カモン

飲んだあとの〆ラーメン

ハコダテブリシオラーメントサケトアテカモン

ブリを活用した函館の新名物、ブリ塩ラーメンを提供。夜遅くまで営業しており、あっさり塩味ながらコクがあるスープは〆にぴったり。

☎ 090-7520-2950
🕐 18:00～23:00
🈺 日

1. 活〆真イカ（ゴロ付き）850円／透明でコリコリのイカと、ゴロは新鮮だからこそ 2. 人気のホッケ一夜750～1300円と、奥は自家製〆鯖800円

人気！

やっぱりこれも食べないと！

函館麺厨房あじさい 本店

ハコダテメンチュウボウアジサイ ホンテン

Map P.203-C3 函館

🏠 函館市五稜郭町29-22 ☎ 0138-51-8373 🕐 11:00～20:25（L.O.） 🈺 第4水曜（祝日の場合は翌日） 🚃 電停五稜郭公園から徒歩15分 🅿 7台

函館ラーメンもオススメ！

函館に来たら名物の塩ラーメンを食べないと！

創業80年以上の歴史をもつ塩ラーメンの老舗。豚骨と鶏ガラに昆布を加えたスープはあっさり味で、改良を重ねた特注ストレート麺とよく合う。写真は味彩塩拉麺880円。

函館ブリ塩ラーメンは、地ブリショップ（→P.143）でも食べられる。ブリ豊漁の裏にある海の環境についても考えてみよう。

はこだて雪んこ 各種1個297円
道南の厚沢部産の白いスイートポテトやカボチャ、抹茶、函館牛乳などを使用したもちふわスイーツ **C**

白いスイートポテトです

レア

定番からレア、函館スイーツ

歴史ある函館の
あまり知られていない
函館発スイーツ

話題

アンジェリックショコラ
ホール3500円 **A**
ベルギーのチョコレートに自然卵、北海道産はちみつなど材料にこだわったチョコレートケーキ

レア

話題

カットしてもイカそのもの

見た目に反してコーヒー風味の上品な味

D

いかようかん
1パイ1404円
羊羹生地でイカを型取り、中はコーヒー飴で求肥を包んでイカをリアルに再現

とろ〜りとろける

函館レンガ生チョコ 1200円 **B**
北海道産生クリームと最高級クーベルチュールチョコレートを使用した生チョコ

メルチーズ 8個入り1680円
クリームチーズのコクを感じられるひと口サイズのスフレチーズケーキ。とろけるような食感 **F**

道産の素材が
生きている

定番

定番

五稜の年輪
（紙箱入り）
1550円
道産食材とスペイン産の極上アーモンドローマジパンのマリアージュ **B**

通販	…通販でも購入可
駅	…JR函館駅のみやげもの屋でも購入可
空	…空港のみやげもの屋でも購入可
冷	…要冷蔵

A 通販 冷
行列の絶えない人気店

Angelique Voyage
アンジェリック ヴォアージュ

元町にある小さなお菓子屋さん。北海道産の生クリームと季節のフルーツを使った、賞味期限30分のクレープが人気。

Map P.200-B2 函館

 函館市弥生町3-11　☎0138-76-7150　⏰10:00〜19:00（売り切れ次第終了）　🗓月（祝日の場合は翌日休）　🚃電停大町から徒歩10分　🅿なし

B 通販 冷
函館のチョコレート専門店

Chouette Cacao
シュウェット カカオ

五稜郭にあるチョコレート専門店。チョコレートのほかに、ケーキ、マカロン、ショコラのソフトクリームなども。

Map P.203-C3 函館

 函館市梁川町27-16　☎0138-33-1588　⏰10:00〜19:00　🗓木（月2回水休）　🚃電停五稜郭公園から徒歩10分　🅿9台

C 通販 冷
函館生まれの雪の妖精スイーツ

嘉福堂キッチン本社ガレージ店
カフクドウキッチンホンシャガレージテン

看板商品はスイートポテトやカボチャに函館牛乳を加えたペーストを、お餅でくるんだ「はこだて雪んこ」。

Map P.203-C3 函館

 函館市追分町1-25　☎0138-62-6077　⏰9:00〜17:00（日・祝は11:00〜）　🗓無休　🚃JR五稜郭駅から徒歩10分　🅿なし

D 通販
遊び心満点のお菓子た

はこだて柳屋本店
ハコダテヤナギヤホンテン

1949年創業の菓子店。2日かけて丁寧に作る、リアルないかようかんが名物ほかにもさまざまな和・洋菓子を販売。

Map P.203-C3 函館

 函館市万代町3-13　☎0138-42-0989　⏰8:30〜20:00　🗓水　🚃JR函館駅から車で7分　🅿4台

Angelique Voyageのショコラヴォアージュはぜひ食べてほしいスイーツ。ただ早めに行かないと売り切れてしまうので注意。（函館市・えり）

話題の商品までお持ち帰り♡

伝統的なスイーツから
レアなひと品まで
みやげはこれで決まり！

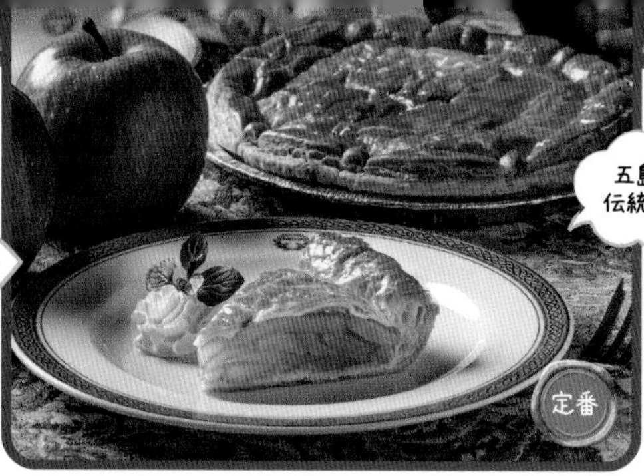

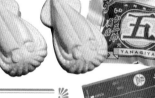

五島軒 伝統の味

定番

アップルパイ
18cm 1836円
青森産のふじりんごをマラスキーノ酒とシナモンを加えて煮込み、何層にも重ねて焼き上げられている E

いか五郎商店
6個入り1458円
いかの形の最中にチョコクリームとクッキーを詰めて焼き上げ、サクッとした食感 D

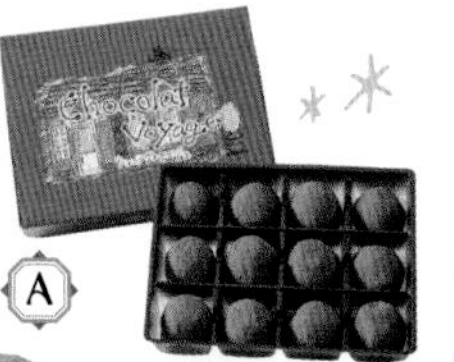

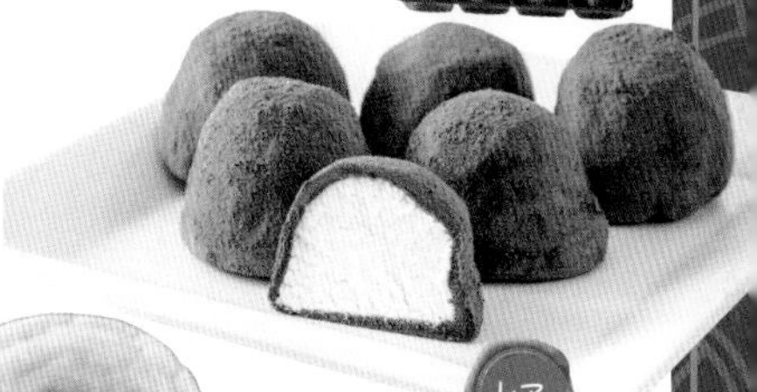

レア

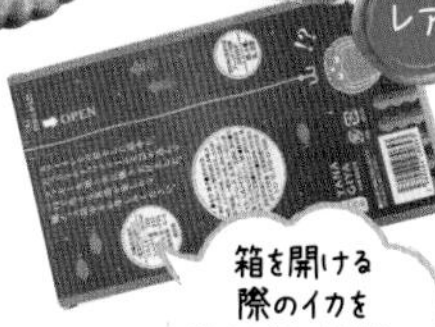

箱を開ける際のイカを釣るような仕掛けもユニーク

ショコラヴォヤージュ
12個入り1650円
北海道産生クリームをガナッシュで包んだひと口サイズのかわいいケーキ。確実に入手するなら早めの訪問を A

レア

江差生まれの北海道を代表する羊羹

函館近郊の江差に本店を構える五勝手屋羊羹は1870（明治3）年の創業。小豆ではなく金時豆をじっくりと練り上げた羊羹は、薄い茶色をしていて、あとを引く優しい甘さ。道内で代々愛されている老舗の味だ。

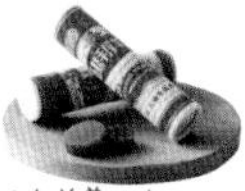

丸缶羊羹 1本324円
付いている糸を使って羊羹を切る昔ながらの糸式羊羹

回/Re-Fruit 1個432円
ドライイチジクの中に五勝手屋羊羹を詰めた新商品

五勝手屋本舗
ゴカッテヤホンポ
通販 駅 空

Map P.190-C1 江差
江差町本町38 ☎0139-52-0022

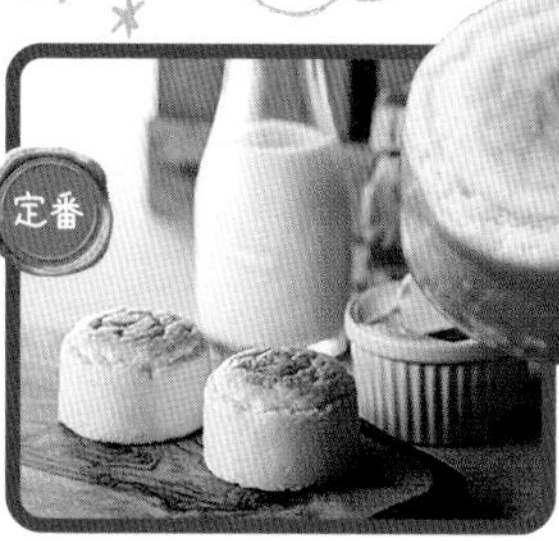

定番

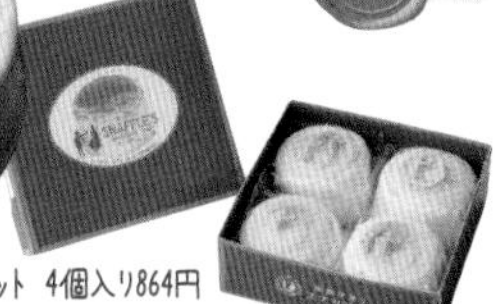

チーズオムレット 4個入り864円
口の中でとろけるスフレタイプのチーズケーキ。チョコ味の蒸し焼きショコラなどもある G

E 通販 駅 冷
老舗洋食店のこだわりパイ
五島軒本店 スイーツ&デリカショップAshibino
ゴトウケンホンテン スイーツ&デリカショップアシビノ

創業1879（明治12）年の老舗洋食店でカレーが有名。フルコースのデザートとして生み出されたという本格スイーツも人気がある。

Map P.201-B3 函館
函館市末広町4-5 ☎0138-23-1106
11:00～15:00、17:00～19:00（季節により変動あり） 休火 交電停十字街から徒歩3分 P40台

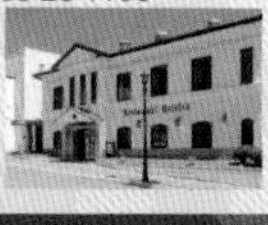

F 通販 駅 空 冷
ひと口で幸せな気分に
プティ・メルヴィーユ 赤レンガ倉庫BAYはこだて店
プティ・メルヴィーユ アカレンガソウコベイハコダテテン

看板商品のメルチーズはプレーンのほかチョコレートなどがあり、組み合わせも販売。かぼちゃのプリン5個入り1200円も人気商品。

Map P.201-B3 函館
函館市豊川町11-5 ☎0138-84-5677
10:00～19:00、カフェ～17:30（L.O.） 休無休 交電停十字街から徒歩5分 P金森赤レンガ倉庫駐車場利用

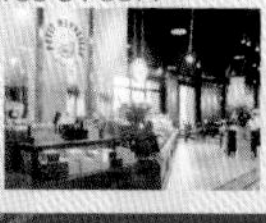

G 通販 駅 空 冷
函館を代表するチーズケーキ
函館洋菓子スナッフルス 金森洋物館店
ハコダテヨウガシスナッフルス カナモリヨウブツカンテン

手で持って食べられるキャッチケーキの愛称で親しまれるチーズオムレットが定番。焼き菓子やチョコレートなどもある。

Map P.201-B3 函館
函館市末広町13-9 ☎0138-27-1240 9:30～19:00 休無休 交電停末広町から徒歩5分 P契約利用

函館洋菓子スナッフルスはJR函館駅内に、プティ・メルヴィーユは函館駅前にも支店がある。

癒やしの温泉から厳かな修道院へ
郊外プチトリップで心身ともに清らかに☆

函館郊外モデルコース

JR函館駅
↓ 市電30分（または車10分）
① 湯巡り舞台足湯
↓ 徒歩8分
② やきだんご銀月
↓ 徒歩5分
③ 湯倉神社
↓ 徒歩15分
④ 函館市熱帯植物園
↓ バス35分（または車20分）
⑤ 天使の聖母
　 トラピスチヌ修道院
↓ 車7分
⑥ 函館牛乳アイス118
↓ 車5分
函館空港

函館空港と函館市街の間に位置する湯の川温泉は、アクセス便利な温泉地。散策のあとは歴史ある修道院へも足を延ばしてみて。

湯の川温泉

1886（明治19）年に湯治場が開業して以来、函館の奥座敷としてにぎわってきた温泉地。平均温度65℃の高温の源泉から豊富なお湯が湧き、25軒ほどの温泉宿、足湯や温泉銭湯もある。

1 タオルを忘れずに

散歩の途中でひと休み

湯巡り舞台足湯
ユメグリブタイアシユ

湯の川温泉の電停前にある足湯。ナトリウム・カルシウム塩化物泉のやや熱めの湯が満たされている。屋根付きなのでひと休みにもぴったり。タオルを持参しよう。

Map P.203-C3 函館
🏠函館市湯川町1-16-5　☎0138-57-8988（函館湯の川温泉旅館協同組合）　🕘9:00～21:00（12～2月は～22:00）　⊘無休　🅿あり

2 もっちもちの串だんご

やきだんご銀月
ヤキダンゴギンゲツ

もちもち大きめ！

大きめの串だんご各種140円

1966（昭和41）年創業の老舗和菓子屋。ガラスケースには北海道産の米粉を使った手作りの串だんごがずらりと並ぶ。あん、しょうゆ、ごまのだんごなどと和菓子がある。

Map P.203-C3 函館
🏠函館市湯川町2-22-5　☎0138-57-6504　🕘8:30～17:30　⊘火曜不定休　🚃電停湯の川温泉から徒歩2分　🅿5台

神鬼ことなでうさぎ

湯の川温泉発祥の地

3
湯倉神社
ユクラジンジャ

温泉を見つけた木こりが祠を建てたのが神社の始まりとされ、江戸時代には松前藩の藩主がこの湯で病が治ったことから薬師堂を安置。以来、湯の川温泉の鎮守として信仰されている。

1. 現在の社殿は1941（昭和16年）建立　2. ご当地みくじはイカ！竿で釣り上げよう

Map P.203-C3 函館
🏠函館市湯川町2-28-1　☎0138-57-8282　⊘参拝自由　🚃電停湯の川から徒歩2分　🅿80台

温泉熱で常夏！

温泉熱を利用した温室にはバナナやハイビスカスなど約300種、約3000本の植物が茂り、冬でも南国気分。12月1日～5月5日にかけては敷地内にあるサル山の池に温泉が入れられ、温泉につかるサルが見られる。

4 温泉に入るサルが話題

函館市熱帯植物園
ハコダテシネッタイショクブツエン

Map P.203-C3 函館
🏠函館市湯川町3-1-15　☎0138-57-7833　🕘9:00～17:00　⊘無休　🈯入館300円　🚃電停湯の川温泉から徒歩15分、またはJR函館駅前からバスで約20分、湯の川下車、徒歩1分　🅿124台

いい湯だな～

✉電停湯の川から徒歩2分の大盛湯は歴史ある天然温泉の銭湯。温度の違う3つの浴槽で温泉が楽しめます。（函館市・アキ）

修道院

修道院は心静かに祈る場所です

5

日本初の女子観想修道院

天使の聖母トラピスチヌ修道院
テンシノセイボトラピスチヌシュウドウイン

1898（明治31）年に建設されたカトリック教会の観想修道院、厳律シトー会の女子修道院。修道女たちが生活を送る神聖な場所だ。敷地内には資料館があり、売店を併設。院内で作られるマダレナケーキなどを購入できる。

Map P.190-C2 函館

🏠函館市上湯川町346 ☎0138-57-3331
⏰8:30～17:00（3～4・10～11月は～16:30、12～2月は9:00～16:00）休無休
料拝観無料 交JR函館駅から車で30分。バスはJR函館駅前から五稜郭タワー・トラピスチヌシャトルで37分、電停湯川温泉からは10分 Pなし

手作りスイーツ

フランスから伝えられた伝統のレシピで作られるマダレナケーキ6個入り1000円

1. レンガ造りの本館は1927（昭和2）年に再建。半円アーチの窓などゴシックとロマネスク様式を取り入れたデザイン
2.「慈しみの聖母マリア」と呼ばれ親しまれている彫像
3. 四季折々の風景が楽しめる修道院前庭

車ならココにも立ち寄り！🚗

6 函館牛乳の牧場内にある穴場的な店

函館牛乳しアイス118
ハコダテギュウニュウアイスイチイチハチ

函館市民に愛されている「函館牛乳」を製造する函館酪農公社の工場敷地内にあるショップ。のびのびとした風景を眺めながら牛乳本来の味を大切にしたソフトクリームなどが味わえる。

Map P.190-C2 函館

🏠函館市中野町118 ☎0138-58-1155 ⏰10:00～17:00（12～3月は～16:00）休無休（12～3月は水）交JR函館駅から車で35分、函館空港から車で5分 P20台

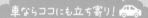

1. 函館と近郊農家の新鮮な生乳を使った函館牛乳。函館に行ったらぜひ飲んでみよう 2. さまざまな乳製品が揃う 3. 牛乳をたっぷり使った牛乳コロッケ160円 4. 天気がいい日はベンチでのんびり 5. パフェは左からいちご、キャラメルモカ、チョコ各480円

いろいろな種類があるよ

Petit trip!

電停函館駅前
電停湯の川
函館空港
函館近郊MAP
N
278 83 63

Tips 修道院から空港は近いので空港に向かう前に寄るのがおすすめ。車を使わない場合、修道院から空港までのバスは1時間に1本程度なので出発時間を事前にチェック。

トラピスチヌ修道院のマダレナケーキの材料は小麦粉、鶏卵、バター、砂糖のみ。修道院でしか購入できないのでチェック。

「千の風になって」の景観

函館近郊の絶景スポット 大沼

シルエットが美しい活火山の駒ヶ岳

遊歩道に架かる橋と小島、駒ヶ岳の絵はがきのような風景

湖畔から景色を楽しむ

名曲「千の風になって」誕生の地として知られる大沼。自然を感じるさまざまなアクティビティを通して絶景を眺めよう。

大沼だんご

大沼名物

1905（明治38）年創業の「元祖大沼だんご 沼の家（ぬまのや）」で販売している「大沼だんご」。折を大沼と小沼、だんごを浮島に見立てているそう。あん×正油、胡麻×正油の組み合わせがある。

小折各430円。胡麻は数が少ないので早めに

♠七飯町字大沼町145　☎0138-67-2104　⏰8:30～18:00（売り切れ次第閉店）　📅無休　🚃JR大沼公園駅から徒歩1分

大沼国定公園 オオヌマコクテイコウエン

見て歩いて自然に触れる

大沼・小沼・じゅんさい沼の総称。標高1131mの駒ヶ岳を背景に、120もの島々が浮かぶ景観は自然が造る日本庭園のよう。1958年に北海道初の国定公園に指定され、散策や野鳥観察などで手つかずの自然を楽しめる。

Map P.190-C2 大沼

♠七飯町大沼町　☎0138-67-2170（大沼国際交流プラザ）　🚃JR函館駅から30分、大沼公園駅下車。車は函館から40分　🅿あり

イクサンダー大沼カヌーハウス

カヌー

イクサンダーオオヌマカヌーハウス

小沼から出発して大沼へと、カヌーを漕いで湖上を行く。途中、島に上陸してティータイム。スイレンやコウホネの花、水面からの駒ヶ岳を堪能できる。

♠七飯町大沼町22-4　☎0138-67-3419　💴2時間コース5000円　🚃JR大沼駅から車で3分

沼に浮かぶ花のなかを進む

千の風のモニュメント

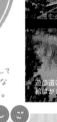

ウオーキング

2

大沼・小沼湖畔遊歩道 オオヌマ・コヌマコハンユウホドウ

大沼公園広場から「大島の路」「森の小径」「島巡りの路」、小沼には「夕日の小沼道」の自然散策コースが整備されている。ぐるりと一周する島巡りの路は所要約50分。それ以外は15～25分と気軽に歩ける。

🚶散策自由（冬季は未除雪）

1.「島巡りの路」の湖月橋は駒ヶ岳のビュースポット　2 駅から徒歩7分ほどの場所にある「千の風になって」のモニュメント

大沼公園で何して遊ぶ？ ♪♫

大沼は一周約14km。自転車で回ると1時間10～30分ほど。風を切って走りながら駒ヶ岳と湖をいろいろな角度から眺めよう。駅前にレンタサイクルがある。

💴レンタサイクル1時間500円、乗り放題1000円

サイクリング

気持ちのいいサイクリングロード

遊覧船

島を縫ってゆっくり進む

眺めを楽しめる島巡りクルーズ

大沼合同遊船 オオヌマゴウドウユウセン

大沼と小沼を船でクルーズ。所要約30分で島を巡る遊覧船と、手漕ぎボートやペダルボートも借りられる。船の御朱印「御船印」を販売（500円）。

♠七飯町大沼町1023-1　☎0138-67-2229　⏰4月中旬～11月末9:00～16:20　📅期間中無休　💴遊覧船島巡り一周コース乗船1460円　🚃JR大沼公園駅から徒歩6分

TOKACHI
OBIHIRO

帯広・十勝

田園風景や牧場の、北海道らしい風景が見られる場所。
点在するガーデンを巡って十勝の広さを体感してみて。
中心地の帯広では、食の豊かさを食べて実感！

O B H I R O

&

T O K A C H I

花と緑の癒やしスポット 十勝のガーデン巡り

十勝エリアにある広大な5つのガーデン。
花の種類、景色、テーマがそれぞれ違うので
ガーデン巡りをして花風景を満喫しよう。

6月に開催される
アンブレラスカイ

Healing Spot!

- ●ベストシーズン：7〜8月
- ●広さ：23ヘクタール
- ●イチオシpoint：入口のヒルズショップのカフェではピクニックセットを貸し出し。購入したものをガーデン内で食べることも

北海道ガーデン街道

大雪〜富良野〜十勝の約250kmを結ぶ道は「北海道ガーデン街道」と呼ばれている。十勝エリアには スケールの大きな5つのガーデンが点在している。

cafe & shop

地元のパン屋さんとコラボしたチキンランチプレート1300円

ガーデンカフェNIWAKARA
ガーデンカフェニワカラ

ガーデン内にあり、窓の外にスカイミラーが見渡せる。マンガリッツァ豚のメニューや季節のドリンクなどが楽しめる。●10:00〜16:30(L.O.)　⊕不定休

ヒルズショップ
園内の草花で作ったドライフラワーがいっぱいのメルヘンなショップ。オリジナルのジャムやドレッシングが人気。十勝産の豆も販売。

十勝産小豆を使ったあずきソフト

Close up
スカイミラー
ブルーサルビアの花畑の中央に1本のシンボルツリー。山並みと帯広市街も望める

丘の上にある7つのガーデン

1 十勝ヒルズ トカチヒルズ

小高い丘の上に広がる眺めのいいガーデン。花と食と農をコンセプトに7つのガーデンがあり、ハーブや食用花も育てている。ショップではオリジナル調味料や雑貨などを販売。

800株のバラが咲くローズガーデンは7月が見頃

日本庭園の池に浮かぶ睡蓮の花

Map P.203-C4　幕別

⚑幕別町日新13-5　☎0155-56-1111　⊕4月20日〜10月(ガーデンは10月14日)の9:00〜17:00　⊕期間中無休　⊕入園1000円　⊕JR帯広駅から車で20分　₱150台

---

cafe & shop

六cafe ロッカフェ
六花亭の商品が購入できるショップとカフェがあり、カフェではガーデンを眺めながらケーキやカレーが味わえる。☎0155-63-1000　⊕4月下旬〜10月下旬の11:00〜15:30(L.O.)(時期により変動)　⊕期間中無休

作り立てのマルセイバターサンド1個145円が食べられるのはここだけ

森の中に咲く山野草

2 六花の森 ロッカノモリ

画家の坂本直行が六花亭の包装紙に描いた「十勝六花」と呼ばれる6種の山野草を栽培している森。クロアチアの古民家を使ったギャラリーが点在している。

Map P.203-C4　中札内

⚑中札内村常磐西3線249-6　☎0155-63-1000　⊕4月下旬〜10月下旬の10:00〜16:00　⊕期間中無休　⊕入園1000円　⊕JR帯広駅から車で45分　₱80台

敷地内にはいろいろなオブジェも

坂本直行記念館、包装紙の原画が見られる「花柄包装紙館」などが点在

- ●ベストシーズン：5〜8月
- ●広さ：10ヘクタール
- ●イチオシpoint：川が流れる森の中にエゾリンドウ、ハマナシ、シラネアオイなど北海道の山野草が咲く

Close up
オオバナノエンレイソウ群生地

森の中が白い花で埋め尽くされる光景が見られる。見頃は5月中〜下旬

六cafeは広い窓からガーデンのグリーンを眺めながらカフェタイムが過ごせるお気に入りの場所です。カフェ利用は入園料不要!(帯広市・natsu)

3 メルヘンなガーデン 紫竹ガーデン
シチクガーデン

花をこよなく愛した紫竹昭葉さんが、2021年に94歳で亡くなるまで、大切に育ててきた1万8000坪の花畑。春から秋にかけて約2500種の花々が咲く。

Map P.203-C4 帯広

🏠帯広市美栄町4線107 ☎0155-60-2377 ⏰4月下旬〜10月中旬の8:00〜17:00 ⏰期間中無休 💴入園1000円 🚃JR帯広駅から車で45分 🅿50台

●ベストシーズン：6〜8月
●広さ：6ヘクタール
●イチオシpoint：
宿根草、メドウ、ハーブなど22ものガーデンがあり、多彩な花風景が堪能できる

Close up!
花の径
入って最初に現れるカラフルな花と東屋がフォトジェニックなガーデン

cafe & shop
Flower Hearts
フラワーハーツ

入口にあるショップ＆カフェ。手作りのシフォンケーキやスコーンのセットが人気。

バラソフトクリーム400円。バラの香りが口の中に広がる

4 日本初のコニファーガーデン 真鍋庭園
マナベテイエン

針葉樹がメインのコニファーガーデン。日本庭園、ヨーロッパガーデン、風景式庭園の3つのテーマで構成。ガーデニングショップも。

Map P.203-C4 帯広

🏠帯広市稲田町東2線6 ☎0155-48-2120 ⏰4月下旬〜11月下旬の8:30〜17:30（最終入園17:00、10〜11月は時間短縮あり）⏰期間中無休 💴入園1000円 🚃JR帯広駅から車で15分 🅿50台

cafe & shop
ガーデンカフェとかち屋
ガーデンカフェトカチヤ

エレガントな雰囲気のゆったりとしたカフェ。晴れた日は木々に囲まれたテラス席がおすすめ。

⏰4月下旬〜10月中旬の10:00〜17:00 ⏰期間中無休（時期により変動）

日本庭園の見事な紅葉

世界各国のカエデが茂る庭園は紅葉の名所でもあり、見頃は10月中旬

Close up!
日本庭園

無料エリアにはNHK連続テレビ小説で使われた「天陽のアトリエ」がある

●ベストシーズン：6〜10月
●広さ：8ヘクタール
●イチオシpoint：
数千種の多彩な植物が造り出す美しい風景。モンスターガーデンもある

エゾリス発見！

芝生の広場の先にある「リスの教会」が絵になるガーデン

落ち葉のハート

Close up!
リバースボーダーガーデン

●ベストシーズン：7〜8月
●広さ：400ヘクタール
●イチオシpoint：
地球環境を守ることから始まった5つのガーデンからなり、北海道の雄大さを体感

Close up!
アースガーデン

大地の庭と題した広大なガーデンで、波打つ芝と日高山脈が一体となっている

ヤギにも合える♪

5 アートと自然との融合 十勝千年の森
トカチセンネンノモリ

人が自然と触れ合える場所として誕生。千年後の未来へ遺すために育て続ける森をコンセプトとした緑が広がる。

Map P.191-B3 清水

🏠清水町羽帯南10線 ☎0156-63-3000 ⏰4月下旬〜10月中旬の9:30〜17:00（時季により変動）⏰期間中無休 💴入園1200円 🚃JR帯広駅から車で45分 🅿180台

activity
セグウェイガイドツアー

広い園内を巡るセグウェイガイドツアーを開催。初心者でもレクチャーを受けて参加できる。⏰4月下旬〜10月中旬（降雪の状況による）、所要レクチャー45分、ガイド90分、要予約 ⏰期間中無休 💴9800円

十勝のガーデンMAP

⑥ 十勝川
JR帯広駅
車で45分
車で8分
④
車で20分
③
車で13分
車で30分
②
①

販売期間 4月22日〜10月9日
とかち花めぐり共通券がお得

十勝のガーデン5施設のうち3施設入園チケットと5施設入園チケットがあり、それぞれ支払うよりとても得。各ガーデンの窓口などで販売。

💴3施設入園チケット2000円、5施設入園チケット3300円

5つのガーデンはいずれも想像以上に広いので、歩きやすい靴を履いて、時間に余裕をもって巡るのがおすすめ。

定番から穴場スポットまで制覇！
帯広グルメ満喫さんぽ♪

農産物の宝庫、十勝。その中心の帯広は、駅からの徒歩圏内にスイーツ店や屋台村があり、ばん馬とも触れ合える街。

TOTAL 9時間30分

帯広おさんぽ

TIME TABLE

- **10:30** JR帯広駅
  ↓ 徒歩7分
- **10:40** 六花亭帯広本店
  ↓ 徒歩2分
- **11:30** カレーショップ
  インデアン まちなか店
  ↓ 徒歩13分
- **12:30** 高橋まんじゅう屋
  ↓ 徒歩10分
- **13:30** 帯廣神社
  ↓ 徒歩20分
- **14:30** 満寿屋本店
  ↓ 徒歩2分
- **18:00** 北の屋台
  ↓ 徒歩2分
- **20:00** 馬車BAR

ふわふわ弾力もある2枚重ね

1 北海道を代表する菓子店の本店
六花亭帯広本店 10:35
ロッカテイオビヒロホンテン

全国的に有名な「六花亭」の帯広本店。1階がショップ、2階に喫茶室があり、季節のスイーツのほかピザやホットケーキなど食事メニューも。

Map P.202-A2 帯広

⌂帯広市西2条南9-6 ☎0120-12-6666 ◷ショップ9:00〜18:00（喫茶室は11:00〜16:30。季節により変動）休無休（喫茶室は水曜）◉JR帯広駅から徒歩5分 ℗19台

ホットケーキ 750円
添えられるバターとメープルシロップと一緒に

2 帯広のソウルフードのひとつ
カレーショップ 11:30
インデアン まちなか店
カレーショップインデアン マチナカテン

十勝エリアに11店舗、釧路に2店舗展開する、帯広市民に愛されるカレー。メニューにより3種類のルーがあり、好みのルーや辛さが選べる。JR帯広駅にも新店舗がオープンした。

Map P.202-A2 帯広

⌂帯広市西2条南10-1-1 ☎0155-20-1818 ◷11:00〜21:00 休無休 ◉JR帯広駅から徒歩5分 ℗3台

インデアン 528円
数十種類のスパイスと牛肉が入ったルーのベーシックなカレー

お焼きチーズとあん各140円
焼きたてのお焼きは外はカリッ、中はふんわりアツアツ

チーズの字を焼印します

3 「たかまん」の愛称で親しまれる
高橋まんじゅう屋 12:30
タカハシマンジュウヤ

1954（昭和29）年創業の老舗店。大きな焼き台でまとめて焼いても飛ぶように売れるお焼きはチーズとあんの2種類。肉まんや蒸しパンもある。

Map P.202-A2 帯広

⌂帯広市東1条南5-19-4 ☎0155-23-1421 ◷9:00〜18:00 休水・第2・3火 ◉JR帯広駅から徒歩8分 ℗7台

4 かわいい授与品と花手水が人気
帯廣神社 13:30
オビヒロジンジャ

市内最大の神社。神社の周りの森には多くの野鳥が生息し、冬はかわいいシマエナガも見られる。シマエナガの御朱印や絵馬が人気。

Map P.202-A2 帯広

⌂帯広市東3条南2-1 ☎0155-23-3955 ◷参拝自由（授与所は9:00〜17:00）◉JR帯広駅から車で7分 ℗150台

きれいな花手水

シマエナガのかわいい授与品がいろいろ♡

参拝は24時間できる

1.表も裏もかわいい御朱印帳　2.シマエナガの形をした御朱印　3.北海道のご当地みくじシリーズのひとつ、シマエナガみくじ

道の駅おとふけ なつぞらのふる里と、JR帯広駅エスタ西館のインデアンでは冷凍のルーが売られています。（帯広市・asuka）

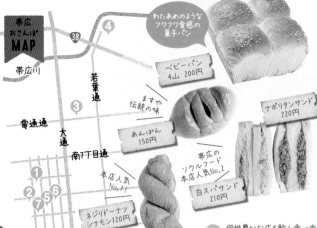

帯広おさんぽMAP

帯広川

若葉通

電通通

大通

南7丁目通

38

JR帯広駅

わたあめのような
フワフワ食感の
菓子パン

ベビーパン
4山 200円

ますや
伝統の味

あんぱん
150円

ナポリタンサンド
220円

帯広の
ソウルフード
本店人気No.2

白スパサンド
210円

本店人気
No.1

ネジリドーナツ
シナモン120円

---

5 満寿屋本店 14:30

創業1950年の老舗パン屋

マスヤホンテン

麦音やトラントンなど十勝で7店舗を
展開する、満寿屋の創業店。全店舗
十勝産小麦100％のパンを販売し、
本店では昔懐かしいパンが人気。

Map P.202-A2 帯広

🏠帯広市西1条南
10-2 ☎0155-23-
4659 ⏰9:30～
16:00 🈺無休
🚃JR帯広駅から徒
歩7分 🅿なし

冬は囲いができて暖かい

---

6 北の屋台 18:00

個性豊かな店を飲み食べ歩き

キタノヤタイ

十勝の食材を使った料理とお酒、店主や地元
の人との会話が楽しめる屋台村。50mの路
地にジャンルも異なる個性的な20軒が並ぶ。

Map P.202-A2 帯広

🏠帯広市西1条南10いきぬき通り ☎0155-23-8194
（北の起業広場協同組合） ⏰🈺店舗により異なる
🚃JR帯広駅から徒歩5分 🅿なし

乾杯！
アイヌの食文化に
触れられますよ

ポンチセ

アイヌ語で小さな家とい
う店名。アイヌ料理とア
ジア料理などが味わえる。

☎080-6077-3763
⏰18:00～24:00 🈺水

長芋チーズ
パリパリ焼き
770円

バリバリに焼い
たチーズと長イ
モのサクサク感
がマッチ

チポロイモ
770円

イクラとマッシュポ
テトのアイヌ風ポテ
トサラダ

---

7 馬車BAR 20:00

馬車のバーで町内を巡る

バシャバー

十勝のばん馬がひく馬車に揺られ、クラフト
ビールを飲みながら夜の帯広を巡る。HOTEL &
CAFE NUPKAを起点に、約2kmのコースを50分
かけて一周する。当日空きがあれば乗車可。

Map P.202-A2 帯広

🏠帯広市西2条南10-20-3（HOTEL & CAFE NUPKA）
☎0155-20-2600 ⏰運行、運休は時期により変動。ウェブサイ
トで要確認。要予約 💴乗車3300円（ドリンクとおつまみ付
き）、所要約50分 🚃JR帯広駅から徒歩3分 🅿なし

お酒と
おつまみ付き

1.ばんえい十勝で活躍したムサシコマ　2.馬車には1階席
とオープンエアの2階席がある　3.北海道産大麦100％の
クラフトビール「旅のはじまりのビール」

螺旋階段を上がった2階席は高い目線で眺めら
れる。馬の話や町のガイドを聞きながら巡る

土・日・月曜なら要チェック！

迫力満点のばん馬のレース

速さではなく力を競うばんえい競馬。農耕馬
の力比べが始まりとされ、1946（昭和21）
年に公営競馬となる。かつては道内各地で行
われていたが現在は帯広競馬場のみで開催。

ばんえい十勝 バンエイトカチ

Map P.202-A1 帯広

🏠帯広市西13条南9 ☎0155-34-0825
⏰土・日・月曜（レース発走時刻は要問い合わ
せ。4～11月はナイター開催） 💴入園100円
🚃JR帯広駅から車で7分 🅿400台

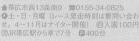

2つの障害物を越える

産直市場もある

2つの障害を越えてゴールするばんえい競馬は全長200mある。コース脇で見学できるので、馬と一緒に移動しながら応援しよう。

雨の日はこんな
世界でひとつの作品

十勝で見つけた、かわいくてワクワク
ガラスともふもふの羊毛。世界で

カラフルなガラス片を
貼り付けて作る
モザイクランプ

きれいな
ランプが
できますよ

菱形や丸のガラス片を組み合わせて模様を生み出すモザイク。透明ガラスのランプシェードに貼り付けて、オリジナルのモザイクランプを完成させよう。ガラスの色選びや、形の組み合わせも自由なので、考える時間も楽しい!

所要	2時間
料金	モザイク
	ランプ作り3980円
	（スタンドLED付き）
予約	要予約

Point：作った作品はその後、ガラスの間に石膏を塗り込んで乾燥させるため完成するのは1週間後。地方発送もしてくれる（送料別）。

材料
菱形や四角にカットしたガラスの板とガラスのランプシェード

Start!

いろいろな
組み合わせが
あります

1 レクチャーを受けながら作りたい模様のイメージをふくらませる

2 色の配置やモザイク模様を考えながら紙の上にガラスを置いていく

光を当てて
ガラスの色を
確認

底になる部分は円形を意識して放射状に

3 貼り付けるときは上下逆になるので注意して

底の真ん中は
丸いガラスで

7 ここまでで作業終了。あとは完成を楽しみに待つばかり

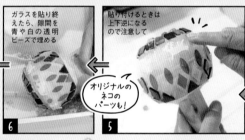

6 ガラスを貼り終えたら、隙間を青や白の透明ビーズで埋める

5

オリジナルの
ネコの
パーツも！

4 ガラスのシェードに糊を塗り、紙に置いたガラスを貼り付けていく

完成
幻想的な
輝きに
うっとり

届いた作品は暗くなるまで待ってライトをオン！

誰でも簡単に
できますよ！

オーナーの
金子輝和さん
トンボ玉などのガラス工芸品を制作するかたわらワークショップを開催

ガラス工房ポンテ
ガラスコウボウポンテ

ガラス作品を手がける金子さんが独自に作り上げたモザイクランプ。LEDライトとスタンド付きで届くのですぐに点灯して楽しめる。

Map P.203-C4 帯広

🏠 帯広市東1条南18-1-3
📞 0155-66-9227　⏰ 10:00～18:00
🗓 不定休　🚃 JR帯広駅から徒歩15分
🅿 4台

工房の一角ではオリジナル商品を販売。ガラスのどんぐりストラップ各880円

🔽 モザイクランプがひとつあるだけで、家の中はエキゾチックな空間に。何個か並べると雰囲気がよさそう。また体験したいです。(札幌市・ゆうこ)

楽しみ方も づくりに挑戦！

しちゃうクラフト体験。カラフルな
たったひとつの作品を作ってみて。

所要:	2時間
料金:	●ヒツジ牧場
	見学1組1000円
	●ヒツジのマスコット作り
	体験人1000円
予約:	要予約

Point: 見学や体験は美蔓亭の営業前と、一段落する午後になる。ランチもあわせて楽しむプランを立てるのがおすすめ。

羊牧場のフェルト体験
羊ふれあい&羊毛マスコット

通常はヒツジの小屋と牧場を見学したのち、美蔓亭でフェルト作りの体験をする。フェルト作り、本格的な糸紡ぎ体験や、4〜5月はヒツジの毛刈り体験も（要予約）。

1 ヒツジ牧場の見学

約50頭のヒツジを飼育。牧草地でのびのび育つ質のいいヒツジは希少価値が高く、全国から引っ張りだこだそう

うちの自慢の
ヒツジたちです！

経営者の田中公治さん
愛情をかけてたくさん
のヒツジを飼育

美蔓めん羊牧場
ビマンメンヨウボクジョウ

田中さん一家が経営するめん羊牧場と食事処。ヒツジは黒い顔が特徴のサフォークが中心。5月にはかわいい子ヒツジに癒やされる。コテージに宿泊しながらの本格ファーム体験もできる。

Map P.191-B3 　清水

- 清水町美蔓西24線100
- ☎0156-62-5033
- ⏰9:00〜10:30、14:00〜17:00
- 不定休
- JR帯広駅から車で30分
- 15台

2 羊のマスコット作り体験

Start!

1 羊毛を薄く細く伸ばしていく。切れないよう均一な厚さに伸ばすのがコツ

材料
基本材料は羊毛とモールのみ

2 モールで骨組みを作り、伸ばした羊毛を足の部分から巻き付けていく

ぐるぐると巻き付けていく

3 前足、後ろ足の順に羊毛を巻き付けていく。小さいので案外難しい

お尻の形を整えて

4 お尻の部分は丸みを出すよう厚くして、最後に胴体を巻いていく

5 フェルトニードルを刺して足先を出し、体が丸くなるよう形を整える

6 胴体ができあがったら最後にモールをくるっと曲げて顔を作る

完成
もこもこエアリーな親子ヒツジ

体験の前後は自慢のラム料理を

左：サフォークラーメン1200円　右：ラム定食1500円
自慢のラム肉をシンプルに味わえる人気メニュー

美蔓亭 ビマンテイ

美蔓めん羊牧場直営の食事処。牧場の希少なラム肉を味わえるとあって、遠方から訪れる人も多い。ラム肉以外にラーメンや餃子も人気。

- ⏰11:00〜15:00　月（祝日は営業）

ふんわりかわいい大小ふたつの羊毛のヒツジが完成♡

タレに付けて炭火焼きです

マストで食べたい酪農王国の
名物豚丼からの十勝スイーツ♡

北海道らしい景色が広がる十勝。大規模な畑と牧場が続き、食料自給率は1100%とも。十勝名物の豚丼と酪農王国のスイーツを味わおう。

豚丼サイコー！

Pork bowl

肉はていねいに手切りします

豚丼

昭和初期に誕生したという帯広名物。炭焼きの豚肉に、うなぎの蒲焼き風のたれがマッチしたご飯が進む丼だ。

豚丼データ
肉：バラ肉
たれ：甘め★★★☆☆辛め

豚丼データ
肉：ロース肉
たれ：甘め★★☆☆辛め

Ⓐ
特盛り豚丼1320円
丼から肉がはみ出るほどの大盛り。白髪ネギが味のアクセント

ライス別盛りの豚皿もある

豚丼食べに来てください！

中豚968円
たれにくぐらせながら道産ナラの炭でじっくり焼き上げる

Ⓑ

豚丼データ
肉：ロースとバラ肉のミックス
たれ：甘め★★☆☆☆辛め

大きめの肉を炭火でじっくり

Ⓒ
バラぶた丼（ライス・肉大盛り）1230円
三枚肉がたっぷり。脂身と肉のうま味を味わえる。通常サイズは890円

Ⓐ
北海道のたれ屋が作る炭焼き豚丼
十勝豚丼いっぴん 帯広本店
トカチブタドンイッピン オビヒロホンテン
たれのメーカー、ソラチが経営する豚丼専門店。"豚丼一品で勝負"が名前の由来。炭焼きロース肉と非加熱の低温熟成たれが食欲を刺激。
Map P.203-C4 帯広
🏠帯広市西21条南3-5 ☎0155-41-1789
🕐11:00～21:00 🈺無休 🚃JR帯広駅から徒歩15分 🅿20台

Ⓑ
肉の種類が選べるミックスも
炭火焼豚丼とんび
スミビヤキブタドントンビ
西島さんご夫妻が自宅を改装した店舗で営む。炭火で焼き上げる道産豚肉と祖母直伝のたれがマッチ。子ір供から大盛までサイズが選べる。
Map P.203-C4 帯広
🏠帯広市西1条南24-8-1 ☎0155-26-7311
🕐11:00～14:30、17:30～20:00 🈺火・水 🚃JR帯広駅から車で5分 🅿4台

Ⓒ
ロース、バラ、ヒレと豚肉揃い踏み
ぶた丼のとん田
ブタドンノトンタ
創業者が肉屋を営んでいたことから肉には自信あり。手切りするロース、バラ、ヒレ肉の3種の盛り合わせが人気。
Map P.203-C4 帯広
🏠帯広市東10南17 ☎0155-24-4358
🕐11:00～18:00（肉がなくなり次第終了）🈺無休 🚃JR帯広駅から車で10分 🅿21台

帯広のスーパーや空港にはいろんな種類の豚丼のたれが売られています。おみやげにいかが？（神奈川県・Suzu）

名物豚丼からの十勝スイーツ♡

苺タルト600円＋
セットドリンク380円
イートインではプレートにお店のロゴが描かれて芸術作品のよう

濃厚でクリーミーなカスタードクリーム

パウダーシュガーに一筆書きの「あちろ」のマーク

sweets

シマエナガパフェ
1650円〜
期間限定のパフェにシマエナガケーキをオン！

十勝スイーツ

十勝は小麦、ミルク、バター、甜菜糖などお菓子の原材料の産地。十勝産の材料を使ったスイーツを帯広で味わおう。

内容は月ごとに変わるのでお楽しみ

ふわふわしっとりの十勝産チーズムース

シマエナガケーキ
660円〜
白い卵で作ったスポンジと、チョコの尾がキュート

パリパリの焼きチーズ

パフェ'Sケーキ
896円
店主のアイデアから生まれた"手に持つパフェ"。中にひと口サイズのケーキ入り

中に人気のカマンベールチーズのTS'ケーキ、イチゴのコンポート、バニラアイスなど

柳月銘菓バウムクーヘン「三方六」を大胆にトッピング

三方六と生クリームパフェ
750円
オープン当時からの人気のオリジナルパフェ

おみやげはコレ！

ナチュラルチーズケーキ
北海道フロマージュ×カマンベール
各4個入り1728円

D 住宅街にある隠れ家カフェ
Cake&Cafe Atiro
ケーキアンドカフェ アチロ
パティシエの織田さんが、十勝の食材を使って作る見た目も美しいスイーツが並ぶ。店名は織田さんの名を逆から読んだもの。
Map P.203-C4 帯広
🏠帯広市西7条南24-41　☎0155-67-6921
🕙10:00〜18:00　休月
🚃JR帯広駅から車で5分　P10台

E 十勝食材のチーズケーキが人気
トテッポ工房café
トテッポコウボウカフェ
ショップではケーキや焼き菓子などを販売。食堂車をイメージした造りのカフェではパフェやチーズケーキなどを楽しめる。
Map P.203-C4 帯広
🏠帯広市西6条南17-3-1　☎070-4177-2631(ショップは)　☎0155-21-0101(カフェ)
🕙11:00〜16:30 (L.O.)
休不定休　🚃JR帯広駅から徒歩10分　P38台

F 十勝スタイルのイタリアン
トスカチーナ
帯広の老舗菓子店、柳月ショップと併設のレストランカフェ。月替わりで提供している期間限定パスタがオススメ。
Map P.203-C4 帯広
🏠帯広市西18条南5-45-2　☎0155-38-3966
🕙カフェレストラン10:00〜19:30(L.O.)
休火(ショップは無休)　🚃JR帯広駅から車で10分　P54台

トテッポとは、1924〜77年にかけて帯広市内と南部の市町村を結びビートを運んでいた私鉄「十勝鉄道」の愛称。 **159**

然別湖
しかりべつこ

大雪山国立公園の麓に横たわる、周囲約14kmの北海道最高所に位置する自然湖。夏は自然散策ができ、冬は凍った湖の上に「然別湖コタン」の氷の建物が登場。

Map P.203-B3　然別湖

🏠 鹿追町北瓜幕無番地
🚃 JR帯広駅からバスで1時間20分、然別湖（然別湖畔温泉）下車

氷のイグルー

SHIKARIBETSUKO

大雪山の然別湖と奇跡の

大雪山の麓にひっそり然別湖ではネイチャ廃線跡のアーチ

何もかもが氷の幻想的な世界
然別湖コタン
シカリベツココタン

厳冬期に全面凍結する然別湖。切り出した氷のブロックを積み重ねて造るイグルーや氷のチャペルは美しい透明な空間。氷上露天風呂も登場する。

Map P.203-B3　然別湖

☎ 0156-69-8181（然別湖ネイチャーセンター）
🕐 1月下旬～3月中旬
💰 期間中無休　協賛金として500円

氷の露天風呂

満天の星

氷河期からの生き残り
ナキウサギが生息

然別湖周辺には氷河期にユーラシア大陸から渡ってきた準絶滅危惧種のエゾナキウサギが生息。体長15cmほどのウサギの仲間で、永久凍土にある風穴地帯の岩場をすみかとしている。

ピィッ
ピィッ

体験も！

然別湖でアクティビティを楽しむ！

然別湖の自然を楽しむガイドウオーク、カヌーやエア・トリップなどのアクティビティを開催。3日前までに要予約。

然別湖ネイチャーセンター
Map P.203-B3　帯広・十勝

☎ 0156-69-8181
💰 アクティビティにより異なる

1. 最高地点約16m、最高速度40kmで滑り降りるエア・トリップは所要約2時間、6000円　2. シーカヤック所要約1時間、1000円～

SNSで話題の不思議な光景
然別湖の湖底線路
シカリベツコノコテイセンロ

5月下旬～10月は然別湖遊覧船が運航している。湖底線路はその船を陸に上げ下ろしするためのもの。フォトジェニックスポットとして話題。

Map P.203-B3　然別湖

👁 見学自由

湖底に続く線路

History

かつて糠平湖の湖畔に十勝三股と帯広を結ぶ旧国鉄士幌線が走っていたが1987（昭和62）年に廃線。沢に架けられた60ものコンクリート製アーチ橋梁群が残る。

鉄道好きはここもCheck！

糠平駅跡地に建てられた資料館

1987年に廃線になった旧国鉄士幌線の路線図、工事写真、ジオラマなどを展示。アーチ橋までの道順や撮影スポットなどの情報も手に入る。

上士幌町鉄道資料館 カミシホロチョウテツドウシリョウカン
Map P.203-B3 糠平湖
🏠上士幌町字ぬかびら源泉郷　☎01564-4-2041
🕐4〜10月の9：00〜16：00　期間中月曜
💴入館100円　🚃ぬかびら源泉郷　🅿15台

ひと足延ばして行ってみたい
東京ドーム358個分の牧場

総面積約1700ヘクタール、日本一の公共牧場。月齢の低い牛を飼い主から預かる育成牧場で、夏は草地に放牧される牛たちを見ることができる。頂上にあるナイタイテラスでは牧場を眺めながらカフェタイムを過ごせる。

1. 地元の牛乳で作ったソフトクリーム 2. ゲートから標高800mの頂上まで約7kmある

ナイタイ高原牧場
ナイタイコウゲンボクジョウ
Map P.203-B3
上士幌
🏠上士幌町上音更　☎01564-7-7777（株式会社Karch）🕐6〜9月は7：00〜19：00、5・10月は〜18：00　期間中無休　💴見学無料　🚃JR帯広駅から車で1時間　🅿80台

道内一の大きさを誇る
第三音更川橋梁
ダイサンオトフケガワキョウリョウ

アーチの径間が32mあり、鉄製コンクリートアーチ橋としては北海道最大。この橋をモデルに、全国で大きなアーチ橋梁が造られるようになった。

Map P.203-B3 糠平湖
🚃ぬかびら源泉郷から車で7分

最大級のアーチ橋

小さなアーチ橋

国道沿いから眺められる
五の沢橋梁 ゴノサワキョウリョウ

五の沢川に架かる長さ7mのアーチ橋。国道273号線から見ることができる。

Map P.203-B3 糠平湖
🚃ぬかびら源泉郷から車で7分

ふたつの秘湖
糠平湖の絶景

横たわるふたつの湖。一体験、糠平湖では橋巡りが人気。

NUKABIRAKO

古代遺跡のようなアーチ橋
タウシュベツ川橋梁
タウシュベツガワキョウリョウ

コンクリート製アーチ橋を代表する橋梁で1937年に完成。長さ130mあり、めがね橋とも呼ばれている。糠平湖の水位が下がる1月頃に姿を現し、水位が上昇する夏には湖底に沈む。

糠平湖
ぬかびらこ

東大雪の森の中にたたずむ人造湖。湖畔の国道273号線沿いに旧国鉄士幌線の橋梁跡が多数残る。秘湯のぬかびら源泉郷には、源泉かけ流しの温泉宿がある。

Map P.203-B3 糠平湖
🏠上士幌町糠平　🚃JR帯広駅からぬかびら源泉郷まで車で1時間30分

然別湖と糠平湖の奇跡の絶景

初心者でも森をパカパカ馬の旅!
十勝の大自然で乗馬体験

自分で馬の手綱を持って森の中をホーストレッキング。馬の体温を感じながら、馬の目線で十勝の大自然を眺めてみよう。

乗馬の楽しさを感じてください!

WESTERN VILLAGE SAHORO

姿勢よく前を見てね

けっこう高さがあるんですね

大自然のなかで乗馬を楽しむ
WESTERN VILLAGE SAHORO
ウエスタンビレッジ サホロ

乗馬歴ん十年のジャックさんが案内してくれるので心強い!

日高山脈の裾野、狩勝峠の3合目にある、ウエスタンスタイルの体験乗馬ができる施設。初心者でも馬の手綱を持って、森の中を歩くことができる。隣接して旧国鉄狩勝線の新内駅があり、エコトロッコやドラマのロケセットも。

Map P.191-B3 新得

🏠 新得町狩勝高原
☎ 080-5598-3424 ⏰ 午前1回、午後2回 🚃 JR新得駅から車で10分 Ｐ 公共利用

所要…約1時間
料金…1万2100円
(冬季は天候により内容が変わるので要問合せ)
point
長袖、長ズボンはマストで草木に引っかからない素材のものを。靴は底がしっかりしたものがベストだが、長靴も借りられる。

START

止まりたいときは手綱を引いて

木馬で練習

まずは木馬で手綱の扱い方を練習。木馬の首は手綱を操る方向にしっかり曲がるので本番さながらの練習ができる

さぁ、出発!

笹の生い茂る道をGO!馬が草を食べたがるので、道草されないようにしっかり手綱でコントロールしよう

ハラハラドキドキ!

川を渡る

いきなり難所が登場。坂を下り順番に川を渡る。馬がしっかり歩いてくれるので、緊張しないで進もう

✉ 乗馬のあとに足漕ぎエコトロッコを体験しました。信号やトンネルもあり楽しめます。運行日をチェックしてみて。(釧路市・T.F)

昔ながらの
固めのプリン

乗馬のあとは
スイーツでゆっくり

施設では柵のないフリーレンジでブリマスロックやアローカナなどの珍しい鶏を飼育。毎朝取る産みたて卵のシフォンケーキやプリンなどを味わえる。

週末限定スイーツショップ
農家カフェ峠のテラス
ノウカカフェトウゲノテラス

Map P.191-B3 新得

☎080-5598-3424
⏰土・日10:30〜15:30（冬季は11:00〜15:00）㊡不定休

手作りアイスクリーム500円
卵をたっぷり使った優しく懐かしい味わい

農家焼きプリン500円
牧場の卵を使った固めのプリン。下にはチョコレートブラウニー

ゆっくり
ゆっくりね

坂を上る

クライマックスは川から土手を一気に駆け上がるところ。しっかりと手綱を握り、馬のお腹に足で合図を送って誘導しよう

再び川を歩く

再び川へと下りる。馬に水を飲ませながら川も進もう。カウボーイ気分満点の川から出ればゴールは近い

再び森の中へ

川を渡り森の中に進む。エゾシカやキタキツネなど動物が出てくるかもしれないので周りにも目を配ろう

ひと足延ばして
行ってみたい！
ヒグマに大接近できる！

自然に近い環境で飼育されているヒグマを観察できる日本で唯一の施設。ヒグマたち11頭が暮らしている。園内を走行するベアウォッチングバスや遊歩道から見られ、ベアポイントではヒグマと大接近できる。

十勝の大自然で乗馬体験

近くで見ると
大きさに驚き！

バスと遊歩道の終点にあるベアポイントでは、水浴びをしたり顔を食べるヒグマを間近に観察できる

こちらに興味を示すとガラスをバン！と叩くことも

バスから
ウォッチ！

ガラスの
厚さは4cm

金網張りの専用バスや高さ5mの遊歩道からヒグマを探す

サホロリゾート ベア・マウンテン

Map P.191-B3 新得

🏠新得町狩勝高原 ☎0156-64-7007
⏰4月27日〜10月20日の9:00〜16:00（最終入場〜15:20）㊡不定休（公式ウェブサイトで要確認）
💰入場3300円（ベアウォッチングバス付き。入場券のみは2200円）🚃JR新得駅から車で15分 🅿600台

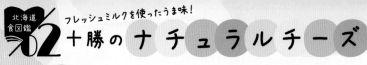

フレッシュミルクを使ったうま味！
十勝の ナチュラルチーズ

十勝平野は酪農が盛んで生乳生産量も多い。良質な生乳と発酵に適した気候により、チーズ作りが盛んだ。空港やみやげ物店などで比較的購入しやすいチーズを紹介。

ナチュラルチーズとは？

原材料の生乳を乳酸菌などで発酵熟成させたチーズのこと。フレッシュチーズや白カビチーズ、ウォッシュチーズ、ブルーチーズ、セミハードチーズ、ハードチーズなどの種類がある。

Tokachi Natural Cheese

十勝

クルミパンと相性がいい

鹿追町　鹿追チーズ工房
プレミアムチェダー 2

英国生まれのポピュラーなチェダーチーズタイプ。5ヵ月熟成の商品もあるが、こちらは10℃以下の貯蔵庫で15ヵ月熟成の希少なプレミアムチーズ。削ってサラダにかければシーザーサラダに。

新得町　共働学舎新得農場
ラクレット 1

日本のナチュラルチーズを牽引する共働学舎（きょうどうがくしゃ）の人気商品。加熱するととろりと溶け、香ばしさと風味が生まれる。ジャガイモにかけてラクレットポテトに。

足寄町　しあわせチーズ工房
しあわせラクレット 5

搾りたての温かい生乳でチーズ作りを行う工房。「しあわせラクレット」は表面を塩水で磨きながら3ヵ月以上熟成。加熱して、パンやジャガイモにかけて食べよう。

新得町　広内エゾリスの谷チーズ社
コバン 1

白カビタイプでカマンベールより滑らか。カットしてパンにのせたりサラダに入れると食べやすい。熟成させるとより風味豊か。

足寄町　あしょろチーズ工房
大 5

モッツァレラチーズやラクレットタイプのチーズなどを製造。「大」は4ヵ月以上熟成のハードタイプ。熱を加えると風味が増す。

（地図）
足寄町 5
新得町 1
鹿追町 2
音更町
清水町 3
幕別町 8
帯広市
中札内村 6
更別村 7
大樹町 9

清水町　十勝千年の森チーズ工房
雪むし 3

かわいらしいネーミングの丸いチーズ。ペッパークリームチーズをモチモチしたモッツァレラチーズで包んでいる。

音更町　十勝品質事業協同組合
食べやすいラクレット
十勝ラクレット モールウォッシュ 4

十勝のチーズ生産者数社で作られた協同組合で、各工房が同じラクレットタイプのチーズを作って音更の熟成庫で管理。十勝川温泉のモール温泉水を用いて熟成させている。

幕別町　チーズ工房NEEDS
カチョカバロ 8

ひょうたん形に成形し、首の部分にヒモをかけつるして乾燥熟成。ミルクの風味が残り、熟成とともにコクがでる。70gと200gがあり、加熱料理がおすすめ。

中札内村　十勝野フロマージュ
ブリ・ド・トカチ 6

白カビタイプのブリーチーズ。カット前のホールは直径30cmの大きさがあり、熟成に時間をかけているので香りが高い。

ワインと相性ぴったり

大樹町　半田ファーム
チモシー／オチャード 9

チモシーは塩水で外側を磨いたウォッシュタイプでミルク感がしっかり、オチャードはセミハードタイプでオールマイティ。そのまま食べてもいいが、溶かすとコクがでる。

更別村　さらべつチーズ工房
酪佳（らくか） 7

1年以上長期熟成したハードタイプ。熟成により次第にオレンジ色へと変化していく。パスタにすりおろして、またはスライスしてバゲットと。

釧路・阿寒湖

ネイチャースポットがめじろ押しの道東エリア。
緑の大地が広がる釧路湿原、マリモのいる阿寒湖と感動の連続。
アイヌの伝統文化に触れられる楽しみも！

K U S H I R O

&

A K A N K

釧路・阿寒湖へのアクセス

🚗 車：たんちょう釧路空港からJR釧路駅前まで約20km（約30分）／たんちょう釧路空港から阿寒湖温泉バスターミナルまで約60km（約1時間）
🚌 バス：たんちょう釧路空港からJR釧路駅まで約45分 💰950円
たんちょう釧路空港から阿寒エアポートライナーで阿寒湖温泉バスターミナルまで約1時間15分 💰2190円

「地球は丸い！」と実感する場所
釧路湿原の絶景スポット3

広大な釧路湿原国立公園。湿原の各所に設けられた展望＆
散策スポットから雄大な景観と手つかずの自然を満喫！

Kushiro Shitsugen

日本一の大きさ！

釧路湿原
クシロシツゲン

釧路川流域に広がる日本最大の湿原。土砂や泥炭が堆積してできた湿地で湖沼が点在。特別天然記念物のタンチョウをはじめ、希少な生物のゆりかごだ。

まるでサバンナみたいな眺め！

サテライト展望台からは釧路湿原全体が見渡せる

遊歩道ハイキング

右回りのほうがラクだよ

しばらく行くと長い階段を下る

途中にはスリルのある吊り橋も！

今度は長い階段をひたすら上る

ハンノキの森など湿原特有の植生

途中に展望台や休憩スポットがある

約30分でサテライト展望台に到着！

時間があったら
車窓から湿原を眺められる！

釧網本線の釧路～東釧路～釧路湿原～細岡～塘路を走る観光列車。景色を眺めるために「ノロノロ走るトロッコ列車」がノロッコ号の名前の由来。展望車3両、普通車1両の編成。

くしろ湿原ノロッコ号

Map P.202-B1 釧路

☎011-222-7111（JR北海道電話案内センター） ⏰運行は4月下旬～10月上旬（運行予定や詳細は公式ウェブサイトにて要確認） ⏸運休日あり 💴釧路駅～釧路湿原駅片道440円、塘路駅片道640円、指定席別途840円

その**1**

ハイキングして絶景展望台へ！

湿原展望台遊歩道
シツゲンテンボウダイユウホドウ

釧路市湿原展望台を起点とする1周約2.5km、所要約1時間の遊歩道。木道が整備され、途中に展望台や休憩所がある。サテライト展望台からの眺めは最高！

✚釧路市湿原展望台
クシロシツゲンテンボウダイ

ジオラマで湿原を再現

釧路湿原の生物や植生に関する展示がある。1階には売店やカフェを併設。屋上から湿原や釧路市街を展望できる。

建物はヤチボウズの形をしている

Map P.203-B4 釧路

🏠釧路市北斗6-11 ☎0154-56-2424 ⏰湿原遊歩道は散策自由。湿原展望台8:30～18:00（10～3月は9:00～17:00） ⏸無休 💴入館480円 🚃JR釧路駅から車で30分。釧路空港から車で20分 🅿108台

その**2**

湿原と釧路川を眺められる

細岡展望台
ホソオカテンボウダイ

JR釧路湿原駅から歩いて行ける、釧路湿原の東寄りに位置する展望台。湿原を蛇行して流れる釧路川、雄阿寒・雌阿寒岳を眺められる。

釧路湿原を流れる釧路川

天気がよければ山々の眺めも最高

夕日の絶景スポットとしても人気！

釧路湿原の絶景スポット3

＋ 細岡ビジターズラウンジ
ホソオカビジターズラウンジ

展望台の入口にあり、湿原の情報などを提供。湿原の植物や風景の写真展示もある。売店とテイクアウトコーナー併設。

Map P.203-B4 釧路

🏠釧路町字達古武22-9 ☎0154-40-4455 ◆細岡展望台は見学自由。細岡ビジターズラウンジ4〜9月9:00〜18:00、10〜3月10:00〜16:00(季節により時間短縮) 🈵無休 ⊘入館無料 🚃JR釧路湿原駅から徒歩10分。JR釧路駅から車で40分 🅿60台

湿原にせり出した細岡展望台（大観望展望台）

その**3**

木道を歩いて湿原を間近に観察

温根内木道
オンネナイモクドウ

温根内ビジターセンターを起点とする1周0.5〜3kmの木道。ヨシやスゲの原木や、木道沿いに季節の花々が見られる。

気持ちいい木道歩き♪

歩いていくと風景が変わっていく

パネルや写真の展示がある

＋ 温根内ビジターセンター
オンネナイビジターセンター

見られる花、昆虫、野鳥などに関する情報を発信。自然観察のイベントも開催。

Map P.203-B4 釧路

🏠鶴居村温根内 ☎0154-65-2323 ◆温根内木道は散策自由。温根内ビジターセンター9:00〜17:00(11〜3月は〜16:00) 🈵火 ⊘入館無料 🚃JR釧路駅から車で40分。釧路空港から車で25分 🅿50台

まだある！ 湿原展望スポット ▶▶▶

長い階段の上にある
コッタロ湿原展望台
コッタロシツゲンテンボウダイ

特別保護区のコッタロ湿原を望める展望台。コッタロ川が蛇行し、無数の沼が点在する広漠とした風景は太古の自然そのもの。

Map P.203-B4 釧路

🏠標茶町コッタロ ☎015-486-7872 ◆見学自由 🚃JR釧路駅から車で40分

釧網本線の眺めがいい
達古武が丘展望台
タッコブユメガオカテンボウダイ

達古武オートキャンプ場から達古武湖北岸に続く2.3kmの歩道の終点。釧路川やJR釧網本線の列車を眼下に眺望できる。

Map P.203-B4 釧路

🏠釧路町字達古武 ☎0154-40-4448（達古武オートキャンプ場） ◆見学自由 🚃JR釧路駅から車で40分

みずみずしい湿原風景
サルボ展望台
サルボテンボウダイ

湿原内の塘路湖の北に位置する海抜70mほどの展望台。塘路湖とその周辺に散在する4つの湖沼を眺めることができる。

Map P.203-B4 釧路

🏠標茶町コッタロ ☎015-486-7872 ◆見学自由 🚃JR釧路駅から車で50分

💡密集するスゲの根茎が上へと生長してできるヤチボウズ。湿原内にできた深い池がヤチマナコ。とちらも湿原のシンボル。 **167**

Morning
朝ごはんは海鮮丼で決まり！

港町釧路の朝食は勝手丼が有名。
ご飯を持って市場内を回遊しよう。

> 釧路ならではの
> 魚介もいろいろ
> ありますよ

和商市場の 勝手丼

釧路和商市場の名物。ご飯の上に
自分で好きな具を選んでのせて作る海鮮丼。

勝手丼にチャレンジ！

① ご飯を購入。サイズや白米、酢飯が選べる

② 丼を持って、勝手丼の切り身が並ぶ店へ

③ 好きな具を選んで指さし注文！

④ はい、できあがりました！

⑤ 中央のフリースペースで食べられる

⑥ 大きなボタンエビ！

勝手丼完成！

ボタンエビ
サンマ
マスノスケ
マグロ
クジラ
イクラ
イカ
松川カレイ
ホッケ

切り身は100円〜。写真の
勝手丼は2500円ほど。金
額は仕入れにより変動

釧路港の新鮮魚介が集合！
釧路和商市場
クシロワショウイチバ

Map P.202-B1 釧路

🏠釧路市黒金町13-25
☎0154-22-3226　🕗8:00〜17:00
㊡日　🚃JR釧路駅から徒歩3分　🅿134台

1954年に開設された釧路の台所。港直送の魚
介のほか、肉や野菜、果物、雑貨まで扱う。市
場名物の勝手丼は、対面販売の楽しさも味わえ
る。ご飯片手に店舗を巡ろう。

Lunch
ランチは定番のソウルフード

ランチにオススメはスパカツやラーメン。
おなかをすかせて挑もう。

泉屋の スパカツ

ミートソーススパゲティにトンカツをのせた
老舗洋食レストランの泉屋の看板メニュー。

> スパカツ
> 普通
> 1300円

スパゲティとカツの名コンビ
レストラン泉屋 総本店
レストランイズミヤ ソウホンテン

昭和の中頃、高級だったトンカツをスパ
ゲティにのせ、贅沢な気持ちになっ
てもらおうと発案されたメニュー。約
200gものスパゲティにトンカツ、さら
にミートソースがたっぷり。

Map P.202-C2 釧路

🏠釧路市末広町2-28
☎0154-24-4611　🕚11:00
〜20:30 (L.O.)　㊡月1回火
曜不定休　🚃JR釧路駅から
徒歩15分

朝から夜まで名物三昧

港町・釧路ならではの新鮮な魚介から、地
釧路の食はバラエティ豊富。朝から

> カツオ節を
> たっぷり
> 使った
> 香りのいい
> スープですよ

まるひらの 釧路ラーメン

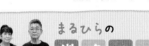

北海道4大ラーメンのひとつ、釧路ラーメンは
あっさりとした醤油スープに細麺が特徴。

メニューはシンプルに
正油と塩ラーメンのみ
で各800円。大盛りと
特大もある。カツオの
風味とうま味が凝縮さ
れた醤油スープ、シン
プルな具に細い縮れ麺
でどこか懐かしい味。

> ラーメン
> 正油
> 800円

Map P.191-B3 釧路

🏠釧路市浦見8-1-13
☎0154-41-7233　🕤9:30〜
15:00　㊡水・第2・4木
🚃JR釧路駅から車で5分　🅿25台

釧路ラーメンを代表する老舗店
釧路ラーメン まるひら
クシロラーメン マルヒラ

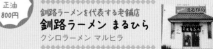

168　レストラン泉屋にはスパカツ以外にも、ナポリタン、カレーや海の幸などスパゲティメニューが15種類もありますよ。（釧路市・K.S.）

Night
夜は名物料理をはしご！

夜は港町ならではの海の幸に加え、釧路発祥のザンギを食べなくちゃ！

ザンギ発祥の鳥松へ

北海道でザンギといえば鶏の唐揚げのこと。
この鳥松が発祥とされる。大きくてジューシー。

骨なし
ザンギ
750円

ザンギ
650円

揚げたてあつあつを頬張る
鳥松 トリマツ

揚げたて
あつあつだよ

中国料理の炸鶏（ザーチー/ザーギー）が名前の
由来だそう。丸ごとの鶏をぶつ切りにして醤油
や生姜で味付け、コーンスターチとデンプンを
まぶしてラードでカラッと揚げる。

Map P.202-C2　釧路

🏠釧路市栄町3-1　☎0154-22-9761　⏰17:00〜23:00　🈺日
🚃JR釧路駅から徒歩13分　🅿なし

好きな魚介を
炉ばた焼きで

炭火で
焼きます

炭火の炉の上で海産物や肉など焼く炉ばた
焼きは、海産物が豊富な釧路が発祥とも。

たこ
ザンギ
900円

帆立やき
550円

柳かれい
800円

炉を眺めながら焼きたてを味わう
くし炉 番小屋 クシロ バンゴヤ

Map P.202-C2　釧路

🏠釧路市末広町4-9 FUJIビル1F　☎0154-25-0033　⏰17:00〜24:00　🈺日曜不定休　🚃JR釧路駅から徒歩10分　🅿なし

地元客にも人気の炉ばた居酒
屋。カウンターの上に並べられ
る総菜と、釧路産サンマ、シ
シャモなど旬の魚がメニューに
載る。すり身にタコを入れて揚
げた、たこザンギもおすすめ。

釧路ソウルフード食べ歩き

元で長年愛されているソウルフードまで
夜まで釧路グルメを食べ歩こう！

夕食前に要チェック！

幣舞橋から世界レベルの夕日を眺める

釧路の夕日は世界三大夕日のひとつ。「四季の像」が立つ
幣舞橋から、釧路湾がオレンジに染まる夕日を眺めてみて
は。ベストシーズンは春と秋。

夕日の絶景スポット
幣舞橋（ぬさまいばし）
Map P.202-C1

夕日クルーズ船もある！

釧路観光クルーズ船「シークレイン」

幣舞橋の近くから、日没1時
間前に出航する90分間のサ
ンセットクルーズ。

Map P.202-C1　釧路

🏠釧路市大町1-1-11 ベイサイドビル　☎0154-41-7511　⏰10:00〜17:00（出航時間は季節によって異なるため予約時に確認を）　乗船5500円

名物 つぶ焼 のかど屋

名物
つぶ焼
900円

釧路で通年水揚げされる
ツブ貝。釧路では飲んだあとに
つぶ焼で締める文化がある。

味をしみこませた香ばしいツブ焼
つぶ焼 かど屋 ツブヤキ カドヤ

1966年創業。厚岸湾で取
れる青ツブに、だしをた
らして焼いたつぶ焼が名
物。一緒に誰もが頼むの
がラーメンで、遅くまで
営業しているので〆ラー
メンにおすすめ。

Map P.202-C2　釧路

🏠釧路市栄町4-1　☎0154-24-4039　⏰17:30〜24:00（ツブ貝がなくなり次第閉店）　🈺日（連休の場合は最終日）　🚃JR釧路駅から徒歩15分　🅿なし

アイヌコタンを歩く

阿寒湖の近くにある
アイヌの人々の集落（コタン）。
50mほどの坂道の両側に店が並び、
アイヌ生活記念館ポンチセ、
阿寒湖アイヌシアターイコロがある。

個性的な
建物が並ぶ

店を巡ってアイスアートに触れる
阿寒湖アイヌコタン *Ainu Kotan*
アカンコアイヌコタン

シマフクロウのアーチのある入口から、道の両側に個性的な外観の店舗が二十数軒並ぶ。木彫りを中心に、刺繍製品やオリジナル雑貨などを販売。

Map P.203-A3 阿寒湖

釧路市阿寒町阿寒湖温泉アイヌコタン ☎0154-67-2727［阿寒湖アイヌシアターイコロ］ 店舗により異なる 阿寒湖バスセンターから徒歩10分 共同利用30台

アイヌ文化に
阿寒湖アイヌ

阿寒湖畔にある道内有数の
自然と共存する精神世界と、

アイヌの木彫り&アート

アイヌの人々に伝わる木彫りや、女性の手仕事だった刺繍などの伝統工芸品。

日川さんの1本の木から彫る伝統的なくさり彫り（ツムシ）4200円 **D**

表情がかわいい
木彫り熊 2500円〜 **B**

鮭をくわえて
おります

刺繍作家・西田さんの刺繍をプリントしたメモ帳と一筆箋各400円。マスキングテープ550円 **C**

藤戸さんデザインのキムンカムイワッペン1500円 **A**

店主の八木さんが彫る魔除けキーホルダー1万8000円〜

木目を生かしたクマの置物
ポッコ 大2420円、小1320円

A 熊の家 藤戸 ☎0154-67-2503
B オイナ民芸店 ☎0154-67-2201
C チニタ民藝店 ☎0154-67-2413
D 日川民芸店 ☎0154-67-2161

アイヌ料理

山菜や薬草、魚、エゾシカの肉など、四季折々の自然の恵みと保存の知恵が詰まった料理。

民芸喫茶ポロンノ
オハウやポッチェイモ、凍った鹿肉の刺身、ユクルイベなどのアイヌ料理や、オリジナルアレンジ料理もある。

Map P.203-A3 阿寒湖
☎0154-67-2159 12:00〜15:00、18:30〜21:00 不定休

ポッチェイモ 500円
凍ったジャガイモを自然発酵させて作ったもの

丸木舟 阿寒湖店

アイヌ伝統料理のほかにエゾシカ肉とギョウジャニンニクを卵でとじた野生丼や、スープカレーも人気。

Map P.203-A3 阿寒湖
☎0154-67-2304 11:00〜20:00 不定休

ユクカムオハウ 1200円
アイヌ料理の定番。ユクはエゾシカのことで、野菜とエゾシカの汁物

伝統舞踊とデジタルアート
阿寒湖アイヌシアターイコロ
アカンコアイヌシアターイコロ

アイヌ民族に伝わる古式舞踊と現代舞踊、さらにデジタルアートが融合したロストカムイの演目を行う円形劇場。イコロとはアイヌ語で「宝」という意味。

Map P.203-A3　阿寒湖

🏠釧路市阿寒町阿寒湖温泉アイヌコタン　☎0154-67-2727（阿寒湖アイヌシアターイコロ）⏱上演時間約30分（スケジュールは公式ウェブサイトにて）🈺無休　💴1回1500円

シアターの入口には大きなシマフクロウ

アイヌ古式舞踊を鑑賞

アイヌ民族により伝承されている歌と踊り。祭祀や儀式で踊られるほか、生活に密着したものも多い。ユネスコの無形文化財に登録。

カムイに感謝を捧げる剣の舞

阿寒湖アイヌコタンを歩く

触れられる村
コタンを歩く

コタンで約120人が暮らす。伝統的な暮らしを体感しよう。

アイヌ民族に伝わる歌や踊りを楽しめる。踊り手の衣装にも注目

古式舞踊と映像の融合
ロストカムイ

狩りの神とアイヌからあがめられていたエゾオオカミをテーマに、デジタル技術を駆使した舞台。エゾオオカミが阿寒の森に幻想的に浮かび上がる。

⏱上演時間約30分（スケジュールは公式ウェブサイトで）🈺無休　💴1回2200円

1 エゾオオカミはアイヌ語でホロケウカムイと呼ぶ。エゾオオカミのデジタルアートが浮かび上がる　2 クライマックスでは幻想的な雰囲気のなか、火を囲んで伝統舞踊が披露される

アイヌ古式舞踊

アイヌがカムイ（神々）との意思疎通をはかるための祭具「イナウ」をモチーフにした演目。阿寒湖アイヌが大切にしている火、水、土、風、太陽の5つのカムイをテーマにした歌や踊り、祈りを披露。

演目の一部

イナウへの祈り
古式舞踊はイナウ（御幣）への祈りから始まる

フッタレチュイ
女性が髪をなびかせて踊る、別名「黒髪の踊り」

トノトソロパ
祭事の準備をする女性たちが酒を濾す踊り

かつての公衆浴場「まりも湯」の跡地に2022年4月、足湯「阿寒湖まりも足湯ウレ・カリプ」が誕生。Wi-Fiも利用できる。

171

マリモが眠る神秘的な湖
阿寒湖クルーズと湖畔散策

マリモに会えるよ♪

阿寒湖は国の特別天然記念物マリモ、阿寒湖が原産の
ヒメマスなどが生息する美しい湖。クルーズ船で雄阿寒岳や
雌阿寒岳の展望と、マリモを見に行こう。

アイヌ文様の
入った
「ましゅう丸」

阿寒湖をクルーズ♪

阿寒湖温泉に2ヵ所の
乗り場がある

Start!

1 展望を楽しみながらマリモの島へ
阿寒観光汽船
アカンカンコウキセン

所要時間
約1時間15分

阿寒湖温泉から阿寒湖をクルーズ。景勝地の滝口を巡
り、マリモ展示観察センターがあるチュウルイ島へ。
美しい湖と雄阿寒岳、雌阿寒岳の絶景を楽しめる。

Map P.203-A3 阿寒湖

🏠 釧路市阿寒町阿寒湖温泉1-5-20 ☎0154-67-2511 🕐 運
航は4月下旬〜11月（5月1日〜9月25日は6:00〜17:00、1日10
〜11便、それ以外は減便、4月15〜30日は不定期運航） 🈳 期
間中無休 💴 乗船2400円（マリモ展示観察センター入場料含む）
🚌 阿寒湖バスセンターから徒歩10分 🅿 なし

壮大な景色に
癒やされる〜

阿寒湖と周辺の原生
林、雄阿寒岳の絶景！

Goal!

活火山の雌阿寒岳を眺め
ながら帰路へ

阿寒湖温泉の
ホテルが見える

チュウルイ島

湖水が阿寒川へと流れ出す最も幅の狭い滝口

チュウルイ島に上陸！

阿寒湖の北側に浮かぶチュウルイ島へは、
クルーズ船でのみ上陸でき、
マリモの展示施設に立ち寄れる。

水槽の中に
大きなマリモが
ゴロゴロ

不思議な生き物マリモ

最大直径
30cmにも
なる！

マリモの生態を学べる施設
マリモ展示観察センター
マリモデンジカンサツセンター

倒木が横たわる湖底を再現した大きな水
槽で天然のマリモを観察できる。自然光
が入り神秘的。屋外には展望スペースも。

マリモは糸状の藻が水流により鞠のような
形になったもの。球状体のマリモが
群生するのは世界でも阿寒湖だけ。

2 ボッケ遊歩道
ボッケユウホドウ

阿寒湖畔をネイチャーウオーク

所要時間 約1時間

阿寒湖畔の森の中に設けられた全長約1.5kmの遊歩道。「ボッケ」はアイヌ語で煮え立つ場所という意味。夜はKAMUY LUMINAの幻想的な光の空間を楽しめる。

ボッケ探しへGo!

Start!

エゾマツやトドマツなどの手つかずの森

湖畔に出られる場所からは山々の展望が

目の前に雄阿寒岳の絶景!

阿寒湖

展望を楽しみながら遊歩道をゆっくり歩こう

ボッケ発見!

泥沼から火山ガスがポコポコと湧き出している

1953（昭和28）年大ヒットした「マリモの唄」の碑

Goal!

阿寒湖畔エコミュージアムセンター
アカンコハンエコミュージアムセンター

展望を楽しみながらマリモの島へ

遊歩道の起点はこちらの阿寒湖エコミュージアムセンター。森、湖、火山の地勢、植物や生き物など阿寒摩周国立公園の自然について紹介。

マリモの生態展示もある

Map P.203-A3 阿寒湖

🏠 釧路市阿寒町阿寒湖温泉1-1-1　☎ 0154-67-4100
🕘 9:00〜17:00　🈺 火（祝日の場合は翌日）　🈁 入館無料　🚌 阿寒湖バスセンターから徒歩7分　🅿 なし

1. ボッケ遊歩道を歩いたあとに立ち寄りたい施設　2. 内部の床面は阿寒湖周辺の航空写真。鳥や動物の剥製、自然の生態などを展示

夜の森に広がる幻想的な世界

KAMUY LUMINA 阿寒湖の森ナイトウォーク

所要時間 約50分

1. フクロウが森の入口でカムイの世界へと誘導する　2. 動物たちの魂をこの世に戻すようリズムを刻んで進む　3. 動物に敬意を示さない人間にカムイが警告する場面

KAMUY LUMINA カムイルミナ

Map P.203-A3 阿寒湖

🏠 釧路市阿寒町阿寒湖温泉1-5-20　☎ 0154-65-7121（阿寒アドベンチャーツーリズム）　🕘 5月上旬〜11月上旬、スタート時間は公式ウェブサイトで要確認）　🈺 期間中無休　💰 前売券3000円、当日入場3500円。スタート時間は公式ウェブサイトで要確認

KAMUY LUMINAはカナダのMOMENT FACTORYが手がけるデジタル空間。夜の国立公園内をリズムスティックでリズムを取りながら、カムイの世界を旅しよう。

阿寒湖MAP

チュウルイ島 マリモ展示観察センター

阿寒観光汽船

阿寒湖

桟橋　ボッケ　滝口

阿寒湖アイヌコタン

阿寒湖温泉　阿寒湖畔エコミュージアムセンター

ボッケ遊歩道
「KAMUY LUMINA 阿寒湖の森ナイトウォーク」

CRUISE&WALK IN LAKE AKAN

ボッケ周辺は地熱により暖かく、その環境にタンボオカメコオロギやツヅレサセコオロギなど5種類のコオロギが生息している。

日本最大の
釧路川で

釧路川の源流となる屈斜路湖からスタート。およそ80%が湧き水といわれる屈斜路湖や釧路川の源流部は透明度バツグン！

釧路川源流コース
GENRYU COURSE

通常なスピード感と変化に富んだ風景！

きもちいい〜！

釧路川の源流と下流で気軽に開催されている
身をまかせ、雄大な

全長約155kmの釧路川

釧路川は屈斜路湖から太平洋に注ぐ全長約155kmの一級河川。その豊かな水は日本一の釧路湿原の源になっている。

屈斜路湖〜みどり橋
約3km

屈斜路湖は日本最大のカルデラ湖

屈斜路湖に架かる眺湖橋から釧路川が始まる。透明度が高く緩やかな流れの釧路川を下る。

釧路川源流を行く小さな旅
（ショートコース）

所要時間：約1時間15分　開催期間：4月下旬〜11月上旬の1日4回開催　料金：1人6000円（2名以上で参加の場合）

屈斜路湖

屈斜路湖の絶景を楽しみながらパドルの練習

屈斜路湖は広々して気持ちいい〜

釧路川へ

眺湖橋をくぐっていよいよ釧路川へと漕ぎ出す

カヌー体験レポ

準備

スタート地点の眺湖橋のたもとでレクチャーを受けて出発

鏡の間

ゆらゆら揺れる水草がきれい！

ハスカップジャム入りパウンドケーキ

ティータイム

ウチダザリガニ発見！

水が湧き出す「鏡の間」は木々が映り込み神秘的

川岸にカヌーを停めてティータイム

赤石の川底

浅瀬に赤い色の石がたくさんあるスポット

初心者に最適です。気軽にどうぞ

ココで開催！

プライベートツアーのみ
SOMOKUYA ソモクヤ

源流コースはさらに先へ行く所要2時間30分のレギュラーコース、屈斜路湖のレイクツアーもおすすめ。釧路川に精通したガイドの案内も楽しい。

Map P.203-A4 屈斜路湖

🏠 弟子屈町屈斜路198-4　☎ 015-484-3765
🚃 JR川湯温泉駅、摩周駅から車で20分

カヌーの漕ぎ方ワンポイント

①乗り方
バランスを取りながらカヌーの真ん中に座る。急に立ち上がるなどしないこと。

②パドルの持ち方
右側で漕ぐ人は左手で先端のグリップを握り、右手でシャフトという棒を持って漕ぐ。

③前進
パドルで水を真っすぐ後ろにもっていくイメージ。舵取りはガイドにまかせよう。

カヌーツアーの選び方

①距離と所要時間
気軽に体験できる短時間のツアーから通じて長距離を行くロングコースまで。体力と時間を考えて選ぼう。

②混載かプライベートか
プライベートツアーと、同じ時間に集まって出発する混載ツアーがある。料金は混載のほうがリーズナブル。

174 📮 釧路湿原を蛇行する釧路川をカヌーで下ったときはアメリカのイエローストーンリバーのようなスケールで感動しました。（東京都・シン）

湿原を流れる
カヌー体験

に参加できるカヌーツアーが
ゆったりとした流れに
自然に溶け込もう。

釧路湿原のなかをゆるやかに下る
釧路川 下流コース
KARYU COURSE

塘路湖から旧岩保木水門まで、釧路湿原の中を蛇行して流れる釧路川を下るコース。下流は川幅が広く風景が変わる。

細岡～旧岩保木水門 B
約8km

釧路湿原の自然を身近に感じられるコース。到着地点の旧岩保木水門は、釧路川と新釧路川を仕切る水門。

釧路川でカヌー体験

ゆるやかな流れに身をまかせて

塘路湖～細岡 A
約9km

釧路湿原最大の湖、塘路湖から川幅の狭いアレキナイ川を抜けゆったり流れる釧路川本流へと進む変化に富んだコース。

クネクネしてる♪

屈斜路湖
摩周湖
釧路川源流コース
美留和駅
摩周駅
JR釧網本線
釧路川
標茶駅

ココで開催！

GRACE FIELD C
グレイスフィールド

釧路川下流部ツアーのほか、カヌーフィッシングやカヌーとバーベキューの組み合わせなどのツアーを開催。

Map P.191-B3 釧路

所要時間：約1時間30分　開催期間：3月～12月20日の1日2回開催　料金：1人9000円（2～3名の場合）　釧路市星が浦大通り1-7-29　☎090-8631-0946　交JR釧路駅から車で45分。釧路空港から送迎あり（7月20～8月31日を除く）

釧路湿原の生き物をウオッチング！

ココで開催！

塘路ネイチャーセンター a
トウロネイチャーセンター

プライベートツアーで、湿原や動植物についての話を聞きながらゆったりと川を下る。センター内にはカフェも。

Map P.203-B4 釧路

所要時間：約3時間　開催期間：3月～12月中旬　料金：1人1万6000円（2名以上の場合）　標茶町塘路北七線86-17　☎015-487-3100　交JR塘路駅から車で5分（予約で送迎あり）

茅沼駅
塘路駅
塘路湖

夏は朝6時発のコースもある

旧岩保木水門
釧路湿原
A
B
b a
細岡駅
釧路湿原駅
d
遠矢駅
釧路駅
太平洋

遠矢駅のそばにある

ココで開催！

レイクサイドとうろ b

塘路湖の現役ワカサギ漁師がガイド。自社設計の大型カヌーは揺れも少なく初心者も安心。相乗りプランでお手頃。

Map P.203-B4 釧路

所要時間：約2時間　開催期間：5月～11月末の1日3回開催　料金：1人7000円（2名以上の場合）　標茶町塘路原野8線73　☎015-487-2172　交JR塘路駅から徒歩20分（予約で送迎あり）

ココで開催！

釧路マーシュ＆リバー d
クシロマーシュ＆リバー

釧路川のカヌーツアーをオールシーズン行う。グループ単位の貸し切りのツアーで早朝、昼、午後の出発が選べる。季節に合ったメニューも。

Map P.203-B4 釧路

所要時間：約2時間　開催期間：5月上旬～12月中旬の1日3回開催　料金：1人1万円（2名以上の場合）　釧路町トリトウン88-5　☎0154-23-7116　交JR釧路駅から車で20分

屈斜路湖は1973年から90年代にかけて、未確認生物クッシーの目撃情報により一躍有名になった。

旬を狙って旅したい！
北海道の魚介図鑑

日本海、オホーツク海、太平洋に
囲まれた北海道は魚の種類が豊富。
湖や湾などに貝類の名産地も多数。

代表的な以下の魚のほかにもサンマやカレイなどさまざまな魚があがる。

魚

旬 10〜11月

サケ

全国シェアの90.8%が北海道産。シロザケ、カラフトマス、サクラマスなど種類や呼び名がいろいろある。メスの卵はイクラに加工される。

旬 3〜6月

ニシン

江戸時代に始まったニシン漁は昭和30年代まで北海道に大きな富をもたらした。春にやってくるため春告魚と呼ばれる。メスの卵がカズノコ。

旬 12〜2月

タラ

スケトウダラと、大きなマダラが取れ、スケトウダラの卵はタラコに加工される。白子はタチと呼ばれる冬の味覚。マダラの卵は煮物などに。

旬 10〜11月

シシャモ

アイヌ伝説から柳葉魚とも呼ばれる北海道特産種。秋になると群れで川を遡上する。干してあぶって食べるのが一般的。むかわや広尾産が有名。

旬 9〜11月

ホッケ

北海道全域で取れ、開いて味付けして干した、ホッケの開きが流通。北で取れるシマホッケ、岩礁に定着している根ボッケはおいしいと評判。

旬 12〜2月

キンキ

キチジとも呼ばれる深海魚で高級魚。脂ののった身は煮付けに最適で、新鮮なものは寿司ネタにも。羅臼や網走のキンキが有名。

旬 1〜3月

ハッカク

その形から八角と呼ばれる。正式名はトクビレ。オスは大きなヒレが特徴。脂ののった白身で、背割りして味噌焼きなどで味わう。

2種類のイカ
北海道では夏はマイカ、冬はヤリイカといわれ、おもに2種類のイカが取れる。

旬 6〜12月

マイカ

スルメイカと同じ。サイズが大きく身も厚い。内臓（ゴロ）は塩辛に加工される。

旬 1〜5月

ヤリイカ

マイカに比べ小ぶりでゴロも少ないが、身は上品な味わいで刺身に最適。

北海道では以下の4種類のカニが代表的。旬を狙って食べに行くのも。

カニ

通年

毛ガニ

オホーツクの枝幸や稚内、釧路などの太平洋沿岸、えりも産などの毛ガニが時期をずらして通年取れる。カニ味噌も美味。

通年

タラバガニ

大型で希少価値の高いカニ。漁場がタラとかぶっているのが名前の由来。近年は輸入のほうが漁獲量を上回っている。

旬 7〜9月

花咲ガニ

根室半島の花咲港で水揚げされるのが名前の由来。全身トゲに覆われ、ゆでると真っ赤になる。身は濃厚な味わい。

旬 4〜6月

ズワイガニ

本州の松葉ガニと同種で、長い足が特徴。産地はオホーツク海側で紋別が名産地。おもに夏と流氷時期以外に水揚げされる。

汽水湖のサロマ湖や各地の湾でさまざまな貝が養殖されている。

貝

旬 3〜4月・8〜9月

ホタテ

正確にはホタテガイ。貝柱にうま味が凝縮。養殖と天然があり、猿払がトップの名産地。ほかにサロマ湖、別海町など。旬はあるが通年流通。

旬 1〜3月

ホッキ

ホッキガイは苫小牧が水揚げ量日本一。二枚貝で身は生食のほか、炊き込みご飯や和え物など万能。水揚げまでに6年かかるという。

旬 11〜3月

カキ

道東の厚岸湖が名産地。「厚岸のカキ」のブランドで流通している。ほかサロマ湖など。冷たい水でゆっくり育つため、うま味が凝縮される。

北海道のウニ
北海道各地では2種類のウニが取れる。積丹、利尻・礼文島、羅臼と、昆布の名産地のウニがおいしいと評判。旬は地域により異なる。

エゾバフンウニ

トゲの短いウニで名前こそ馬糞（ばふん）だが身は美しいオレンジ色で希少な高級品。

キタムラサキウニ

夏のウニといえば、積丹半島のキタムラサキウニ。クリーム色で濃厚なうま味が凝縮。

自分にぴったりの
宿が見つかる！

旅の疲れをリフレッシュ！
ホテルからゲストハウスまで
タイプで選べる推し宿

絶景宿、サウナ宿、温泉付きシティホテルやゲストハウスまで
ごほうびSTAYにぴったりの宿を厳選。
お気に入りの宿を探して、旅をより楽しもう！

H　O　T　E　L

宿泊料金は1泊2名1室利用時の1名の料金を基本にしています。

aruco厳選!
北海道ごほうびSTAY案内

北海道ならではの雄大な景観や温泉を楽しめるホテルから、快適なシティホテル、自然の中のグランピングまで、おすすめ宿をセレクト。

ココがSpecial!
部屋からの洞爺湖ビュー

一度は泊まりたい
**スペシャルな
ホテル**

湖が望める広々とした
ジュニアスイート

1.ベッドからも雄大な景色が楽しめるウィンザースイート 2.ロビーは天井から床まで全面ガラス張りで開放的 3.洞爺湖や羊蹄山を眺めて浸かれる温泉「山泉」

洞爺湖 洞爺湖の絶景を独占する
自然の中の最高級リゾート

ザ・ウィンザーホテル洞爺
リゾート&スパ ザ・ウィンザーホテルトウヤリゾート&スパ

北海道を代表する高級リゾートホテル。標高625mに位置し、ロビー、スイートルームやレストランから湖の絶景が楽しめる。鉄板焼きや日本料理などのレストランも一流。スパもある。

Map P.192-C2 洞爺湖

🏠洞爺湖町字清水336 ☎0570-056-510 🕐IN15:00〜24:00 OUT12:00 💰1泊朝食付き4万7200円〜 🛏300 🚃JR洞爺駅から車で40分(予約で無料シャトルバスあり) 🅿100台以上

ココがSpecial!
倉庫建築を再生した
ホテル&レストラン

レンガの素材感を
生かしたレストラン

函館 重要伝統的建造物群保存地区の
赤レンガ倉庫群にある

NIPPONIA HOTEL 函館 港町
ニッポニア ホテル ハコダテ ミナトマチ

これまで活用されてこなかった倉庫建築を修復して2021年に宿泊施設としてオープン。漁火をイメージしたレストランのライトなど、居心地のよい温かな空間が広がる。

Map P.201-B3 函館

🏠函館市豊川町11-8 ☎0120-210-289 🕐IN15:00〜20:00 OUT12:00 💰1泊朝食付き3万円〜 🛏9 🚃電停十字街から徒歩4分 🅿提携駐車場あり

1.客室は北欧風のシンプルでスタイリッシュな内装 2.3.レストランLE UN(ルアン)は地元の海の幸などを使ったフレンチ

ココがSpecial!
アールデコの
モダンな意匠

探検気分の
ロフトタイプ

異国へ迷い込んだかのような外観

1.セミダブルベット2台にロフトが備わったアンワインドロフト 2.ロビーバーには30種類以上のお酒が並ぶ 3.朝食は北海道食材を使ったハイティースタイル 4.ダイニングには90年以上前のステンドグラスが残る

小樽

外国人専用ホテルをリノベ
クラッシックな空間が魅力

UNWIND HOTEL&BAR
小樽　アンワインド ホテル&バー オタル

北海道初の外国人専用ホテルをリノベーション。アールデコの建築的美観や歴史的情緒はそのままに、現代的な感性を取り入れ生まれ変わった。小樽市の歴史的建造物に指定されている。

Map P.198-B1 小樽

🏠小樽市色内1-8-25
☎0134-64-5810　🕒IN15:00
OUT11:00　💴1泊朝食付き
7000円〜　🛏36　🚃JR小樽
駅から徒歩10分　🅿5台

ココがSpecial!
ポロト湖と周辺の
自然に囲まれた温泉

ポロト湖を望む
湯上がり処

1.とんがり屋根の湯小屋が目印。「△湯」「○湯」は植物由来のモール温泉 2.アイヌ文化に着想を得た客室「□の間」

白老

アイヌ文化に触れられる
ポロト湖畔に立つ湯宿

界 ポロト　カイ ポロト

ポロト湖畔に立つ星野リゾートの宿。ウポポイ（→P.90）に隣接し、全室から湖が望める。露天風呂「△（さんかくの）湯」では、まるで湖に浮かんでいるような気分を味わえる。

Map P.193-C3 白老

🏠白老町若草町1-1018-94　☎050-3134-8092（9:30〜18:00）　🕒IN15:00
OUT12:00　💴1泊2食付き3万1000円〜　🛏42　🚃JR白老駅から徒歩10分
🅿42台

札幌

都会の真ん中で
アウトドア気分を満喫

ザ ロイヤルパーク キャンバス 札幌大通公園
ザ ロイヤルパーク キャンバス サッポロオオドオリコウエン

札幌の中心部にあり、ラウンジやルーフトップからはさっぽろテレビ塔が眺められる。館内は北海道をテーマにしたナチュラルな雰囲気で、都会にいながらアウトドア気分を楽しめる。

Map P.197-A3 札幌

🏠札幌市中央区大通西1-12　☎011-208-
1555　🕒IN15:00 OUT11:00
💴1泊9000円〜　🛏134　🚃地下鉄大
通駅から徒歩1分　🅿なし

1.大通公園に面したキャンバスラウンジ「コカゲ」では食事やスイーツも 2.森の中にいるようなウッディなベッドスペース。客室にテレビはなくレコードプレーヤーとウッドスピーカーがある

ココがSpecial!
目の前にさっぽろ
テレビ塔！

ルーフトップからはテレビ塔が
目の前に

サウナ推しの温泉ホテルで全身ととのう

世界初「モーリュ」「ウォーリュ」も！

サウナInfo
温度…80℃前後
水風呂……あり
ロウリュ……あり
外気浴……あり
日帰り入浴…可

白樺の香りが広がるフィンランド式サウナ

十勝川温泉
シラカバの香りとモール温泉でととのう

森のスパリゾート 北海道ホテル
モリノスパリゾート ホッカイドウホテル

肌に優しい植物性のモール温泉でロウリュする「モーリュ」、白樺の切り株にモール温泉をかける「ウォーリュ」というオリジナルの十勝版サウナが楽しめる。札内川の伏流水を使った水風呂は肌あたりもいい。

Map P.203-C4 帯広

🏠帯広市西7条南19-1
☎0155-21-0001 🕐IN15:00
～24:00 OUT11:00 🛏1泊朝
食付き9900円～ 🛏117
🚉JR帯広駅から徒歩15分
Ⓟ170台

1.ジャクージや3種類の温度の違う内風呂がある 2.モール温泉を満喫できる露天風呂付きの贅沢な客室 3.ラウンジからは美しい中庭を見渡せる

目の前には美しい「巨石の庭」が広がる

サウナInfo
温度………90℃
水風呂……あり
ロウリュ……あり
外気浴……あり
日帰り入浴…可

一面ガラス張りで解放感のある「月の湯」のサウナ室

1.「星の湯」インフィニティ露天風呂で湖との一体感を味わえる 2.ライブキッチンでできたての石窯焼きピザや海鮮焼き、にぎり寿司も 3.洞爺湖を臨む洋室。夏は花火鑑賞もおすすめ

洞爺湖
四季のうつろいを楽しむふたつの大浴場

洞爺湖万世閣 ホテルレイクサイドテラス
トウヤコマンセイカクホテルレイクサイドテラス

地下1階「月の湯」はセルフとオートのどちらも楽しめる北海道初のハイブリッドロウリュサウナ。最上階の「星の湯」からは洞爺湖を一望。まさに「絶景×ととのう」を体感することができる。

Map P.87 洞爺湖

🏠洞爺湖町洞爺湖温泉21 ☎0570-08-3500 🕐IN15:00
OUT10:00 🛏1泊2名1室夕朝
食付き1万2400円～ 🛏243
🚉JR洞爺駅から車で20分、または洞爺湖温泉バスターミナルから徒歩5分 Ⓟ100台

✉森のスパリゾート 北海道ホテルでは、ホテル内ベーカリーでモール温泉を生地に練り込んで焼き上げるパンがあります。(帯広市・エル)

大浴場のガラスの向こうに流氷が！

サウナInfo

温度 ……… 90℃
水風呂 …… あり
ロウリュ …… あり
外気浴 …… あり
日帰り入浴 … 不可

冬は流氷が見られるよ

曲線のデザインが印象的な「ウネウナ」

サウナ推しの温泉ホテル

知床

海や流氷を望む知床の絶景サウナ

北こぶし知床 ホテル＆リゾート

キタコブシシレトコ ホテル＆リゾート

展望大浴場には流氷をイメージした「KAKUUNA（カクウナ）」と、木の洞窟を表現した「UNEUNA（ウネウナ）」の2種類のサウナを設置。窓からは知床の山並みやオホーツク海が見渡せる。

Map P.191-B4 ウトロ

📍斜里町ウトロ東172 ☎0152-24-2021（10:00〜18:00）🕒IN15:00 OUT11:00 ●お問い合わせ🔢178 JR知床斜里駅からウトロ温泉行きバスで50分、ウトロ温泉バスターミナル下車、徒歩5分

1.オホーツク海が見渡せる最上階の展望大浴場「大海原」 2.サウナ付き客室や露天風呂付きなど、多彩な客室を用意 3.「ウネウナ」とは対照的なデザイン。流氷をイメージした「カクウナ」

サウナInfo

温度 ……… 90℃
水風呂 …… あり
ロウリュ …… なし
外気浴 …… あり
日帰り入浴 … 可

札幌

札幌の真ん中で天然温泉＆サウナを満喫 **ジャスマックプラザ**

札幌中心部にある温泉ホテル。2〜4フロアにスケールの大きな温泉大浴場「湯香郷」があり、内風呂や檜の露天風呂に加え、広いサウナを完備。館内はすべて浴衣で過ごせる。

Map P.197-C3 札幌

📍札幌市中央区南7西3 ☎011-551-3333 🕒IN14:00 OUT11:00 ●ツイン1泊朝食付き1万2000円〜（入湯税別途150円）🔢153 🚇地下鉄豊水すすきのの駅から徒歩2分 🅿有料あり

1.洋室はシングルからトリプルまである 2.ゆったりくつろげる和室は本館に16室 3.都会の空を眺めながらリラックスできる檜の露天風呂

低温と高温の2種類の温度のサウナを完備

体にフィットするよう設計された展望サウナ付特別室の曲線ベンチ

向かい合って楽しめるよ

サウナInfo

温度 ……… 調整可
水風呂 …… あり
ロウリュ …… あり
外気浴 …… あり
日帰り入浴 … 不可

定山渓温泉

大浴場のサウナは日帰りで利用可能

サウナ付き客室で贅沢なととのい体験！

定山渓万世閣ホテルミリオーネ

ジョウザンケイマンセイカクホテルミリオーネ

展望サウナ付き特別室や「ととのい」のための専用部屋、展望貸切サウナ「saunoa room（サウノアルーム）」では、完全プライベートな空間でロウリュや水風呂、外気浴が楽しめる。

Map P.83 定山渓温泉

📍札幌市南区定山渓温泉東3 ☎0570-08-3500 🕒IN15:00 OUT10:00 ●1泊2名1室夕朝食付き1万2250円〜 🔢296 🚇JR札幌駅から車で50分（予約で送迎バスあり）。バス停定山渓から徒歩1分 🅿200台

女性スパのマッサージバス「カルニアアイル」

札幌の街並みを一望できる

疲れが取れる 温泉大浴場付き シティホテル

 札幌

JR札幌駅直結の眺めのいい天然温泉スパ

JRタワーホテル日航札幌

ジェイアールタワーホテルニッコウサッポロ

ホテル22階にある天然温泉「札幌駅温泉」を利用したスカイリゾートスパ「プラウブラン」(利用は18歳以上)。バイブラバスやフィンランドサウナ、ボディクリーンなどを備え、札幌市街の眺望も楽しめる。

Map P.195-A・B3 札幌

🏠 札幌市中央区北5西2-5
☎011-251-2222 ■IN15:00
OUT11:00 📷モデレートシングル
1泊朝食付き2万7000円〜(宿泊者はスパ2150円)🛏330
🚉JR札幌駅東改札・南口から徒歩3分 🅿有料あり

1.客室からの眺めもいい。30㎡の広さのモデレートツイン 2.JR札幌駅の地下1000mから湧出する天然温泉
3.朝食は地上150mの高さに位置する眺めのいいレストランで

褐色のモール温泉

女性用の内湯には足踏み浴もある

1.ツインルーム。ビジネスホテルでは珍しい和室も 2.小鉢横丁は料理をひと口ずつ小鉢で提供

 帯広

町なかで美肌の湯モール温泉につかる

天然温泉 白樺の湯 ドーミーイン帯広

テンネンオンセン シラカバノユ ドーミーイン オビヒロ

天然温泉大浴場「白樺の湯」は音更町からの運び湯で、肌に優しいモール泉が楽しめる。内風呂のほか半露天風呂、高温ドライサウナも完備している。

Map P.202-A2 帯広

🏠 帯広市西2条南9-11-1
☎0155-21-5489
🕐IN15:00 OUT11:00 📷1泊朝食付き6950円〜
🛏194 🚉JR帯広駅から徒歩5分 🅿有料あり

小樽

小樽運河を見下ろすレトロモダンな宿

ホテルソニア小樽

ホテルソニアオタル

最上階の天然温泉「小樽運河の湯」では、運河を眺めながらゆっくりできる。女湯には露天風呂も。入浴後は広いラウンジでリラックス。英国調の家具が配された客室も7割が運河向きだ。

Map P.198-B2 小樽

🏠 小樽市色内1-4-20 ☎0134-23-2600 🕐IN15:00 OUT11:00
📷1泊素泊まり8000円〜 🛏149
🚉JR小樽駅から徒歩8分 🅿有料あり(先着順)

シービューのスタンダードツイン

女湯の大浴場。ゆったりとした露天風呂もある

暮らすように過ごす バケーションステイ

モダンな雰囲気

小樽

歴史ある料亭を改装したモダンな建物

The Apartment Hotels KOU

ザ・アパートメント ホテルズ コウ

老舗料亭だった建物をフルリノベーションした、一棟貸切の宿泊施設。3階建ての建物の地下にはシアタールームも。月～木曜限定のお得な滞在プランもある。

Map P.198-C1 小樽

🏠小樽市花園1-8-9 ☎080-9613-3285 ⏰IN16:00～22:00 OUT11:00 💰1棟3万円～ 🛏️定員12名 🚃JR小樽駅から徒歩12分 Ｐ2台

広い寝室のほかコンパクトな寝室がふたつある

1.料亭当時のカウンターをそのまま利用したダイニング　2.かつてのお座敷があった2階

函館の洋家具職人・神永貞助の家具が揃う客間

函館

重要文化財に併設されたレトロな木造の洋館

太刀川家 洋館ゲストハウス

タチカワケ ヨウカンゲストハウス

客室にはセミダブルベッドとソファーベッド

重要文化財「太刀川家住宅店舗」に隣接する1915（大正4）年に建てられた「太刀川家洋館」を利用した1棟貸切のゲストハウス。1～3名まで宿泊可能。

Map P.200-A2 函館

🏠函館市弁天町15-15 ☎0138-22-0340 ⏰IN15:00 OUT11:00 💰1棟6万6000円 🛏️定員3名 🚃電停大町から徒歩3分 Ｐ5台可

1

長沼

ビンテージがテーマのバケーションハウス

MAOIQ マオイク

センスのいいアンティーク家具と薪ストーブが置かれた1棟貸しのバケーションハウス。牧場を一望できる北欧スタイルのMAOIQ komfortも。海外の別荘のような気分でステイを楽しめる。

Map P.193-B3 長沼

🏠長沼町加賀団体 ☎0123-76-9226 ⏰IN16:00～18:00 OUT12:00 💰1棟3万3500円～（2名で利用した場合の1名の料金）🛏️定員4名 🚃新千歳空港から車で25分 Ｐ2台

窓の外には広々とした牧場の風景

Maoi.

2階にあるリビングダイニングとウッドデッキ

1.1階の土間には薪ストーブがありゆったり過ごせる　2.ベッドルームにはセミダブルベッドが4台　3.1階と2階があり大人4人で利用可

快適なのに
リーズナブルな
ゲストハウス

知床 知床の自然に囲まれた
温泉付きゲストハウス
shiretoko HOSTEL
hanare シレトコホステルハナレ

客室はプライベートが確保されるよう配慮された、おしゃれなゲストハウス。女性専用ルームのほか定員3名の個室も2部屋ある。

バルコニー付き
グループルーム
は定員4名

Map P.191-B4 ウトロ
🏠斜里町ウトロ中島125 ☎0152-24-2124 ⏰IN15:30~21:00 OUT10:00 💰ドミトリー1名4400円~、個室1室1名5000円~ 🛏女性用ルーム（定員15名）、男女共用ルーム（定員20名）各1室、個室1室4950円~（定員3名）🚃ウトロ温泉バスターミナルから徒歩15分 🅿30台

ウッディな
談話室

ゆったりしたソファが並び会話も弾む

1.向かいのしれとこ村つくだ荘の温泉を利用できる
2.男女共用のバンクベッド

札幌 手作りの温かみある
小さな街のホステル
UNTAPPED
HOSTEL アンタップト
ホステル

老舗鰻屋を改装し、海外の建材や地元の古材を使ってリノベーション。異国情緒が漂うオシャレな空間に。ドミトリー、グループルーム、ダブルルームあり。1階に飲食店を併設。

1.ダブルルーム。カプセルタイプのドミトリーベッドもある 2.キッチンツールが充実している共用キッチン 3.グループルーム

Map P.195-A3 札幌
🏠札幌市北区北18条西4-1-8 ☎011-788-4579 ⏰IN15:30~22:00 OUT11:00 💰ドミトリー1名3200円~、ダブルルーム2名1室8000円~ 🛏女性用、混合ドミトリー各1室（定員各10名）、個室2室（定員2名と4名）🚃地下鉄北18条駅から徒歩1分 🅿なし

中標津町 酪農の町にある
牛がテーマの宿
ushiyado ウシヤド

「牛」をテーマにしたユニークなゲストハウス。宿泊スペースは「ホルスタイン」や「ブラウンスイス」などの名前が付けられている。ベッドは牛舎で眠るイメージで作ったオリジナル。

Map P.191-B4 中標津
🏠中標津町東3北1-4-2 2F ☎0153-77-9305 ⏰IN15:00~19:00 OUT10:00 💰素泊まり4500円~ 🛏女性専用、混合ドミトリー 各1室（定員各3名）、個室3室（定員2名）🚃中標津バスターミナルから徒歩2分 🅿10台

牛にまつわるイベントなども行われるラウンジ

1.ベッドは牛舎で眠るイメージで作られたオリジナル。男女別で1室3ベッドある。ドミトリーの貸切プランや個室も 2.金曜限定でオーナー手作りのモッツァレラチーズが数量限定、フリーで楽しめる

根室 本土最東端を目指す旅人たち
が集まる宿
Guest House ネムロマン
ゲストハウス ネムロマン

根室の豊かな自然とおいしい空気、そして自慢の海の幸を堪能してもらいたいと、東京からUターンしたオーナーが営むゲストハウス。共用リビングはイベントスペースにもなる。

最大6名まで
利用できる

男性、女性それぞれ専用ドミトリーがある

共用キッチンで地元の食材を使って料理を作れる

Map P.191-B4 根室
🏠根室市本町3-33 ☎080-8287-4305 ⏰IN15:00~22:00 OUT10:00 💰素泊まり4200円~ 🛏ドミトリー3室（男女別）、個室1室（定員1~4名）🚃JR根室駅から徒歩15分 🅿8台

天井が高く開放的！

木をふんだんに使用した暖かい雰囲気のロビー

プライベートな コテージ＆グランピング

岩見沢 広大な敷地にある ログハウス風のホテル

ログホテル メープルロッジ

森に囲まれた敷地内には15室ある大きなログホテル施設を核に、テニスコート、果実園やグランピングなどがある。ホテル内には天然温泉浴場やフィンランド式サウナも。

Map P.193-A4 岩見沢

🏠岩見沢市毛陽町183-2 ☎0126-46-2222 🕐IN15:00 OUT10:00 💴1泊2食付き1万6500円〜（2名で宿泊した場合の1名の料金）🛏1棟15室 🚃JR札幌駅から車で約1時間 🅿50台

1. 太陽の光が差し込む広々としたレストラン　2. 客室は全部で15室　3. 自家製と地産地消にこだわった食事を提供

森の中でくつろげる！

池田町 コテージに泊まって ワイン樽サウナを楽しむ

十勝まきばの家
トカチマキバノイエ

豊かな森の中にログハウス風のコテージが7棟立ち、ペットと泊まれるタイプも。食事はコテージごとに設けられた眺めのいい専用スペースにて。ワイン樽を使ったサウナも好評（有料）。

Map P.191-B3 池田

🏠池田町清見144 ☎015-572-6000 🕐IN15:00〜18:00 OUT10:00 💴1泊夕食付き1万500円〜 🛏7棟（定員3名2棟、定員5名5棟）🚃JR池田駅から車で10分 🅿20台

夕食は食事専用の「ガゼボ」で

1.池田ワイン城で使われていたワイン樽を使ったサウナ　2.サンセットコテージ、森のコテージ、ペットと泊まれるコテージがある　3.ワイン樽サウナの中　4.1991年に建てられ、ていねいに管理されてきた

十勝まきばの家の「ワイン樽サウナ」は日帰りプランでも利用可。樽ひとつ3人まで利用できる。水風呂もワイン樽だ。

もっとお得に快適に！

北海道を楽しみつくす 旅のテクニック

出発前に読み込もう！

北海道のお得な情報やお役立ち情報を知っていれば、
旅がより楽しく豊かなものになること間違いなし。賢く旅を満喫しよう！

Technique 01 とにかく旅行費用を安くおさえたいなら

本州から北海道への航空券は、ノーマル運賃だと片道4万円以上に。航空券だけで予算オーバーになってしまう場合も。とにかく安く行くには以下をチェックして。

❶ パックツアーを探す

航空券と宿がセットになったフリープランや、旅先も決まっているパッケージツアーは、それぞれを自分で手配するよりたいてい安く上がる。さらにオフシーズンを狙えばよりリーズナブルに。ただし、飛行機の時間帯やホテルの選択肢は限られる。

❷ LCCを利用する

北海道へは航空会社9社の便が就航しており、うち3社はLCC（ローコストキャリア）と呼ばれる格安航空会社。LCCのフライトを利用すれば、時期にもよるがリーズナブルに移動できる。

●Peach（ピーチ）

| 成田 | 4990円〜 | 新千歳 |
| 大阪 | 5590円〜 | |

●ジェットスター・ジャパン

成田	4480円〜	新千歳
	5990円〜	旭川
大阪	5610円〜	新千歳
	1万680円〜	旭川

●SPRING JAPAN

| 成田 | 4980円〜 | 新千歳 |

Technique 02 何を着ていけばいい？季節ごとの旅の服装アドバイス

亜寒帯に属している北海道は、本州に比べて寒冷な気候。1年の約4割は氷が張る寒さだ。夏は本州と変わらない日も多いが、寒暖差があるので温度調節のできる服がおすすめ。

冬 11〜3月 防寒対策をしっかりね

雪が降る日が多いので、防水加工のジャケットや靴はマスト。特に1〜2月は氷点下の日が続くので厚手のダウンコートに加え帽子やマフラー、手袋も必須。

春 4〜6月 朝晩はまだ冷えます

桜前線が北海道に達するのは4月下旬。4月はまだ厚手のコートやマフラーが活躍。6月はシャツ1枚で過ごせるが、朝晩は冷えるので薄手の羽織り物を用意。

夏 7〜9月 日焼け対策を忘れずに

本州と比べ雨が少なくなりがち。日中は半袖Tシャツで過ごせる。ただし、日差しが強いので日焼け対策は大事。湿度が低く夜はエアコンなしで過ごせる。

秋 10月 紅葉も一瞬で終わります

北海道の秋は一瞬。お盆を過ぎると秋風が吹き、9月中旬を過ぎると紅葉が始まる。10月になると厚手のコート、帽子、マフラー、手袋、暖かいブーツを。

Technique 03 歴史をざっくり予習しよう

時代	西暦	おもなできごと
縄文	3500年前頃	国宝「中空土偶」P.38 が作られる
安土桃山	1593年	蠣崎慶広が豊臣秀吉から蝦夷の領主と認められる
江戸	1799年	幕府は東蝦夷地を幕府の直営とする
	1854年	ペリー艦隊が箱館へ来航。日米和親条約締結。翌1855年、箱館開港
	1864年	五稜郭 P.139 が完成し、箱館奉行所が移される
明治	1868年	榎本武揚率いる旧幕府軍が五稜郭を占拠、箱館政権樹立
	1869年	激戦の末、五稜郭の旧幕府軍が降伏し、箱館戦争終結
	1876年	W.S.クラークを教頭に招き札幌農学校が開校
	1878年	札幌農学校演武場（現・札幌市時計台）P.50 建設
	1880年	手宮〜札幌間に道内初の鉄道路線が開業
	1886年	北海道庁が設立され、岩村通俊が初代長官となる
	1888年	北海道庁の本庁舎（現・赤れんが庁舎）P.50 が落成
大正	1922年	札幌、函館、小樽、旭川、室蘭、釧路で区制から市制に移行
昭和	—	壮瞥村の麦畑に昭和新山が誕生
	1950年	第1回 さっぽろ雪まつり P.52 が開催。
	1956年	さっぽろテレビ塔 P.51 が完成
	1967年	旭川市旭山動物園 P.22 が開園
	1972年	第11回冬季オリンピック札幌大会が開催
平成	2005年	知床 P.34,36 がユネスコの世界自然遺産に登録される
	2016年	北海道新幹線の新青森〜新函館北斗間が開業
令和	2021年	北海道・北東北の縄文遺跡群 P.38 が世界遺産に登録される

Technique 04 北海道弁で話してみよう！

北海道の方言は松前藩が持ち込んだ津軽弁にルーツがあるといわれ、函館はなまりが強い。また、日本各地からの開拓移民による、故郷の方言も混ざっている。

おもな北海道弁		手袋をはく	手袋を付ける
あずましい	心地よい	なして	どうして、なぜ
いずい	心地悪い、むずむずする	なまら	とても、すごく
おばんです	こんばんわ	なんも	大丈夫
したっけ	それではまた	けっぱる	がんばる
しばれる	寒い	はくる	交換する
しゅっこい	冷たい	なげる	捨てる
ちょっきり	ちょうど、ぴったり	めんこい	かわいい
ちょす	触る	わや	大変、ヤバいなど

覚えておきたい「〜さる」活用法

「〜さる」は、意志や意図に関係なくしてしまった、というニュアンスで使われる。

- おいしくて「飲まさる」（飲んでしまう）わ
- おいしくていっぱい「食べらさって」（食べて）しまった
- 間違えて「押ささって」（押して）しまった
- 固くて「押ささらない」（押せない）よ

外が寒くても屋内は暖かい北海道。いっぱい着ていると汗をかいてしまうので、温度に合わせて着脱できる重ね着がおすすめ。(札幌市・Y.K.)

Technique 05 新千歳空港をフル活用しよう！

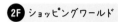

北海道のゲートウェイとなる新千歳空港はテーマパークのような充実度。早めに到着してショッピングやグルメを楽しもう！

2F ショッピングワールド

2階には北海道みやげが大集合。空港メイドのできたて商品やソフトクリームなども。以下は空港限定商品。

恋するクマモロン シマエナガ 1080円
シレトコドーナッツの新商品。クマモロン、シマエナガと仲間たちのミニドーナツ
●siretoco sky sweets

北の小さなケーキ ハスカップジュエリー ホワイトバージョンMIX 9個入り 2880円
ハスカップとバタークリームをクッキーでサンドし、周りをチョコレートでコーティング
●もりもと新千歳空港店

ふわふわサンドクッキー 5個入り 1188円
3種のスパイスがきいたクッキーでマシュマロをサンド、チョコレートでコーティング
●函館洋菓子スナッフルス

新千歳空港 シンチトセクウコウ

ターミナルビルはJRと直結する地下1階から4階まであり、国内線と国際線は連絡通路でつながっている。出発ゲートの2階にショップ、3階に飲食店が集中している。

Map P.193-B3 千歳

🏠千歳市美々 🕐施設により異なる（エンターテインメント施設は9:00〜18:00頃、ショップや飲食店は10:00〜20:00頃） 🌐 www.new-chitose-airport.jp

マイ保冷バッグを持参しよう
マイ保冷バッグと保冷剤を持って行き、ホテルで保冷剤を凍らせて持ち歩くと、冷蔵食品を気兼ねなく購入できて便利。

3F グルメワールド

「北海道ラーメン道場」をはじめ海鮮丼や寿司、ご当地グルメまでさまざまなジャンルの店がある。

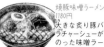

焼豚味噌ラーメン 1180円
大きな炙り豚バラチャーシューがのった味噌ラーメン
🕐9:00〜20:30（L.O.） 🈺無休 ●弟子屈ラーメン 新千歳空港店

まるごと北海道産 豚の肉盛ラーメン 1600円

ホタテ、カニ、チャーシュー、コーンにバターのトッピング
🕐10:00〜20:15（L.O.） 🈺無休 ●麺処 白樺山荘 新千歳空港店

大漁丼 2950円

ボタンエビ、サーモン、マグロなど厳選魚介9品を美しく盛った丼
🕐10:30〜20:30（L.O.） 🈺無休 ●どんぶり茶屋

しらかば定食 1790円
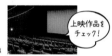
ウニ、カニ、鮭イクラのミニ丼と、刺身、天ぷらがセット
🕐11:00〜18:30（L.O.） 🈺無休 ●郷土料理 ユック

エンタメSpot

テーマパークや温泉、映画館もあり、空港内で丸1日楽しめそう！

© Margarete Steiff GmbH 2024

上映作品をチェック！

シュタイフディスカバリーウォーク
ドイツ・シュタイフ社のぬいぐるみと触れ合えるミュージアム
🕐10:00〜18:00 🈺無休 🎫見学無料

新千歳空港シアター
最新のプロジェクターや音響機器を備えた映画館
🕐9:00〜23:00（上映作品による）🈺無休 🎫一般1800円

新千歳空港温泉
弱アルカリ性の温泉で旅の疲れが癒やせる。広い露天風呂もある
🕐10:00〜翌9:00 🈺無休 🎫基本入浴2600円（館内着、バスタオル、フェイスタオル貸与。朝風呂料金、深夜料金あり）

Technique 06 喜ばれるロングセラーの 北海道定番みやげをおさえよう

空港やデパ地下、町なかのみやげもの屋などで購入できる、地元の人にも愛されている定番みやげはこちら。

●マルセイバターサンド 5枚入り 750円
北海道を代表する菓子店「六花亭」の看板商品。ホワイトチョコレートとレーズン、北海道産バターのクリームをクッキーでサンド

●北海道ミルククッキー 札幌農学校 12枚入り 650円
道産ミルクとバターをたっぷり使ったサクサクのクッキー。「きのとや」の人気商品。売上の1%は北海道大学の教育支援に寄付される

●白い恋人 18枚入り 1425円

薄く焼き菓子ラング・ド・シャでチョコをサンドした「ISHIYA」の定番商品。ホワイトチョコとブラックチョコがある

Technique 07 北海道の食文化に触れてみよう

北海道に根付いている独自の食文化。たくさんあるなかから一部を紹介。

どの家庭にもたいていある

●調味料は めんみ
カツオや昆布など5種のだしが入っていて、煮物から漬物まで使える万能調味料

総菜売り場に売っているよ

●お赤飯は 甘納豆
北海道のお赤飯は金時豆の甘納豆が入っているのが一般的。薄いピンク色でほんのり甘い

おたる佐藤食堂のメニュー P.103

寿司には「生」が付く
メニューに「生寿司」、「生ちらし」と書いてある店が多い。魚の鮮度のよさを表現したのが由来。

やきとり錦の豚肉の焼き鳥 P.72
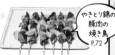

焼き鳥が豚肉
焼き鳥は鶏肉と思いきや、北海道では豚肉の焼き鳥も一般的。特に道南地方は豚がメイン。

北海道を楽しみつくす旅のテクニック

HOKKAIDOトラベル交通ガイド

旅の目的とスタイルに合わせて、交通機関を上手に利用しよう。

北海道内の
交通ワンポイント

1 早くて便利な鉄道を乗りこなそう！

都市を中心に観光するなら、JR北海道での移動が便利。主要都市間を特急列車が結んでいる。移動距離が長いほどレンタカーやバスよりも時間が正確で、何よりラク。

●札幌からおもな都市間の所要時間と本数

札幌	約5時間10分 毎日1往復	→	稚内
	約1時間25分 毎日25往復	→	旭川
	約5時間25分 毎日2往復	→	網走
	約4時間 毎日6往復	→	釧路
	約2時間 毎日5往復	→	帯広
	約3時間30分 毎日11往復	→	函館

JR北海道のハブとなる駅は、新千歳空港のひと駅手前の南千歳駅。空港から各地へ行く場合は、札幌駅まで行く必要がないことも。「くしろ湿原ノロッコ号」「富良野・美瑛ノロッコ号」など季節運行の観光列車も要チェック。

●北海道のおもな
鉄道路線図

稚内
知床斜里
網走
旭川
小樽 札幌 美瑛 根室
新札幌 千歳 富良野 釧路
トマム
洞爺 白老 帯広
大沼公園 登別
新函館北斗 南千歳
五稜郭
函館

2 快適な都市間バス

おもな都市を結ぶ高速バス。シートはゆったり、トイレもあり、JRより手頃な料金が魅力。

●札幌からおもな都市間の所要時間

札幌	高速ふらの号 約2時間40分	富良野
	高速あさひかわ号 約2時間5分	旭川
	帯広特急ニュースター号 約3時間40分	帯広
	釧路特急ニュースター号 約5時間30分	釧路
	わっかない号 約5時間50分	稚内

3 レンタカーで時短＆自由な旅を

☑ レンタカーの乗り捨てを賢く利用

鉄道が走っていないエリアや、あっても駅から遠い場所への観光はレンタカーが不可欠。加えて広い北海道を縦断したい場合は、借りた場所に戻るプランは時間のロスが大きい。便利な乗り捨て（ワンウエイ）を利用するのも手だ。乗り捨て料金はレンタカー会社により異なるが、札幌で借りて旭川で返却する場合は5000〜6000円、函館や稚内など遠い場所では1万円前後。同じエリア内なら無料のケースが多い。

☑ JRとレンタカーを組み合わせることも

移動にはJR、駅からはレンタカーを利用する方法も。「レール＆レンタカーきっぷ」はJRとレンタカーをセットで申し込むことでJRの乗車券・特急券・グリーン券の料金が割引になる。詳しくは「えきねっと」で確認。
URL www.eki-net.com/top/rentcar/jr_ticket/

4 ドライブの強い味方「道の駅」

北海道には2024年2月現在、全部で127の道の駅があり、ドライブ途中の休憩スポットとして便利。24時間利用できるトイレ、観光情報コーナー、物産品販売所や農産物直売所、レストラン併設の道の駅もある。

サーモンパーク千歳

清流・千歳川の川辺にあるサケをテーマにした道の駅。フードコートには海鮮丼やサケを使ったグルメがいろいろ。

→P.81

びえい「白金ビルケ」

美瑛の人気観光スポット、白金 青い池から車で3分の場所にあり、ショップには青い色をしたグッズがいろいろある。

→P.119

縄文ロマン南かやべ

国宝・中空土偶が展示されている縄文文化交流センター、垣ノ島遺跡などを併設。土偶をモチーフにしたみやげ物が買える。

→P.38

なないろ・ななえ

Map P.190-C2 七飯

函館から約20km、大沼へ行く途中に寄れるテーマパークのような道の駅。

🏠七飯町字峠下380-2
☎0138-86-5195 ◯9:00
〜18:00 休無休

厚岸グルメパーク

Map P.191-B3 厚岸

「味覚ターミナルコンキリエ」では厚岸名産のカキが食べられる。

🏠厚岸町住の江2-2 ☎0153-52-4139 ◯9:00〜20:00
（冬季時間短縮あり）休月（祝日の場合は火。7〜8月は無休）

都市間バスは基本、予約制になっているので、日にちが決まったら早めの予約がおすすめです。（帯広市・rico）

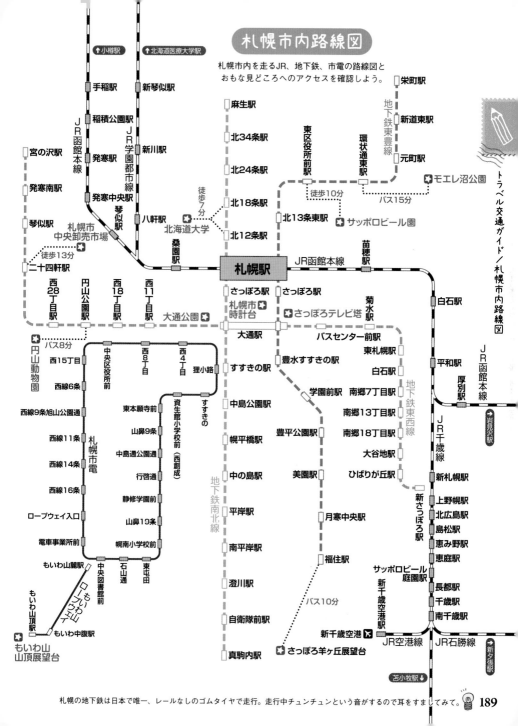

札幌市内路線図

札幌市内を走るJR、地下鉄、市電の路線図と
おもな見どころへのアクセスを確認しよう。

↑小樽駅　　↑北海道医療大学駅

手稲駅　　新琴似駅　　　　　　　　　　　　栄町駅

稲積公園駅　　　　　　　　麻生駅　　　　　　　　　　　新道東駅

発寒駅　　新川駅　　北34条駅　　東区役所前駅　環状通東駅　元町駅

宮の沢駅　　　　　　　　　北24条駅　　　　　　　　　　　　　モエレ沼公園

発寒南駅　　発寒中央駅　琴似駅　　　　徒歩7分
　　　　　　　　　　　　　　北18条駅　　徒歩10分　　バス15分

琴似駅　　八軒駅　北海道大学　北13条東駅　サッポロビール園

札幌市
中央卸売市場　桑園駅　北12条駅

徒歩13分　　　　　　　　　　　　　　苗穂駅

二十四軒駅　　　　　　　　札幌駅　　JR函館本線

西28丁目駅　円山公園駅　西18丁目駅　西11丁目駅　　　白石駅

　　　　　　　　　　　　　　さっぽろ駅　さっぽろ駅　菊水駅

大通公園　　　　　　　　札幌市時計台　さっぽろテレビ塔

バス8分　　　　　　　　　　　大通駅　　バスセンター前駅

円山動物園　西15丁目　中央区役所前　西8丁目　西4丁目　狸小路　豊水すすきの駅　東札幌駅　平和駅

西線6条　　　　　　　　　　すすきの　すすきの駅　白石駅　厚別駅

西線9条旭山公園通　東本願寺前　資生館小学校前（西創成）　中島公園駅　学園前駅　南郷7丁目駅

西線11条　札幌市電　山鼻9条　中島通公園通　幌平橋駅　豊平公園駅　南郷13丁目駅

西線14条　　行啓通　　　　中の島駅　美園駅　南郷18丁目駅

西線16条　静修学園前　　　　　　　　大谷地駅

ロープウェイ入口　山鼻19条　平岸駅　　　月寒中央駅　ひばりが丘駅　新札幌駅

電車事業所前　幌南小学校前　南平岸駅　　　　　　　　新さっぽろ駅　上野幌駅

もいわ山麓駅　中央図書館前　石山通　東屯田　澄川駅　福住駅　　　北広島駅

もいわ山頂駅　　　　　　　自衛隊前駅　バス10分　サッポロビール庭園駅　島松駅

もいわ山　もいわ中腹駅　　真駒内駅　　　　新千歳空港駅　恵み野駅

山頂展望台　　　　　　　　　　　さっぽろ羊ヶ丘展望台　恵庭駅

新千歳空港　JR空港線　JR石勝線　長都駅

苫小牧駅↓　　　　　　　千歳駅　南千歳駅　→新夕張駅

JR函館本線

JR学園都市線

地下鉄東豊線

地下鉄東西線

地下鉄南北線

新さっぽろ駅

JR千歳線

JR函館本線

→岩見沢駅

トラベル交通ガイド／札幌市内路線図

札幌の地下鉄は日本で唯一、レールなしのゴムタイヤで走行。走行中チュンチュンという音がするので耳をすましてみて。

北海道全図

札幌・小樽広域

オホーツク海

北方領土

オホーツク海
散布山
択捉島
西単冠山
知床岬
ベルタルベ山
俺爺岳
太平洋
知床岬
国後水道
羅臼岳
国後島
色丹島
野付水道
水晶島
多楽島
志発島
勇留島
根室市
歯舞群島

N　0　100km

A

238
興部町
P.27
🎯流氷観光船ガリンコ号
✈オホーツク紋別空港
P.20
紋別市
🎯太陽の丘えんがる公園
273
滝上町
242
サロマ湖
238
浮島
丸瀬布駅
遠軽駅
生田原駅
石北本線
遠軽
333
紋別自動車道
北見
遠軽町
北見市
北見駅
39
美幌町
美幌駅
十勝オホーツク
自動車道
陸別小利別
273
陸別町
足寄駅
本別Jct
足寄町
🎯網走流氷観光砕氷船
　おーろら P.27
🎯博物館網走監獄 P.15

網走市
浜小清水駅
🎯ゴジラ岩観光 P.35
🏨北こぶし知床 ホテル&リゾート P.181
知床岬
🎯知床五湖 P.37
羅臼町
国後島

女満別空港
334
美幌
243
391
斜里町
知床斜里駅
釧路湿原
自動車道
阿寒町
津別町
240
摩周湖
391
335
観光船アルラン三世 P.35
🎯知床観光船はまなす P.35
🎯知床ネイチャークルーズ P.27,35
🏨shiretoko HOSTEL hanare P.184
🎯ピッキオ知床 P.26
🎯摩周湖・屈斜路湖 P.203
根室中標津空港
🏨ushiyado P.184
野付半島

富良野 P.199
上士幌町
272
🏨養老牛温泉 湯宿だいいち P.47
納沙布岬

然別湖・糠平湖 P.203
243
244
🏨 Guest House ネムロマン P.184

P.163
阿寒湖 P.203
標茶町
別海町
風蓮湖
根室市
44
🎯サホロリゾート ベア・マウンテン 釧路市
鶴居村
釧路湿原駅
釧路湿原 P.203
厚岸町
根室本線

帯広広域 P.203
浦幌町
釧路空港
厚岸駅
🍴厚岸グルメパーク P.188

芽室駅
38
帯広市
たんちょう
外釧路環状
道路
44
S森高牧場 P.42
🎯美蔓めん羊牧場 P.157
池田駅
白糠町
🍴釧路ラーメン まるひら P.168
🍴美蔓亭 P.157
🎯GRACE FIELD P.175
✈とかち帯広空港
帯広広尾
自動車道
更別　豊頃町
十勝川
🏨十勝まきばの家 P.185
🎯十勝千年の森 P.153
忠類大樹
忠類
大樹町
236
336
235
広尾町
太平洋
襟裳岬
ウエスタンビレッジ
サホロ P.162
農家カフェ峠の
テラス P.163
336
様似町

MAP凡例

🎯	見どころ&アクティビティ	7	セブン-イレブン		高速道路	◎	北海道庁	+	病院
🍴	レストラン&ナイト	=	ファミリーマート	12	国道	◎	市区町村役場	✪	学校
C	カフェ	L	ローソン	30	道道	⊤	郵便局	卍	寺
S	ショップ	◆	セイコーマート		新幹線	⊗	警察署／交番	🦌	神社
🏨	宿泊施設	M	マクドナルド		JR線	Y	消防署	&	銀行
		◎	ケンタッキーフライドチキン		私鉄線				
		◉	モスバーガー		ロープウェイ				
		☆	スターバックス コーヒー		航路				
		🏠	道の駅		**徒歩目安**				
		G	ガソリンスタンド		80m=徒歩1分				
		✈	空港		240m 徒歩3分				

C

札幌市街

広域MAP P.193-A・B-3

N
0 　1km

小樽駅
札幌北IC
新琴似駅

札幌西IC
札樽自動車道
札幌新道
札幌北区

白い恋人パーク・
宮の沢駅
発寒中央駅
函館本線
新川さくら並木
新川通

広域MAP
P.193-A・B-3

農試公園
武蔵女子短大 ⊗

八軒駅

地下鉄東西線
北5条・手稲通
下手稲通
学園都市線
札幌工業高 ⊗

宮丘公園
発寒南駅
琴似駅
277

A

山の手通
北1条・宮の沢通
西警察署 ⊗
124
十四軒・手稲通
琴似駅
P.71
C2 cafe Ⓡ
札幌競馬場

小樽市 P.194-195
西区役所
札幌市中央卸売市場
場外市場

札幌市

西郵便局 〒
453
P.61 NOUILLES JAPONAISE とくいち Ⓡ

函館市
北海道医療センター ✚
山の手通
二十四軒駅

札幌山の手高 ⊗
札幌龍谷学園高 ⊗
西本願寺

Ⓢ パティスリーYOSHI P.71
札幌西高
西28丁目駅
北海道立近代美術館

B
ナチュラルアイランド直営店 home札幌店
西18丁目駅

三角山
P.76 フーズバラエティすぎはら Ⓢ
P.54 開拓神社 ⊗
P.54 神宮の杜はくしか Ⓡ
札幌医科大
札幌医科大附属

89
P.54 北海道神宮
環状通
円山公園駅

大倉山ジャンプ競技場・
荒井山
六花亭 円山店
北星
女子

P.57 札幌市円山動物園 ✿
円山

札幌聖心
女子学院高

札幌市
中央区
P.55 ミッシュハウス伏見本店 Ⓒ

旭山記念公園

大乗院
薬王寺 卍
・宮の森シャンツェ
旭丘高

P.78 P.55 札幌伏見稲荷神社 ⊗

P.幌見峠 ⊗
幌見峠ラベンダー園

山麓

札幌駅

N
0 　200m

北海道大 ⊗
札幌市北区
札幌中央郵便局 〒
函館本線・千歳線

P.75 北海道どさんこプラザ Ⓢ
ヨドバシカメラ
マルチメディア札幌
札幌駅
JRタワーホテル
日航札幌 Ⓗ P.182
札幌エスタ

函館本線・学園都市線
大丸札幌店
P.63 海さくら蝦夷海 Ⓡ
センチュリーロイヤルホテル
アスティ45・
Ⓢ とみおかクリーニング
LIFE LAB. P.75
さっぽろ駅

P.61 辛いラーメン14
札幌南口本店
東急百貨店
Ⓒ ミルク&パフェよつ葉
ホワイトコージ
札幌ステラプレイス店
P.68

札幌市
中央区
北海道庁 ◎

札幌市
南区

P.56 もいわ山山頂展望台 ★
山頂駅
中腹駅
札幌藻岩山
スキー場

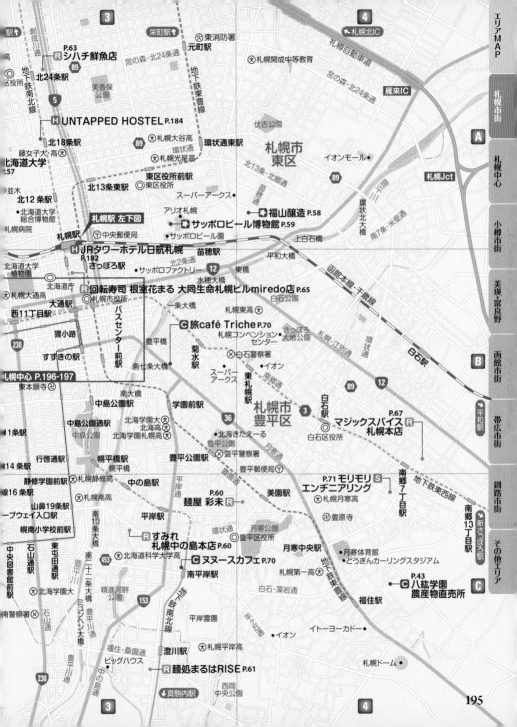

札幌中心

エリアMAP P.195-B3

N 0 100m

P.195-B3

札幌大通高

北方民族資料室
・バチェラー記念館
北海道大学植物園

P.50 北海道庁旧本庁舎

赤レンガテラス

北海道警察本部⊗
・かでるホール

・北海道議会議事堂

日本郵政 ・北星

P.31 ONSEN RYOKAN 由縁 札幌 H

札幌テレビ放送(STV)・
ヤマダデンキ
・NHK札幌放送局

北海道放送(HBC)

H ホテル札幌ガーデンパレス
中央警察署⊗

三菱

北菓楼 札幌本館

H グランドメルキュール
札幌大通公園

北1条・宮の沢通

230

南1西8

南1西7

日本銀行
札幌支店

㊆札幌
北一条中局

・札幌国税局

南1西9

石山通

札幌地方裁判所

大通西9

大通

P.50,52 大通公園 ✿

大通西7

ホテルリソル
トリニティ札幌

地下鉄東西線

大通

H 札幌ビューホテル大通公園

北海道信金

札幌南一条局

南1西5

西11丁目駅

㊟三吉神社

R 鮨とろ P.63

H フィーノホテル札幌大通
ラ・ジェント・ステイ札幌大通

アパホテル 札幌大通公園 H

P.66 中国料理 布袋 本店 R

札幌市電

西8丁目駅

南1西7

R アパホテル〈札幌〉

南2

札幌市
中央区

H 北海道

P.63
R 瑠玖&魚平

P.64 棗 別邸 R

中央区役所前駅

㊆札幌南二条局

狸小路商店街

からくさホテル

テンザホテル&スカイスパ・H
札幌セントラル

P.67 SOUL STORE R

南2西10
・中央区民センター

資生館小
⊗

南三条医院 ✚

P.65 回転すし活一鮮 R

札幌プリンスホテル H

ホテル ラフィナート札幌 H

P.69 SIX COFFEE & CHOCOLATE R

国際館バミール

中央区役所(改築中)

資生館小学校前駅

札幌 東急REIホテ

南4西11

中央消防署

アパホテル
札幌すすきの駅西

南4西8

P.69 お酒とパフェ R
Kakiversary

THE STAY SAPPORO H

フレイムホテル札幌 H

南5西7

札幌市電

P.196-197

プレミアホテル キャビン札幌 H

札幌市電

日泰寺

南6西7

P.66 生ラム炭火焼 のざわ R

南6西9

中島公園通駅 ↓

東本願寺前駅

・ディナーベ

196

エリアMAP

札幌市街

札幌中心

小樽市街

美瑛・富良野

函館市街

帯広市街

釧路市街

その他エリア

↑ぼろ駅

3

↑さっぽろ駅

4

東光ストア●

● すーぷかりー ひげ男爵

時計台記念病院 ✚

5

P.68
©雪印パーラー札幌本店

さっぽろ創世スクエア
札幌文化芸術劇場(hitaru)

12

P.50
札幌市時計台 ✚

北海道・中央バス
札幌ターミナル

●カナモトホール
(札幌市民ホール)

◎札幌市役所
●札幌市役所天望回廊

北海道電力

7

7

✿札幌まちばしゃ P.51

●中央区役所
仮庁舎

大通

✿創成川公園 P.92

A

→菊水駅

札幌駅

13

大通駅

✿さっぽろテレビ塔 P.51

地下鉄東西線

27

バスセンター前駅

25

6

大通西3

大通

24

大通バスセンター

1

H ザ ロイヤルパーク キャンパス 札幌大通公園 P.179

16

19 20

23

ル・トロワ

R 第三モッキリセンター P.72

✚北海道神宮頓宮 P.55

14 15 17

丸井今井
札幌本店

22

南1条通

S 佐藤水産 大通公園店 P.75

160m
徒歩2分

札幌丸井内局 ⊤

南1東1

10

P.60
R 味の三平

MARUZEN &
ジュンク堂書店

● ホテルハシモト

11

●大丸藤井

カナリヤ

萬田記念病院

南2条通

R 魚屋の台所 二条市場本店 P.63

札幌
パルコ

ホテルWBF札幌中央 H

R だるま軒 P.60

十七

南3西2

二条市場

✿ AOAO SAPPORO P.32

R 魚や がんねん P.63

札幌
ライロ

✿きたキッチン モユク店 P.74

moyuk
SAPPORO

P.64 蟹鮨 加藤 札幌店

南4東1

B

南3西1

7 ニコーリフレ H

フェアフィールド・バイ・H
マリオット札幌

狸小路駅

南3西3

R 居酒屋くさち P.67

MEGA
ドンキホーテ
南3西4

スマイルホテル
プレミアム 札幌すすきの

36

ホテルリーネルすすきの H

南5東1

すしほまれ

すすきの
市電

R やきとり錦 P.72

月寒通

R 肴や しょうすけどん本店 P.73

2

P.68

すすきの駅

ニッカ
ウヰスキー看板

R 夜パフェ専門店 Parfaiteria PaL P.69

ダイワロイネットホテル 札幌すすきの H

1

ココノ
ススキノ

パフェ ネモちゃんランド3

● コンフォートホテル札幌すすきの

R 立ち飲みちょっとばぁ P.72

南5西1

南6東1

南5西4

R Sakae P.73

●元祖さっぽろラーメン横丁

H 東横INN札幌すすきの南

R らーめんしみじみ P.61

P.74

●新善光寺

南6西1

S 北海道四季マルシェ ココノススキノ店

R 成吉思汗 だるま本店 P.66

C

すすきの市場

P.73

中央寺

南7東1

南6西3

R 四代目がんちゃん家

札幌
駅前通

地下鉄東豊線

南7条大橋

⊕新栄寺

鴨々川

H アパホテル〈札幌すすきの駅南〉

豊平通

南7条大橋

H Tマークシティホテル札幌

P.181 ジャスマックプラザ H

豊平公園駅↘

3

4

小樽市街

P.102 小樽鱗友朝市
P.102 朝市食堂

運河公園
旧日本郵船小樽支店

小樽市
P.198
札幌市

函館市

N 0 200m

広域MAP
P.192-A2

ラルズマート

小樽市

A

地方卸売市場

色内埠頭公園

北浜橋

240m
徒歩3分

色内3丁目

旭橋

業務スーパー

稲穂4丁目   色内2丁目

臨港線 820

稲穂5丁目

R 中華食堂 龍鳳 P.100

5

余市駅

小樽稲穂局

竜宮通り

S 飴屋六兵衛 本舗 P.99

P.94 旧国鉄手宮線散策路

小樽海上観光船「あおばと」

小樽市総合博物館運河館

静屋通り

P.101

若鶏時代なると 本店

小樽税務署

P.103

S 小樽運河クルーズ P.94

小樽海鮮丼ガンガン亭 R

船見坂下

小樽中央市場
P.103

中央通り

小樽運河 P.94

ホテルノルド小樽

札幌法務局 小樽支局

B

小樽三角市場 P.103

OMO5小樽
by 星野リゾート

H ホテルソニア小樽 P.182

R 北のどんぶり屋
滝波食堂 P.103

運河の宿 おたるふる川

P.95 旧三井銀行小樽支店

小樽芸術村ステンドグラス美術館 P.95

西洋美術館 P.95

JR小樽駅
P.94

C アイスクリーム
パーラー美園 P.98

似鳥美術館 P.95

小樽運河ターミナル

長崎屋

P.179 UNWIND HOTEL&BAR 小樽

小樽
郵便局

C 桑田屋本店 P.96

小樽産業会館

市立小樽文学館・美術館

創作硝子工房nico P.109

中華食堂 桂苑

旧日本銀行
小樽支店
金融資料館

S かま栄工場直売店 P.96

H オーセントホテル小樽 P.31

S おたる瑠璃工房運河店 P.108

P.109 大正硝子館 本店 S

R 小樽たけの寿司 P.100

P.108

小樽警察署

大正硝子うつわ屋 S

利尻屋みのや本店

P.98

小樽あまとう本店 C

小樽掖済会病院

旧 光亭

P.95,96 堺町通り

17

稲穂小

P.99 小樽新倉屋
花園本店 C

小樽市立高等看護学院

北一ヴェネツィア美術館

小樽市保健所

P.98 館ブランシェ C

東光寺

旧 寿原邸

水天宮   外人坂

C ルタオパトス P.9

P.183 The Apartment Hotels KOU H

P.96

北一硝子三号館

小樽市水道局

P.101

小樽海鮮丼 あか・あお・きいろ R

六花亭小樽運河店

焼肉 三四郎 本店 R

C

小樽図書館

P.97 小樽洋菓子舗ルタオ本店 C

小樽市役所

花園十字街

小樽堺町局   常夜灯

地方裁判所

公園通り

小樽オルゴール堂 本館

小樽市民会館

5

小樽公園

南小樽駅

美瑛・富良野

札幌市街

札幌中心

小樽市街

美瑛・富良野

函館市街

帯広市街

釧路市街

その他エリア

3 千代ヶ岡駅

旭川駅 東神楽町

4

旭川市

452 237

N 0 5km

広域MAP
P.190-B2·3

北美瑛駅

213

213

P.116 イエティのいえ S
P.116 北西の丘展望公園
ぜるぶの丘

フェルム ラ・テール

C あさひ町珈琲 P.123

A

P.117 ノンノの小屋 S
P.122 あるうのぱいん C

R ファミリーレストランだいまる P.123

P.123 美瑛選果 S 美瑛駅

P.116
Rental Cycle Station BIEI HILLS

543

美瑛町

580

P.117 新栄の丘展望公園

R 自家製パスタ専門店 だぐらすふぁ〜。P.122

966

三愛の丘展望台

P.21,124 かんのファーム
P.120 手織屋 雪蟲工房

千代田の丘展望台
藍染結の杜 P.121

美馬牛駅

824

前田真三写真ギャラリー拓真館

ジェットコースターの路

展望花畑 四季彩の丘 P.21,117

深山峠

美瑛放牧酪農場(美瑛ファーム)

P.119
C BIEI CAFE 小麦畑と青い池

70

びえい「白金ビルケ」P.119,188

P.118 白金 青い池
P.118 青い池売店 S 四季彩湖

P.125
フラワーランドかみふらの

581

富良野線

不動の滝

B

P.125
日の出公園
ラベンダー園

P.119 白ひげの滝

上富良野駅

353

土の館

味処新町

966

291 上富良野町

759

851

298

後藤純男美術館

十勝岳望岳台

ヌッカクシ
富良野川

吹上温泉

西中駅

ラベンダーイースト P.125

北海道風景画館

スパ&ホテルリゾートふらのラテール

十勝岳温泉

P.18,124 ファーム富田
とみたメロンハウス C

R ポプラファーム中富良野本店 P.129

十勝岳温泉湯元 凌雲閣 H

P.129 ラベンダー畑駅

カントリーキッチン シットココ

富良野岳

北星山ラベンダー園

中富良野駅

中富良野町郷土館

マイント犬大作戦

705

鹿討駅

中富良野町

富良野ジンギスカン
ひつじの丘

237

学田駅

DOMAINE RAISON P.127
C グリル&農家レストランやきカフェ P.127

オホーツク海

38

北の峰IC

R 唯我独尊 P.128

日本海

P.199

富良野駅

FB FURANO BURGER

札幌市

鳥沼公園

R お食事とご宴会の店 くまげら P.128

富良野市

函館市

太平洋

S フラノマルシェ P.129

253

富良野IC

R 富良野チーズ工房 P.126,128

麓郷の森

五郎の石の家・
最初の家

ニングルテラス

H 新富良野プリンスホテル

拾って来た家-やがて町

布部IC

544

3 布部駅

4

函館市街

N
0 ——— 200m

広域MAP
P.190-C2

A

函館漁港

オホーツク海

日本海

札幌市

函館市
P.200-201

太平洋

函館どつく

函館どつく前駅

• はこだてマリーナ

457

函館厳島神社 ⛩

マックスバリュ •

弥生町24

函館市電

H 函館クラシックホテルズ 藍

P.183
H 太刀川家 洋館ゲストハウス

• 旧函館西警察署庁舎

大町駅

緑

緑の島 ヨットハーバー

称名寺 卍

• 新島襄海外渡航の地碑 •
P.14
ラッキーピエロ ベイエリア本店

P.146 Angelique Voyage S

弥生小

457

カリフォルニアベイビー

• 旧ロシア領事館

船見公園

山上大神宮 ⛩

P.135 函館市旧イギリス領事館
（開港記念館）

末広町駅

函館市
北方民族資料

函館
文学

• ティーショップタ日

B

• 外国人墓地

元町公園

旧相馬家住宅

市立函館博物館
郷土資料館

P.135,137 旧函館区公会堂

P.135
八幡坂

HakoBA函館by THE SHARE HOTELS H

茶房菊泉 •

P.134 カトリック元町教会

P.134,137 函館ハリストス正教会

東本願寺
函館別院

函館市

675

函館登山道

P.137 函館山ロープウエイ

函館護国神社 ⛩

P.136 レストラン・ジェノバ R

P.136 函館山山頂展望台

山頂駅

C

675

青柳

市立函館博

200

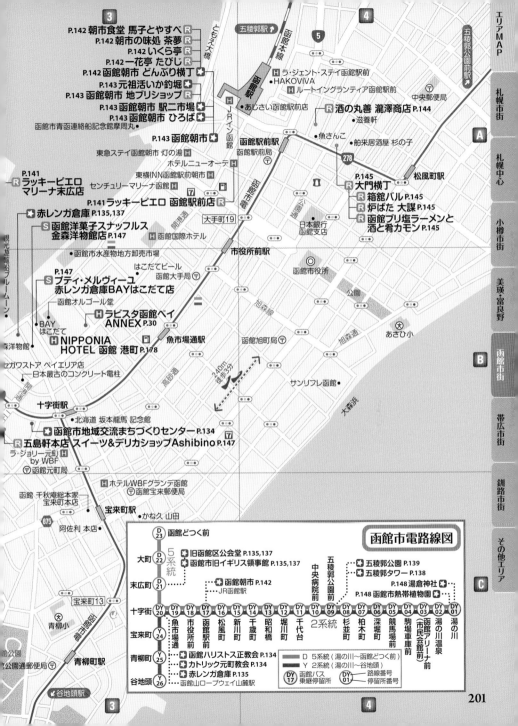

エリアMAP

札幌市街

札幌中心

小樽市街

美瑛・富良野

函館市街

帯広市街

釧路市街

その他エリア

A

B

C

3
4
5

P.142 朝市食堂 馬子とやすべ R
P.142 朝市の味処 茶夢 R
P.142 いくら亭 R
P.142 一花亭 たびじ R
P.142 函館朝市 どんぶり横丁 ☆
P.143 元祖活いか釣堀 ☆
P.143 函館朝市 地ビリショップ R
P.143 函館朝市 駅二市場 ☆
P.143 函館朝市 ひろば ☆
函館市青函連絡船記念館摩周丸
P.143 函館朝市 ☆

五稜郭駅↑
函館本線
函館駅

ラ・ジェント・ステイ函館駅前
HAKOVIVA
ルートイングランティア函館駅前

中央郵便局 〒

あじさい函館駅前店

R 酒の丸善 瀧澤商店 P.144
滋養軒

東急ステイ函館朝市 灯の湯 H
ホテルニューオーテ H
東横INN函館駅前朝市 H
センチュリーマリーナ函館 H
JRイン函館
函館駅前駅
函館駅前郵便局 〒

278

魚さんこ
舶来居酒屋 杉の子

P.145
R 大門横丁
R 箱館バル P.145
R 炉ばた 大謀 P.145
R 函館ブリ塩ラーメンと
酒と肴カモン P.145

松風町駅

7

P.141
☆ ラッキーピエロ
マリーナ末広店

P.141 ラッキーピエロ 函館駅前店 R

☆ 赤レンガ倉庫 P.135,137

S 函館洋菓子スナッフルス
金森洋物館 P.147

函館国際ホテル

大手町19

日本銀行
函館支店

函館市水産物地方卸売市場

市役所前駅

函館市役所

はこだてビール
函館大手町 〒
公園

P.147
S プティ・メルヴィーユ
赤レンガ倉庫BAYはこだて店

函館オルゴール堂

H ラビスタ函館ベイ
ANNEX P.30

旭森線

函館旭町局 〒

旭道

あさひ小

BAY
はこだて

魚市場通駅

H NIPPONIA
HOTEL 函館 港町 P.178

洋物館

セガワストア ベイエリア店

日本最古のコンクリート電柱

十字街駅

高砂道

240m
徒歩3分

サンリフレ函館

大森浜

北海道 坂本龍馬 記念館

☆ 函館市地域交流まちづくりセンター P.134

☆ 五島軒本店 スイーツ&デリカショップAshibino P.147

ラ・ジョリー元町 H
by WBF
〒 函館元町局

H ホテルWBFグランデ函館
函館宝来郵便局 〒

函館 千秋庵総本家
宝来町本店

宝来町駅

かねく 山田

075

阿佐利 本店

青柳小

函館
公園通郵便局 〒

青柳町駅

谷地頭駅

函館市電路線図

エリアMAP

札幌市街

札幌中心

小樽市街

美瑛・富良野

函館市街

帯広市街

釧路市街

その他エリア

阿寒湖

3

チュウルイ島／マリモ展示観察センター

阿寒湖
阿寒湖温泉
釧路市
阿寒湖

★阿寒アイヌ工芸協同組合 P.40
★阿寒湖アイヌシアターイコロ P.171
★丸木舟 阿寒湖店 P.170
R 民芸喫茶ポロンノ P.170
★阿寒湖畔エコミュージアムセンター P.173
P.173 ボッケ遊歩道
P.173 KAMUY LUMINA
あかん遊久の里 鶴雅
あかん湖 鶴雅ウイングス
★阿寒観光汽船 P.172
★阿寒湖アイヌコタン P.170
阿寒湖畔温泉 ニュー阿寒ホテル
アイヌ文化伝承・創造館 オンネチセ
阿寒湖郵便局
241
240
まりも国道
阿寒湖バスセンター

0 200m

広域MAP P.191-B3

摩周湖・屈斜路湖

4

美幌町
弟子屈町
清里町

★美幌峠 P.48
★屈斜路湖 P.48
ぐるっとパノラマ美幌峠
243
中島
★砂湯 P.48
★硫黄山 P.48
★池の湯 P.48
★龍の祠
屈斜路プリンスホテル
和琴温泉
★津別峠 P.48
コタンの湯 P.48
屈斜路コタンアイヌ民族資料館
美留和
SOMOKUYA P.174
神の子池 P.47
川湯温泉
川湯温泉駅
大鵬相撲記念館
裏摩周展望台 P.47
摩周第三展望台 P.46
摩周第一展望台 P.46
摩周湖 カムイヌプリ（摩周岳）
★渡辺体験牧場 P.43
摩周温泉
摩周駅
標茶駅

0 10km

広域MAP P.191-B3

A

然別湖・糠平湖

273
の沢橋梁 P.161
★タウシュベツ川橋梁 P.161
糠平湖 P.161
足寄町
ぬかびら源泉郷
ひがし大雪自然館
★第三音更川橋梁 P.161
★上士幌町鉄道資料館 P.161
★然別湖ネイチャーセンター P.160
▲ナイタイ山
上士幌町
★然別湖 P.160
★ナイタイ高原牧場 P.161
★然別湖コタン P.160
士幌高原ヌプカの里
★然別湖の湖底線路 P.160
士幌町
上士幌交通ターミナル
かみしほろ
241 274
池田町

0 5km
広域MAP P.191-B3

釧路湿原

鶴居どさんこ牧場
★コッタロ湿原展望台 P.167
鶴見台
標茶町博物館ニタイ・ト
★サルボ展望台 P.167
鶴居村
塘路駅
★塘路湿原 P.175
★塘路ネイチャーセンター P.175
温根内ビジターセンター
★温根内木道 P.167
細岡駅
★達古武夢が丘展望台 P.167
釧路湿原駅
★細岡展望台 P.167
細岡ビジターズラウンジ
釧路市湿原展望台 P.166
★湿原展望台遊歩道 P.166
遠矢駅
★釧路マーシュ＆リバー P.175
391
レイクサイドとうろ P.175
塘路湖
標茶町
釧路町
厚岸町

釧路西IC
釧路外環状道路
釧路市
釧路中央IC
根室本線
大楽毛駅
新富士駅
太平洋
釧路駅
別保公園
釧路別保IC
釧路市街 P.202
別保駅
44

0 5km
広域MAP P.191-B3

B

函館周辺

五稜郭駅
27
新函館北斗駅・上磯駅
日吉IC
函館市
★函館大谷短大
★箱館奉行所 P.139
★五稜郭公園 P.139
★五稜郭タワー P.138
CAFEと昼飲み 葛城商店 P.144
五稜郭公園前駅
★函館麺厨房 あじさい本店 P.145
嘉福堂キッチン本社ガレージ店 P.146
Silouette Cacao S P.146
中央病院前駅
千代台公園
深堀町駅
函館競馬場
湯の川温泉駅
柏木町駅
杉並町駅
湯倉神社 P.148
★湯巡り舞台足湯 P.148
湯の川黒松林
湯の川温泉
5
函館本線
堀川町駅
千歳町駅
新川町駅
松風町駅
278
★大森稲荷神社
★やきだんご銀月 P.148
★函館市熱帯植物園 P.148
はこだて柳屋本店 P.146
函館市役所
函館市街 P.200-201
広域MAP P.190-C2

0 1km

3

帯広広域

4

池田町
★十勝豚丼いっぴん 帯広本店 P.158
西帯広駅
帯広市街 P.202
幕別駅
★ぶた丼のとん田 P.158
P.156
★ガラス工房ポンテ P.43
広瀬牧場 S
ウエモンズハート
トスカチーナ P.159
トテッポ工房café P.159
Cake&Cafe Atiro P.159
芽室町
帯広川西IC
森のスパリゾート 北海道ホテル P.180
炭火焼豚丼とんび P.158
真鍋庭園 P.153
★十勝ヒルズ P.152
ガーデンカフェ NIWAKARA
ヒルズショップ S
ガーデンカフェ とかち屋
紫竹ガーデン P.153
Flower Hearts C
六花の森 P.152
六'café
帯広市
幸福駅
帯広空港
中札内村
236
とかち帯広IC
中札内IC
豊頃町
広域MAP P.191-B3

0 10km

C

203

見る・遊ぶ

205

地球の歩き方 シリーズ一覧

地球の歩き方 ガイドブックシリーズ　各定価1540～3300円

2024年4月現在

arucoのSNSで 女子旅おうえん 旬ネタ発信中！

Instagram@arukikata_aruco
X@aruco_arukikata
Facebook@aruco55

arucoのLINEスタンプができました！チェックしてね♪

aruco編集部が、本誌で紹介しきれなかったこぼれネタや女子が気になる最旬情報を、発信しちゃいます！ 新刊や改訂版の発行予定などもチェック☆

STAFF

Producer
今井歩

Editors & Writers
有限会社グループ ピコ（今福直子、武居台三、吉山眞美）

Photographers
有限会社グループ ピコ、武居台三（有限会社グループ ピコ）、守谷光代、
PIXTA

Designers
上原由莉、竹口由希子、稲岡聡平、長尾紗菜恵、久保田りん

Illustration
みよこみよこ、赤江橋洋子、TAMMY

Maps
株式会社周地社

Illustration map
みよこみよこ

Proofreading
株式会社東京出版サービスセンター、徳光尚子、荒木真理子、藤本さおり、
宮平恵利、和村紗夕希

Special Thanks to
（公財）アイヌ民族文化財団、阿寒アイヌ工芸共同組合、各関係施設、各関係
市町村、アドイ（アイヌ文様デザイン提供）、アイヌ詞曲舞踊団モシリ

地球の歩き方 aruco 北海道

2024 年 4 月 30 日　初版第 1 刷発行

著作編集	地球の歩き方編集室
発 行 人	新井邦弘
編 集 人	由良暁世
発 行 所	株式会社地球の歩き方
	〒 141-8425　東京都品川区西五反田 2-11-8
発 売 元	株式会社Gakken
	〒 141-8416　東京都品川区西五反田 2-11-8
印刷製本	開成堂印刷株式会社

※本書は基本的に 2023 年 11 月～ 2024 年 2 月の取材データに基づいて作ら
れています。発行後に料金、営業時間、定休日などが変更になる場合がありま
すので、最新情報は各施設のウェブサイト・SNS 等でご確認ください。
更新・訂正情報（URL）https://www.arukikata.co.jp/travel-support/

✉ **本書の内容について、ご意見・ご感想はこちらまで**

〒 141- 8425　東京都品川区西五反田 2-11-8
株式会社地球の歩き方
地球の歩き方サービスデスク「aruco 北海道」投稿係
（URL）https://www.arukikata.co.jp/guidebook/toukou.html
地球の歩き方ホームページ（海外・国内旅行の総合情報）
（URL）https://www.arukikata.co.jp/
ガイドブック『**地球の歩き方**』公式サイト
（URL）https://www.arukikata.co.jp/guidebook/

● **この本に関する各種お問い合わせ先**
・本の内容については、下記サイトのお問い合わせフォームよりお願いします。
（URL）https://www.arukikata.co.jp/guidebook/contact.html
・広告については、下記サイトのお問い合わせフォームよりお願いします。
（URL）https://www.arukikata.co.jp/ad_contact/
・在庫については　Tel ▶ 03-6431-1250（販売部）
・不良品（落丁、乱丁）については　Tel ▶ 0570-000577
学研業務センター　〒 354-0045　埼玉県入間郡三芳町上富 279-1
・上記以外のお問い合わせは　Tel ▶ 0570-056-710（学研グループ総合案内）

読者プレゼント
ウェブアンケートにお答え
いただいた方のなかから抽
選ですてきな賞品をプレゼ
ントします！ 詳しくは下記
の二次元コードまたはウェ
ブサイトをチェック☆

応募の締め切り
2025 年 4 月 30 日

（URL）https://arukikata.jp/hyzfae